Nouvelle Collection scientifique
Directeur : Émile Borel

Le Combat

PAR

Le Général PERCIN

Ancien membre du Conseil supérieur de la Guerre.

LIBRAIRIE FÉLIX ALCAN

Donné à la Bibliothèque de Morlet par un Cheminot pas griveté

LE COMBAT

OUVRAGES DU MÊME AUTEUR

Emploi des feux de l'artillerie, 1 vol. in-8 (Berger-Levrault, 1909).
Évaluation des distances, 1 vol. in-8 (Berger-Levrault, 1905).
La manœuvre de Lorlanges, 1 vol. in-8 (Berger-Levrault, 1905).
La liaison des armes, 1 vol. in-8 (Chapelot, 1909).
Le millième et ses applications militaires, 1 vol. in-8 (Chapelot, 1910).
La liaison de l'artillerie et de l'infanterie, 1 vol. in-8 (Chapelot, 1911).
L'artillerie aux manœuvres de Picardie en 1910, 1 vol. in-8 (Berger-Levrault, 1911).
L'arbitrage aux manœuvres de Picardie en 1910, 1 vol. in-8 (Lavauzelle, 1911).
Deux textes en désaccord, 1 vol. in-8 (Chapelot, 1911).
L'artillerie au combat, 1 vol. in-8 (Lavauzelle, 1912).
Cinq années d'inspection, 1 vol. in-8 (Chapelot, 1912).
Fâcheuses polémiques, 1 vol. in-8 (Coquemard, 1912).
Essai de Règlement sur le combat (en collaboration avec le commandant Jacquemot), 1 vol. in-16 (Lavauzelle, 1912).

LE COMBAT

PAR

Le Général PERCIN

Ancien membre du Conseil supérieur de la Guerre.

LIBRAIRIE FÉLIX ALCAN
108, BOULEVARD SAINT-GERMAIN, PARIS
—
1914

Tous droits de reproduction, de traduction et d'adaptation réservés pour tous pays.

Nineteen hundred and fourteen,
Copyright by F. Alcan and R. Lisbonne.
proprietors of Librairie Félix Alcan.

AVANT-PROPOS

Ce livre n'est pas destiné à guider les grands chefs de notre armée, dans l'art de commander les troupes, sur le champ de bataille. Il s'adresse aux soldats, aux gradés, aux officiers de rang inférieur de l'armée active, de la réserve et de l'armée territoriale ; à tous les citoyens qui, dans une guerre nationale, viendront grossir les rangs de l'armée permanente, et auront un rôle, si modeste qu'il soit, à jouer au combat. Il s'adresse même aux mères, aux femmes et aux enfants de ceux qui, le jour venu, seront appelés à exposer leur vie, pour la défense de la Patrie.

Rares seront désormais les familles qui, en temps de guerre, n'auront pas un des leurs sous les drapeaux. Déjà, depuis l'institution du service obligatoire, le public s'intéresse davantage aux choses de l'armée ; mais sa

AVANT-PROPOS

curiosité se porte presque exclusivement sur le service du temps de paix : l'instruction donnée à la caserne et à l'extérieur, la vie de garnison, les grands spectacles militaires, les manœuvres d'automne. Si un conflit éclate entre deux puissances, chacun suit les événements, le mieux qu'il peut, mais il est incapable d'en dégager les enseignements ; il ne sait pas discerner les facteurs qui ont procuré le succès ; il est à la merci de spécialistes, parfois intéressés à faire prévaloir certaines conclusions. C'est ainsi que s'établissent des légendes qui égarent l'opinion, et qui, finalement, faussent les décisions des hommes chargés de préparer nos lois.

Pour pouvoir exercer, sur la préparation à la guerre, l'influence qui lui revient légitimement, le public doit avoir quelque notion du rôle des différentes armes sur le champ de bataille, être initié aux règles générales de leur emploi. Il doit, sans explorer le domaine de la tactique, sans pénétrer le détail de nos mécanismes de manœuvre et de tir, savoir comment les choses se passent au combat.

LE COMBAT

I

BUT DU COMBAT

Le combat est un conflit de forces morales.

Quand on parcourt les journaux, au moment d'une guerre, on y trouve fréquemment des informations du genre de celle-ci :

« Nos troupes ont attaqué l'ennemi, tel jour, « sur tel point. Elles lui ont infligé des pertes « considérables. Les nôtres sont insignifiantes. »

Parfois, l'information précise le chiffre des pertes : trois cents hommes d'un côté, cinq mille de l'autre. Suivant que le télégramme est de source turque ou de source italienne, ce sont les Italiens ou les Turcs qui ont éprouvé les pertes les plus sérieuses. Pour faire croire qu'il est victorieux, chacun dissimule ses pertes et exagère celles de l'adversaire.

Quant au résultat de la rencontre, on n'en dit habituellement rien. On laisse ignorer au public lequel des deux partis a chassé l'autre, lequel est resté maître du terrain. Il semble que le but du combat soit simplement d'infliger à l'ennemi plus de pertes qu'on n'en subit soi-même ; erreur très répandue, dont l'inconvénient est de faire croire que, pour augmenter les chances de vaincre, il suffit de perfectionner les moyens de destruction.

Or, l'histoire montre que, si, dans le combat antique, les pertes du vaincu ont généralement été les plus grandes, c'est souvent le contraire qui a lieu, dans le combat moderne ; c'est presque toujours le contraire, dans chacune des actions partielles où une fraction de troupe refoule la fraction de troupe qui lui est directement opposée.

Pendant la campagne de 1870, au cours de laquelle, à de très rares exceptions près, nos armées ont constamment reculé devant les armées allemandes, les pertes totales de nos adversaires ont été sensiblement égales aux nôtres.

De part et d'autre, la proportion des pertes a diminué pendant la seconde partie de la guerre. De 15 p. 100 qu'elle était au début, 40 p. 100 même, dans certains épisodes des batailles de Froeschwiller, Rezonville et Saint-Privat, cette proportion est tombée à 5 p. 100, les troupes improvisées de la Défense Nationale ayant opposé à l'ennemi une résistance moindre ; et cette diminution s'est produite, des deux côtés, dans le même rapport.

Sedan est la seule bataille de 1870, où nos pertes aient été nettement supérieures à celles des Allemands. Mais ce ne sont pas ces pertes qui ont entraîné la défaite ; c'est plutôt la défaite qui a entraîné les pertes, notre armée ayant été cernée par l'ennemi et ainsi mise, une fois la bataille perdue, dans l'impossibilité d'exécuter la retraite.

Pendant la guerre d'Italie, les Autrichiens, qui ont constamment plié devant nous, ont éprouvé des pertes à peine supérieures aux nôtres.

La supériorité des pertes a été marquée chez le vaincu, dans les batailles d'Austerlitz, d'Iéna, de Wagram, de la Moskowa, de Leipzig et de Sadowa.

Il y a eu à peu près égalité chez le vainqueur et chez le vaincu, dans les batailles de Lutzen, Bautzen et Waterloo.

Mais il y a eu supériorité des pertes chez le vainqueur :

à Prague, en 1757, où la proportion a été, chez les Prussiens de 22 p. 100, et chez les Autrichiens de 8 p. 100 seulement;

à l'Alma, où elle a été, chez les Alliés de 9 p. 100, et chez les Russes de 4 p. 100 seulement;

pendant la guerre de Mandchourie où elle a été, chez les Japonais de 41 p. 100 et, chez les Russes, de 29 p. 100 seulement.

Le chiffre des pertes n'apprend donc rien, quant au résultat de la rencontre de deux troupes. Le recul ou la reddition sont les seuls signes de la défaite.

Une troupe chassée de sa position se retire généralement en désordre. Elle n'obéit plus à ses chefs, dont les commandements ne sont pas entendus. Si on la chasse de l'emplacement sur lequel elle a réussi à se reformer, si on la chasse ainsi, plusieurs fois de suite, elle ne veut plus se reformer ; elle ne veut plus combattre.

« Cent mille hommes, a dit le général Cardot, « abandonnent le champ de bataille et laissent « dix mille des leurs sur le carreau. Ils battent « en retraite, devant leurs vainqueurs, qui ont « perdu autant de monde qu'eux, sinon plus.

« Au demeurant, ni les uns, ni les autres, ne « savent ce qu'ils ont perdu. Quatre-vingt-« dix mille hommes s'en vont, devant quatre-« vingt-dix mille autres, parce qu'ils n'en veulent « plus. Et ils n'en veulent plus, parce qu'ils ne « croient plus à la victoire, parce qu'ils sont à « bout de résistance morale.

« Ceux qui nous donnent la victoire, a dit le « même général, ce ne sont pas ceux qui restent « sur le carreau, mais ceux qui s'en vont, et qui, « ayant bel et bien bras et jambes, renoncent à « vaincre parce qu'ils sont démoralisés[1]. »

Le combat est un conflit de *forces morales*.

Le vainqueur est celui qui peut et veut encore combattre, alors que l'adversaire ne le veut plus ou ne le peut plus.

Le vaincu est, non pas celui qui a subi les pertes les plus grandes, mais celui chez qui, au moment critique, il s'est trouvé le plus de défaillants. C'est celui qui, moralement diminué, a été

---

1. Général Cardot, *Les leçons du 16 août 1870*.

obligé de céder le terrain, de reculer, de lâcher pied; celui qui, parfois, a fait demi-tour avant l'abordage, terrifié par un adversaire résolu que n'a arrêté aucune perte.

Ainsi, que l'a dit von der Goltz, « il ne s'agit « pas tant d'anéantir les combattants ennemis, « que d'anéantir leur courage. Le défenseur qui « voit une troupe assez énergique, pour traverser « une grêle meurtrière de projectiles, est bien « obligé de croire que cette troupe sera assez « énergique encore pour l'aborder, et l'exter- « miner à l'arme blanche, s'il attend sa venue ».

En résumé, le combat a pour but de chasser l'ennemi du terrain qu'il occupe; de le chasser, au besoin, des positions successives sur lesquelles il cherche à se rétablir; de le désorganiser ainsi, matériellement et moralement; de lui enlever toute envie de continuer la lutte.

C'est dans ce sens qu'il faut comprendre l'indication contenue dans le deuxième alinéa de l'article 96 du règlement sur le service en campagne, du 2 décembre 1913, ainsi conçu :

« Le combat vise la destruction des forces ennemies. »

La destruction dont il s'agit là est celle, non des individus, mais de la *force* que leur réunion en troupe constitue. Cette force est détruite, quand la troupe ne *veut* plus combattre, ou ne le peut plus.

Le troisième alinéa dit encore qu'il faut arriver à briser la *volonté* de l'ennemi. C'est une autre traduction de la même idée que le combat est un conflit de forces morales.

II

LES MOYENS D'ACTION

Le feu et le mouvement. — L'abordage. — La surprise.
La poursuite.

Le feu et le mouvement.

C'est la peur qui détermine le recul du vaincu : la peur du projectile qui tombe près de lui et qui tue ses voisins, la peur de l'arme blanche qui le menace.

Mais on s'habitue, à la longue, au danger que fait courir le feu de l'ennemi. On s'en gare même, dans une certaine mesure, en s'aplatissant sur le sol ou contre l'abri. Le soldat sait d'ailleurs qu'il ne gagnerait rien à fuir devant les projectiles ennemis.

La fuite est, au contraire, le seul moyen d'échapper à la baïonnette d'un adversaire résolu, qu'aucune perte n'a pu arrêter.

Rendant compte d'un combat qu'il livra sur l'Arly, le 15 juin 1815, le général Bugeaud s'exprime comme il suit :

« L'ennemi accueillit nos grenadiers par une
« vive fusillade, à laquelle on ne répondit qu'en
« marchant plus vite. Et déjà, l'ennemi com-

« mençait à plier, qu'il n'était pas parti, de
« notre côté, un seul coup de fusil. On voyait
« naître chez lui cette confusion qui est le pré-
« curseur de la déroute. O puissance morale ! Tu
« es la reine des armées. »

Pendant la guerre du Transvaal, le 28 novembre 1899, à Modder-River, les Boers ont enfermé une troupe anglaise, cinq heures durant, sous une pluie terrible de balles, dans un demi-cercle de feux. Ils n'ont pas réussi à faire reculer cette troupe, parce qu'ils n'ont pas songé à l'attaquer[1].

Le capitaine Solowiew, de l'infanterie russe, dit que, pendant la guerre de Mandchourie, les Japonais, bien que faisant un feu d'enfer, n'ont jamais pu, par la seule vertu de ce feu, chasser les Russes de leurs positions. Il ajoute que, les 12, 14 et 16 octobre 1904, le combat à la baïonnette a fait rage sur tout le front[2].

Les Japonais n'ont donc imité, ni les grenadiers du général Bugeaud, qui marchaient sans tirer, ni les Boers, qui tiraient sans marcher. S'ils avaient imité les premiers, pas un ne serait arrivé au but ; car, avec les armes d'aujourd'hui, la distance à laquelle commence le danger est plus grande qu'en 1815.

Quand ils ne pouvaient plus avancer, les Japonais s'arrêtaient, se couchaient et tiraient. Lorsque leur feu avait suffisamment ralenti celui de

---

1. Lieutenant-colonel COLIN, *Les transformations de la guerre*, p. 48.
2. Capitaine SOLOWIEW, *Impressions d'un chef de compagnie*.

l'ennemi, ils reprenaient la marche en avant, et ainsi de suite, jusqu'à l'abordage, alternant le feu et le mouvement.

En résumé, le feu le plus violent ne peut chasser l'ennemi de la position qu'il occupe. Il faut l'abordage, ou, tout au moins, la menace de l'abordage. pour obliger l'ennemi à reculer.

C'est l'idée que nos règlements expriment, en affirmant que, seul, le mouvement est décisif, mais que le feu est l'auxiliaire indispensable du mouvement.

L'abordage.

Avec les armes actuelles, dit le colonel Ardant du Picq, dans ses *Etudes sur le combat*, une troupe, en situation défensive, serait invincible, si elle conservait son sang-froid. Fauchant le premier rang des assaillants, elle disperserait les suivants, que cette hécatombe n'engagerait pas à continuer.

Mais si la balance des forces morales penche du côté de l'assaillant, si surtout le défenseur est sous le feu de l'artillerie opposée, condition que le chef de l'attaque doit chercher à réaliser, le défenseur ajuste mal, et l'assaillant se porte en avant. Troublé par la menace de l'abordage, le défenseur tire de plus en plus mal. Enhardi par l'inefficacité du feu adverse, l'assaillant avance de plus en plus. S'il donne l'impression qu'il est résolu à aborder le défenseur, celui-ci fait demi-tour avant l'abordage.

LES MOYENS D'ACTION

Le cas d'une troupe en attendant une autre, jusqu'au choc, est extrêmement rare. Le colonel Ardant du Picq dit que ce cas ne s'est produit qu'une fois, au combat d'Amstetten[1]. Encore, ajoute-t-il, les Russes ont-ils cédé devant l'impulsion morale, plus que devant l'impulsion physique. Quand l'abordage s'est produit, ils étaient déjà déconcertés, troublés, hésitants. Ils ont attendu les coups de baïonnette, mais en ont à peine donné ; ils ont fui.

Soucieux de faire ressortir l'effet moral de la marche en avant, le colonel Ardant du Picq exagère, sans doute volontairement, lorsqu'il parle de ces charges à la baïonnette, où « l'on ne donne jamais un coup de baïonnette[2] ». Dans tous les cas, cette appréciation, si elle a été exacte à l'époque où elle a été formulée, ne l'est plus tout à fait aujourd'hui[3].

Une statistique allemande, établie après la guerre de 1870, accuse en effet 545 blessures par la baïonnette, dont 30 ont occasionné la mort immédiate[4]. Ce chiffre représente, sur l'ensemble des tués et blessés, une proportion de 0,5 p. 100, qui n'est pas négligeable.

---

1. Colonel ARDANT DU PICQ, *Études sur le combat*, 6ᵉ édition, p. 123.
2. *Loc. cit.*, p. 125.
3. On sait que le colonel Ardant du Picq n'avait, avant la guerre franco-allemande, que jeté ses notes sur le papier. Blessé mortellement, sous les murs de Metz, le 15 août 1870, il n'a pu rectifier ces notes, qui ont été publiées depuis.
4. Cours professé au Val de Grâce, en 1901, par M. le Dʳ Nimier.

LE COMBAT

C'est la proportion qu'accusent les statistiques russes, dans la guerre de Mandchourie, sous la rubrique « blessures par armes blanches », sans spécifier s'il s'agit de la baïonnette ou du sabre de cavalerie[1]. Etant donné le rôle assez effacé qu'a joué la cavalerie dans cette guerre, on est fondé à croire que la plus grande part de ces blessures revient à la baïonnette.

Les statistiques japonaises accusent, dans la même guerre, une proportion de 0,8 p. 100.

Ce chiffre montre que les Russes n'ont pas toujours fait demi-tour, avant l'abordage. Il confirme l'assertion du capitaine Solowiew que, pendant certaines journées, le combat à la baïonnette a fait rage sur tout le front.

Enfin, des statistiques fournies après la guerre des Balkans, mentionnent, dans les hôpitaux ou ambulances de Belgrade, Sofia, Philippiades, Philippopoli, le Pirée, Corfou et Céphalonie, 2.740 entrées dont 15 pour blessures par la baïonnette, ce qui représente encore une proportion de 0,5 p. 100[2].

Si l'on considère, comme le fait remarquer le document auquel j'emprunte les chiffres qui précèdent, qu'un grand nombre des hommes atteints par la baïonnette succombent sur le champ de bataille, on peut évaluer *grosso modo* à 1 p. 100 de l'effectif des blessés, ou 1 p. 1000 environ de l'effectif des combattants, la proportion des

---

1. Cours professé au Val de Grâce, en 1912, par M. le Dr Ferraton.
2. *Archives de médecine et de pharmacie militaires*, août 1913, p. 179 à 186.

hommes qui ont affronté le corps à corps et fait usage de l'arme blanche qu'ils avaient entre les mains. Il y en aurait donc eu quelques centaines dans chaque armée. Les autres ont fait demi-tour avant l'abordage.

Si le contact s'était ainsi perdu, dans le combat antique, il n'y aurait pas eu lutte, puisque la lutte commençait à ce moment-là seulement, et s'achevait sur place, par le massacre du vaincu. A l'achèvement par l'arme blanche s'est substitué, dans le combat moderne, la poursuite par le feu.

La surprise.

L'effroi que cause le feu ou la menace de l'abordage devient plus grand encore, s'il s'y ajoute l'effet de la surprise.

Agréable ou terrible, a dit Xénophon, moins une chose a été prévue, plus elle cause de plaisir ou d'effroi. Cela ne se voit nulle part mieux qu'à la guerre, où toute surprise frappe de terreur ceux même qui sont de beaucoup les plus forts.

L'esprit humain, a écrit le général Bugeaud, est ainsi fait, que le combattant s'inquiète plus d'un danger sur son flanc, que de dix devant lui.

Trois hommes derrière l'ennemi, a dit Frédéric II, valent plus que cinquante devant lui.

Le 17 novembre 1796, à la troisième journée d'Arcole, le peloton de guides du capitaine Hercule, chargeant avec un grand bruit de trompettes, a réussi à affoler la gauche autrichienne.

Le 31 juillet 1904, à la bataille de Pen-Ling, les

attaques japonaises étaient arrêtées par deux compagnies russes, postées sur une colline, à gauche de la position. Une poignée de Japonais parvint à gagner du terrain sur la gauche russe et occupa un emplacement d'où elle prenait d'enfilade les deux compagnies de la colline. Celles-ci n'arrivaient pas à distinguer les six ou sept hommes qui tiraient, bien abrités, à 300 mètres de distance. Les rangs commencèrent à flotter.

Saisissant le moment favorable, la troupe japonaise, qui combattait de front, s'élança à l'assaut, et chassa les deux compagnies de la colline. Au moment où ces deux compagnies descendaient précipitamment les pentes en arrière, elles se heurtèrent à trois autres compagnies russes, qui venaient les renforcer. Ces renforts furent mis en désordre. La masse entière fut criblée de balles en traversant, à la débandade, le ravin profond qui la séparait de la colline suivante, à 300 mètres en arrière [1].

Toutes les fois que l'on pourra combiner une attaque de front, avec l'apparition imprévue, sur un flanc ou sur les derrières de l'ennemi, d'une troupe qui agira par le feu, par le mouvement, ou par les deux à la fois, on produira sûrement l'effroi qui détermine la fuite et prépare la défaite.

Cette manœuvre, étendue à de gros effectifs, est celle qui a procuré à Napoléon ses plus grands succès.

1. Extrait du *Journal de route* du général Hamilton, tome I, p. 316 et 317.

LES MOYENS D'ACTION

Aujourd'hui, dit le général Kessler, grâce aux armes nouvelles, c'est un capitaine, peut-être même un humble chef de section, qui, par une manœuvre habile, abritant bien sa troupe, déterminera, par ses feux, un mouvement de recul chez l'ennemi [1].

La nature de l'homme ne change pas, dit encore le général ; elle est la même, dans tous les temps ; les progrès de l'armement n'y font rien. Pour le combattant moderne, comme pour le combattant antique, les coups venant du côté où il ne les attend pas restent toujours l'incident le plus déconcertant de la lutte. Le soldat éprouvé et aguerri, qui essuiera avec calme, derrière son abri, les rafales les plus intenses, sera décontenancé par des feux venant d'une direction autre que celle du front auquel il fait face.

C'est la manœuvre des petites unités, cheminant à couvert, qui donnera les moyens de surprendre l'ennemi, par des feux de revers. Elle conduira à de meilleurs résultats que la recherche de la supériorité du feu [2].

Le progrès, en art militaire, doit être recherché dans le perfectionnement de la manœuvre, et non dans l'augmentation de la tuerie [3].

La poursuite.

Le parti battu se retire généralement en désordre. Les unités sont mélangées. Les commande-

1. Général Kessler, *La guerre*, p. 60.
2. *Loc. cit.*, p. 60.
3. *Loc. cit.*, p. 80.

ments des chefs ne sont plus entendus. La troupe devient une foule.

Si l'assaillant se borne à occuper le terrain conquis, à remettre de l'ordre dans ses unités, elles aussi, plus ou moins désorganisées, et à prendre les mesures nécessaires pour que la position ne lui soit pas reprise, la troupe battue s'éloigne, et la terreur diminue.

Un chef sachant lire dans l'âme du soldat peut alors reprendre en main cette troupe, la reconstituer et l'établir sur une autre position, d'où l'assaillant devra la déloger. Si ce dernier échoue dans cette nouvelle attaque, si surtout il tarde à l'exécuter, la troupe battue peut tenter un retour offensif, dont le succès la remettra en possession de la position précédemment perdue.

Celui qui laisse ainsi à son adversaire le temps de se reformer, après un échec, commet une faute. Son devoir est de conserver le contact de l'ennemi en fuite, d'empêcher la foule de redevenir troupe, et d'y entretenir la terreur qui la rend pour longtemps, si ce n'est pour toujours, incapable de reprendre la lutte. Cette manœuvre est ce qu'on appelle la *poursuite*.

Si efficace que soit un pareil moyen d'augmenter la désorganisation de l'ennemi, c'est le moyen que l'on néglige le plus souvent à la guerre ; soit que le parti victorieux se sente incapable d'un nouvel effort ; soit qu'on manque de troupes fraîches pour relever celles qui sont épuisées ; soit que le commandement hésite à prendre les décisions nécessaires.

LES MOYENS D'ACTION

Après la victoire de Coulmiers, on n'a pas osé lancer la cavalerie à la poursuite de l'armée bavaroise, qui se retirait en désordre. Dans les villages que nous avons traversés, au lendemain de cette bataille, les habitants ont été unanimes à nous dire le lamentable état dans lequel ils avaient vu passer l'ennemi en retraite, et la facilité avec laquelle nous aurions transformé cette défaite en désastre. Ce fut la faute du commandement; car il y avait là un corps de cavalerie qui ne demandait qu'à marcher, et l'état moral de notre armée était excellent.

Après les batailles de Frœschwiller, après celles de Spickeren, de Rezonville et de Saint-Privat, les Allemands, quoique victorieux, étaient désorganisés au point qu'ils n'ont pu esquisser une poursuite.

En fait, on ne trouve en 1870, aucun exemple de poursuite sérieuse, succédant aux victoires allemandes.

En Mandchourie, seule, la bataille de Moukden a été suivie d'une poursuite. Les autres batailles ont épuisé les Japonais, au point de les rendre incapables d'un nouvel effort.

C'est Napoléon, dit le lieutenant-colonel Colin, qui a, sinon inventé, du moins systématisé la poursuite. Et pourtant, il ne l'a guère réussie que quatre fois : à Rivoli, à Austerlitz, à Iéna et à Eckmühl[1].

Dans un ordre qu'il adressait à un de ses généraux, Frédéric II s'exprimait comme il suit :

---

1. Lieutenant-colonel COLIN, *Les transformations de la guerre*, p. 114.

LE COMBAT

« Je vous recommande de poursuivre l'ennemi
« à outrance, sans lui laisser le temps de respirer
« et de se reconnaître. Je veux croire que votre
« monde est fatigué ; mais songez que l'ennemi
« l'est mille fois davantage. Un jour de fatigue
« vous en procurera cent de repos. »

La poursuite est l'acte de la bataille qui demande le plus d'opiniâtreté ; mais aussi c'est l'acte dont la réussite a le plus d'influence sur l'issue d'une campagne, celui qui consacre, le plus définitivement, le triomphe des forces morales.

III

LES PERTES

Les pertes dans le combat antique.

Dans le combat antique, les pertes du vaincu étaient, presque toujours, considérablement supérieures à celles du vainqueur. Elles ne comprenaient guère que des morts. Les hommes atteints de blessures légères prenaient la fuite ; ceux qui ne pouvaient fuir étaient achevés.

Voici, d'après le colonel Ardant du Picq, quelques exemples de pertes se rapportant aux guerres de Rome, avec ses différents ennemis, dans la période comprise entre l'année 217 et l'année 45 avant Jésus-Christ. Le premier chiffre indique les pertes du vainqueur, le second celles du vaincu. Ce sont les Romains qui l'emportèrent dans ces batailles, sauf à Trasimène et à Cannes, où ils furent battus par les Carthaginois.

Pharsale	200 et	1.500
Thapsé	50 et	10.000
Trasimène	1.500 et	15.000
Zama	2.000 et	20.000
Pydna	11 et	20.000
Munda	1.000 et	33.000
Cannes	5.000 et	70.000
Cynocéphales	700 et	80.000
Chéronée	14 et	110.000

LE COMBAT

Le colonel Ardant du Picq explique comme il suit cette extraordinaire disproportion :

Dans le combat antique, on marchait à l'ennemi en formation serrée, sur plusieurs rangs. Le premier rang seul portait des coups. Les rangs suivants fournissaient les hommes chargés de remplacer ceux qui tombaient dans le premier rang.

Parfois, la franchise de l'allure suffisait à mettre en déroute un adversaire moins résolu. Le plus souvent, il y avait choc. Mais, de même que, dans le duel d'aujourd'hui, il est rare que les épées soient franchement croisées, de même, dans le combat antique, les guerriers, face à face, étaient plus préoccupés de se garer des coups que d'en porter.

En somme, les coups portés étaient rares. Mais si, à un moment donné, l'équilibre se rompait, soit qu'un des rangs reçût plus de coups que l'autre, soit que la terreur y fût plus grande ; si les hommes du deuxième rang hésitaient à remplacer ceux du premier ; s'il se produisait un recul supprimant le coude à coude et découvrant un guerrier sur son flanc ; si l'un d'eux faisait demi-tour, il était bien vite imité, et alors commençait le carnage. La troupe qui avait l'avantage frappait l'autre dans le dos, moins, peut-être, par cruauté que par instinct de conservation, de crainte que l'adversaire se retournât.

Le combat d'aujourd'hui a ceci de commun avec le combat antique, que, lorsque l'abordage se produit, le défenseur est frappé dans le dos, au moment où il s'enfuit. Mais l'abordage est devenu rare, et le carnage est supprimé. Ce n'est pas que les hommes soient devenus plus généreux, c'est que l'occasion de massacrer a disparu. Le danger commence plus loin, et la terreur aussi. La menace de l'abordage suffit alors pour provoquer le recul, et les pertes se produisent dans une période qui n'existait pas autrefois. Il n'est donc pas étonnant que ces pertes suivent d'autres lois.

Les pertes dans le combat moderne.

Dans le combat antique, c'étaient les moins braves qui se faisaient tuer. Dans le combat moderne, c'est le contraire ; la mort épargne celui qui s'aplatit sur le sol ou contre l'abri ; elle frappe celui qui se découvre pour marcher ou pour tirer.

La victoire restant au parti qui compte le plus de braves, c'est l'assaillant qui, aujourd'hui, dans une attaque heureuse, subit le plus de pertes. Si cette particularité ne ressort pas mieux des renseignements numériques que l'on possède, c'est que le service de santé, auquel incombe le soin d'établir les statistiques des pertes, ignore si la blessure a été reçue pendant la marche d'approche, pendant l'assaut, ou pendant la poursuite. Or, dans cette dernière période du combat, comme dans la tuerie d'autrefois, mais à un moindre degré, c'est le vaincu qui subit les pertes les plus grandes.

Au surplus, dans un combat de quelque importance, pendant que certaines fractions de troupe attaquent, d'autres se défendent ou assurent la possession du terrain conquis. Enfin une même portion de terrain peut être plusieurs fois perdue et reprise par une même fraction de troupe.

Dans ces alternatives de succès et de revers, dont la victoire ou la défaite finale n'est que la résultante, on conçoit que les pertes tendent à s'égaliser de part et d'autre.

Les boucheries du combat antique ont duré jusqu'à la guerre de Trente Ans. Montluc en parle encore, dans ses *Mémoires*, comme d'une chose toute naturelle. Il raconte ses cruautés avec une naïveté incroyable.

A partir de cette époque, plus l'arme à feu se perfectionne, plus la tuerie diminue. La proportion des blessés augmente, jusqu'à devenir quadruple de celle des morts.

En même temps, le total des pertes s'abaisse. Voici quelques chiffres indiquant, pour un certain nombre de campagnes, la proportion des pertes par rapport à l'effectif des combattants [1].

```
Guerre de Sept Ans . . . . . . .   42 p. 100
Guerres de Napoléon. . . . . . .   35   —
Guerre de Crimée . . . . . . . .   15   —
Guerre d'Italie. . . . . . . . .   10   —
```

[1]. Les renseignements numériques qui sont donnés dans le présent chapitre, sans indication d'origine, sont empruntés aux ouvrages, déjà anciens, des médecins militaires Delorme, Chauvel, Nimier, Laval, Troussaint, Boisson et Simonin.

D'autres sont extraits du cours professé au Val de Grâce, en 1912, par le Dr Ferraton.

Les renseignements concernant la guerre des Balkans sont tirés d'une étude publiée dans les *Archives de médecine et de pharmacie militaires* par le Dr Cousergue, à la suite de la mission que lui a confiée le gouvernement français aux ambulances bulgares, serbes et grecques, le 11 décembre 1912.

Guerre de 1870 (Allemands). . . . 14 p. 100
Guerre de Chine. . . . . 10 —
Guerre du Transwaal. . . . . 9 —
Guerre de Mandchourie . . . . . 35 —
Guerre des Bulgares contre les Turcs [1] . . . . 12 —
Guerre des Serbes contre les Turcs. 10 —
Guerre des Grecs contre les Turcs. 5 —

Ces chiffres s'appliquent, bien entendu, à l'ensemble des forces engagées. Dans toutes les guerres, certaines batailles ont été particulièrement meurtrières, et, dans toutes les batailles, certains corps ont été particulièrement éprouvés. Ainsi, les pertes ont été de 20 p. 100 du côté français, à la bataille de Frœschwiller ; elles ont été de 60 p. 100 devant Monastir, pour un régiment serbe de la division de Drina.

On voit, qu'à part le relèvement constaté en Mandchourie, relèvement qui s'explique par le nombre et la durée des batailles, la proportion des pertes n'a cessé, depuis l'adoption des armes à feu, de suivre une progression décroissante.

La décroissance est plus visible encore, si l'on considère les pertes subies dans une bataille seulement.

---

[1]. Je reproduis ici, sous toutes réserves, ses indications étant en désaccord avec celles du Dr Cousergue, une information concernant l'armée bulgare, publiée par le *Matin* du 30 septembre 1913.

	1re partie de la guerre.		2e partie de la guerre.	
Officiers	tués . . .	313	tués . . .	266
	blessés . .	915	blessés . .	816
Troupes	tués . . .	29.711	tués . . .	14.602
	blessés . .	52.550	blessés . .	50.305

D'après cette information, la proportion des pertes serait, pour un effectif de 350.000 hommes, de 24 p. 100.

Borodino la Moskowa	30 p. 100
Austerlitz	25 —
Leipzig	20 —
Waterloo	17 —
Iéna	15 —
Bautzen	15 —
Wagram	13 —
Lutzen	12 —
Solférino	12 —
Magenta	10 —
Sadowa	9 —
Alma	6 —
Cha-Ho (Russes)	22 —
Moukden (Russes)	20 —
Liao-Yang (Russes)	10 —
Lulle-Bourgas-Bunar-Hissar (Bulgares)	12 —
Solu-Oglou (Est de Kirk-kilissé) (Bulgares)	11 —
Tchataldja (Bulgares)	10 —
Koumanovo (Serbes)	5 —
Monastir (Serbes)	4 —

Si maintenant on tient compte de la durée des batailles qui a été :

A Cha-Ho	de 12 jours
A Moukden	de 15 —
A Liao-Yang	de 8 —
A Lulle-Bourgas-Bunas-Hissar	de 6 —

et dans les autres affaires des Balkans, de deux à quatre jours, on voit que, dans chaque journée des deux dernières guerres, la proportion des pertes a rarement dépassé 3 p. 100.

* *

La conclusion qui se dégage de cette étude est

que les perfectionnements apportés aux armes à feu ont fait décroître considérablement la proportion des hommes tués ou blessés, dans une heure de combat.

Cette décroissance est résumée dans le tableau suivant[1] :

    Campagnes de Frédéric le Grand. 6 p. 100
    Campagnes de Napoléon. . . . . 3 —
    Guerre de 1866. . . . . 1 —
    Guerre de 1870. . . . . 2 —
    Guerre de Mandchourie. . . . . . 0,5 —

Ainsi, aujourd'hui que les armes à feu envoient leurs projectiles dix fois plus loin et dix fois plus vite qu'autrefois, ce qui devrait, semble-t-il, avoir pour résultat de centupler leurs effets, c'est le contraire qui a lieu. En Mandchourie, où les belligérants ont fait preuve, l'un et l'autre, d'une bravoure peu commune, les pertes subies qui, au total, ont été considérables, sont devenues, par heure de combat :

    12 fois plus faibles que sous Frédéric le Grand ;
    6   —   que sous Napoléon ;
    4   —   qu'en 1870.

Cela tient à ce que chaque perfectionnement des engins de destruction a été immédiatement suivi de modifications dans les procédés de combat.

Devant les armes nouvelles, l'infanterie s'est faite plus souple, et a mieux utilisé le terrain. On a élargi ses formations ; on a décentralisé le commandement de ses unités.

1. Commandant CULMANN, *Le canon à tir rapide dans la bataille.*

LE COMBAT

L'artillerie a adopté le tir masqué. Elle a inventé des appareils de pointage permettant de mettre les batteries dans des trous d'où le personnel ne voit rien, et où il n'est vu de nulle part. Seul, le capitaine se découvre, observe le tir et envoie ses commandements à la batterie, au besoin par téléphone.

L'ennemi agit de même. Si bien que les deux artilleries arrivent à se chercher l'une l'autre, sans jamais se découvrir. Et, en dépit des perfectionnements apportés à l'organisation intérieure des projectiles, les pertes diminuent dans une proportion incroyable.

Certains espèrent que l'emploi de l'aéroplane mettra fin à ce jeu de cache-cache. Ils comptent sans l'ingéniosité des combattants, qui trouveront le moyen d'échapper aux conséquences de ce nouveau mode d'observation.

Les progrès dans l'art de tuer ont toujours été dépassés par les progrès dans l'art d'éviter la tuerie. Quand les batteries se verront repérées par un aéroplane, elles changeront de position, et l'ennemi tirera sur un emplacement vide.

Sans doute, il serait plus expéditif que les deux artilleries sortissent de leur trou, pour régler leur différend dans un duel à découvert qui ne manquerait pas de crânerie. Mais les deux infanteries en finiraient plus vite et plus crânement aussi, en convenant que le défenseur, au lieu de faire demi-tour avant l'abordage, attendra, de pied ferme, le choc de l'assaillant et la tuerie qui s'ensuivait autrefois. Or, jusqu'à présent, pour aucune des deux armes, cette entente réciproque ne s'est encore établie entre les belligérants.

Dans les premiers temps de l'arme à feu, il y avait très peu de mousquetaires et une grande majorité de piquiers. On n'a cessé d'augmenter la proportion des premiers par rapport aux seconds. On a constaté, en effet, que le soldat appréciait beaucoup plus l'avantage de pouvoir tuer de loin, que l'honneur d'aborder l'ennemi et de procurer la décision. C'est au point que, sur le champ de bataille, le piquier jetait sa pique, quand il pouvait ramasser un mousquet.

Lors de l'apparition du canon de 75, certains officiers, qu'offusquaient les précautions prises par les artilleurs français, sur le champ de tir et aux manœuvres, pour se dissimuler aux vues de l'ennemi, écrivirent que l'artillerie abusait du couvert ; que le tir masqué, c'était la tactique de la peur, qu'il ne fallait pas l'encourager.

C'est dans de semblables dispositions que les Japonais et les Russes sont partis pour la guerre de Mandchourie. Les premiers engagements leur inspirèrent une extrême prudence. Et l'on vit deux peuples, réputés parmi les plus braves qui soient au monde, introduire, sur le champ de bataille, les pratiques dont, chez nous, les guerriers en chambre avaient rougi.

Ainsi que l'a dit le colonel Ardant du Picq, « l'homme ne va pas au combat pour la lutte, mais pour la victoire. Il fait tout ce qui dépend de lui, pour supprimer la première, et assurer la seconde ». Il cherche à donner des coups sans en recevoir. Il renoncera à en donner, plutôt que d'en recevoir sans en rendre.

L'instinct de la conservation sera toujours le plus puissant mobile des actions de l'homme au combat. Cet instinct, il ne faut pas le réprimer, pas plus qu'on ne réprime l'ardeur offensive ; mais, il faut le discipliner, comme on discipline le feu et le mouvement. C'est dans un sage équilibre de ces forces que réside la valeur individuelle du combattant.

*
* *

On entend dire parfois que, sur le champ de bataille, le soldat ne doit jamais hésiter à faire le sacrifice de sa vie ; que c'est au commandement à ménager les existences qui lui sont confiées. C'est une formule ronflante, qui peut avoir la prétention de déterminer le soldat à faire bravement son devoir ; mais c'est une formule fausse.

Le soldat qui n'hésiterait jamais à faire le sacrifice de sa vie, ne prendrait aucune des précautions qu'il doit prendre sous le feu, et alors personne n'arriverait au but assigné.

Le commandement qui se préoccuperait avant tout de ménager les existences qui lui sont confiées, engagerait le moins de forces possibles, devant chaque objectif d'attaque. Il risquerait ainsi d'échouer, et de subir, dans la déroute, des pertes plus graves encore.

Lorsque le Commandant des troupes a déterminé, dans le front qui lui a été assigné, le point sur lequel il veut porter son principal effort, lorsqu'il a prélevé, sur les effectifs dont il dispose, les réserves qui lui permettront de mener le combat, suivant les règles de l'art, il doit consacrer le plus de forces possibles à l'attaque qu'il veut faire réussir, et avoir assez de confiance dans les exécutants pour attendre d'eux qu'ils trouvent, dans leur instruction militaire et dans le sentiment du devoir, la juste mesure a observer entre l'excès de prudence et la témérité. Cette mesure, il ne la leur indiquera pas, en plein combat. Si, au prix de pertes relativement considérables, il obtient ainsi la victoire, il économisera de nombreuses vies humaines, sur d'autres points.

Les sacrifices à faire immédiatement sont d'ailleurs peu de chose, à côté des pertes de toute nature, qu'à la longue, entraîne une campagne, heureuse ou malheureuse.

La guerre de Crimée, par exemple, a coûté aux armées alliées :

24.870 hommes, tués par le feu ou morts de leurs blessures et 95.121 morts de maladie.

La guerre franco-allemande n'a coûté au vainqueur que :

17.600 hommes tués et 96.200 blessés, dont 11.000 sont morts de leurs blessures.

Mais le chiffre des malades admis dans les hôpitaux, en dehors des blessés, a été de 380.000, dont 12.600 sont morts de maladie.

La guerre de 1877 a coûté aux Russes, sur un effectif de 592.000 hommes :

16.600 tués ou morts de leurs blessures

LE COMBAT

et 44.400 morts de maladie, soit près de 8 p. 100; cinq fois plus, toutes proportions gardées, que les Allemands en 1870. Ce chiffre donne une idée du nombre considérable des hommes qui ont dû entrer dans les hôpitaux.

La guerre de Mandchourie a coûté aux Japonais :

47.200 tués et 47.400 blessés, dont 11.400 sont morts de leurs blessures.

Il est entré en outre, dans les hôpitaux, 554.900 malades, dont 27.200 sont morts de maladie.

Or, que les disparitions soient dues au feu ou dues à la maladie, qu'elles soient définitives ou momentanées, elles n'en affectent pas moins l'effectif; elles n'en désorganisent pas moins les unités ; ce sont des pertes qui diminuent la force de l'armée. Et, comme les maladies proviennent surtout de la fatigue, comme celle-ci est particulièrement grande dans une marche en retraite, où l'ordre laisse nécessairement à désirer ; comme le moral réagit toujours sur le physique ; comme, enfin, aux morts et aux malades, s'ajoutent, dans la défaite, un certain nombre de disparus, que ne mentionnent pas les statistiques qui précèdent, c'est chez le vaincu que, finalement, et tout bien compté, se trouvent les pertes les plus grandes. Mais on voit le peu de place que, dans ce total, qu'il s'agisse du vainqueur ou du vaincu, tiennent les pertes causées par le feu.

Le commandement ne doit donc pas hésiter, pour obtenir la victoire, à faire, au moment voulu, et sur le point voulu, les sacrifices qu'il juge nécessaires. C'est, à tout prendre, le meilleur moyen de ménager les existences qui lui sont confiées.

**

Il serait très intéressant de chercher, dans les statistiques des pertes, la preuve de l'influence que peuvent exercer, sur l'issue d'une bataille, les sacrifices consentis pour certaines unités. Malheureusement, comme je l'ai dit plus haut, si le service de santé, auquel incombe le soin d'établir ces statistiques, note très soigneusement les entrées aux hôpitaux et les causes des blessures, il distingue à peine les batailles les unes des autres, et, pour chacune d'elles, il ignore absolument les phases du combat dans lesquelles se sont produites les pertes relevées.

Les statistiques médicales donnent cependant lieu à quelques remarques intéressantes encore.

Depuis l'adoption des armes à feu, les blessures causées par l'arme blanche sont devenues de plus en plus rares. Elles entrent aujourd'hui, pour une proportion tout à fait minime, dans les statistiques des pertes. C'est entre le fusil et le canon que se répartissent les causes de la presque totalité des blessures.

Voici, pour cent tués ou blessés, le nombre des hommes qui, dans les dernières guerres, ont été atteints par les projectiles de l'artillerie.

```
Guerre de 1870-1871 . . . . . . . . 18 p. 100
Guerre turco-russe. . . . . . . . . 10   —
Guerre de Chine . . . . . . . . . .  8   —
```

Guerre de Mandchourie (Japonais)   15 p. 100
Guerre de Mandchourie (Russes) .   13   —
Guerre des Balkans   9   —

Ce dernier chiffre est le résultat d'une statistique portant sur 1.041 entrées, relevées, pendant une certaine période, dans les ambulances de Belgrade, Sofia et Philippopoli[1].

Devant Janina, la proportion des blessures dues au feu de l'artillerie a été un peu plus forte, le canon ayant joué un grand rôle dans la défense de cette place. Les chiffres relevés dans les ambulances de Philippiades et de Preveza, sont en effet de 99 et 661, dont le rapport est celui de 15 p. 100. Mais, dans les opérations de campagne, les pertes causées par le canon ont été, en moyenne, de 10 p. 100 ; celles causées par le fusil, de près de 90 p. 100.

L'artillerie représentant, dans l'effectif des combattants, notablement plus que le dixième de l'infanterie, on voit que mille artilleurs causent moins de pertes que mille fantassins.

A quoi donc sert l'artillerie ? Pourquoi n'aurait-on pas rien que de l'infanterie ?

Sans doute, si nous transformions tous nos artilleurs en fantassins, nous augmenterions les pertes de l'ennemi, mais les nôtres s'accroîtraient dans une proportion plus grande encore.

Le rôle de l'artillerie, dans l'attaque, est, en effet, d'obliger le défenseur des positions à mettre le nez contre terre, ce qui empêche ce dernier de viser, le fait tirer en l'air, le détermine parfois à

---

1. *Annales de médecine militaire*, août 1913. p. 181.

ne pas tirer du tout. L'infanterie assaillante peut alors avancer, sans éprouver de pertes, ou en subissant des pertes beaucoup moindres. En un mot, l'artillerie permet d'économiser l'infanterie.

Il faut donc de l'artillerie; mais il n'en faut pas trop. Il y a une limite au nombre des pièces nécessaires. Si, par exemple, on transformait tous les fantassins en artilleurs, outre qu'on n'aurait plus personne pour conquérir le terrain, on infligerait à l'ennemi des pertes plus faibles.

Les statistiques montrent en outre, que les pertes de l'infanterie dépassent aujourd'hui le décuple de celles de l'artillerie. L'artillerie subit donc, toutes proportions gardées, moins de pertes que l'infanterie.

En somme, c'est l'infanterie qui donne et qui reçoit le plus de coups. Cette constatation choquera peut-être les sentiments d'égalité d'artilleurs tout prêts à exposer leur vie, sur le champ de bataille, autant que leurs camarades de l'infanterie. C'est de l'enfantillage. Si, pour économiser un certain nombre de fantassins, il fallait sacrifier un nombre égal d'artilleurs, ce ne serait pas la peine d'avoir de l'artillerie.

L'ambition du fantassin doit être d'arriver, le plus vite possible, et en perdant le moins de monde possible, au but qu'on lui a assigné. L'ambition de l'artilleur doit être de donner le plus de coups, en en recevant le moins possible, sans se préoccuper de savoir s'il en reçoit plus, ou s'il en reçoit moins que son camarade de l'infanterie.

LE COMBAT

D'après le Dr Cousergue[1], certains régiments bulgares ont perdu, dans la première partie de la guerre des Balkans, un très grand nombre de leurs officiers.

Le 1er régiment d'infanterie en a perdu, à Salu-Oglou, 33 p. 100.

Le 2e régiment d'infanterie, à Lulle-Bourgas, en un seul jour, 65 p. 100.

Le 5e régiment d'infanterie, le même jour, 80 p. 100

Le 4e bataillon du 45e régiment d'infanterie, le même jour, 100 p. 100.

A ce sujet, on trouve, dans le cours du Dr Ferraton[2], pour les sept batailles principales de la guerre de Mandchourie, un tableau des pertes japonaises dont les indications sont totalisées ci-après :

Officiers.	tués	1.091
	blessés	3.458
Troupe	tués	27.923
	blessés	97.641

Ces chiffres correspondent à 1 officier mis hors de combat, pour 28 soldats. C'est une proportion d'officiers notablement supérieure à celle que l'on trouve dans les corps de troupes. D'où il résulte que, dans les deux dernières guerres, les officiers ont été atteints, relativement plus que la troupe.

Le Dr Cousergue attribue ce résultat à la visi-

---

1. *Cours du Val de Grâce*, p. 61.
2. *Cours professé en 1912*, p. 56.

bilité des uniformes des officiers bulgares. Cette explication est en défaut pour la guerre de Mandchourie. Il faut plutôt admettre que l'obligation, imposée à l'officier, de diriger sa troupe sur le terrain, le conduit à s'exposer davantage. En un mot, l'officier est, par nécessité professionnelle, généralement plus brave que l'homme de troupe. Je développerai cet aperçu dans le prochain chapitre.

IV

LA PEUR

En quoi consiste la peur. Les causes de la peur : l'inconnu, la surprise, l'isolement. Les effets de la peur. Les paniques. Les moyens de dominer la peur. Action physique, intellectuelle ou morale.

En quoi consiste la peur.

Les plus grands hommes de guerre ont eu peur.

Henri IV reconnaissait qu'il avait peur, avant chaque combat. Turenne disait : « Ma carcasse tremble ». Le maréchal Ney, le brave des braves, a dit : « Triple menteur est celui qui se vante de n'avoir jamais eu peur ».

Si les braves ont peur, en quoi donc consiste la peur?

La peur est la forme la plus simple de l'instinct de conservation. C'est un sentiment très naturel et très avouable. L'homme qui n'aurait peur de rien ne vivrait pas une journée.

Sans doute, chez le combattant, l'intérêt de l'individu doit s'effacer devant l'intérêt de la collectivité. Mais ces deux intérêts ne sont pas absolument antagonistes. Au combat, la collectivité ne gagnerait rien à ce que l'individu se fît tuer à coup sûr et sans utilité.

Le combattant ne doit affronter le danger que s'il y a nécessité d'agir et quelque chance de réussir. Il doit prendre les précautions recommandées par les règlements, pour éviter les effets du feu, adopter une juste et sage moyenne entre l'excès de prudence et la témérité.

Le fantassin, par exemple, profitera d'une accalmie du feu de l'ennemi, pour se porter en avant. Il s'arrêtera, si le feu reprend. Il repartira, si le feu s'arrête de nouveau ou si, mal dirigé, ce feu est peu inquiétant.

L'artilleur placera ses canons derrière la crête, assez loin pour se couvrir le mieux possible, assez près pour que le projectile ne soit pas arrêté par le relief du terrain. Il ne se découvrira que s'il est obligé de le faire, pour remplir sa mission.

Tous les hommes n'apprécient pas un même danger de la même manière. Ils n'en ressentent pas les mêmes effets. Mais, ce n'est pas en cela que consiste la différence entre le brave et le lâche.

Le brave est celui qui, quelque troublé qu'il soit par la crainte du danger, fait passer au second plan l'intérêt de sa conservation personnelle. C'est le tirailleur qui, blotti derrière son abri, où il ne risque rien, se découvre pour tirer ou pour bondir en avant, parce qu'il en a reçu l'ordre de ses chefs.

Le lâche n'est pas celui que la terreur a anéanti au point de lui faire perdre toute faculté d'agir, au point de lui enlever même l'instinct de la conservation personnelle. Tel l'homme qui se laisse massacrer, sans essayer seulement de parer les coups. Celui-là est devenu une loque ; il ne compte plus.

Le lâche est celui qui, se faisant du danger une idée parfaitement exacte, l'envisageant même avec calme, combine froidement les moyens de l'éviter à tout prix ; reste aplati contre le sol, quand ses camarades se portent en avant ; feint d'être frappé de terreur, plus qu'il ne l'est réellement ; se cache dans un fossé, espérant ne pas être vu ; porte secours à un blessé, pour pouvoir rester en arrière ; perd volontairement ses cartouches, pour avoir le prétexte d'en aller ramasser sur un mort ; entretient une écorchure au pied, pour être dispensé de marcher ; place une pierre sous la selle de son cheval, pour que celui-ci se blesse et devienne indisponible ; se blesse lui-même, d'un coup de feu, pour qu'on le porte à l'ambulance.

La peur et la lâcheté sont donc deux choses très différentes. On peut être brave et avoir peur.

La lâcheté, écrit Ernest Legouvé, c'est de la peur consentie ; le courage, c'est de la peur vaincue.

J'aime mieux dire « de la peur dominée ». Le mot « vaincue » éveille en effet l'idée d'un ennemi qu'il faut chercher à anéantir. C'est l'idée qui paraît contenue dans le passage suivant d'un de nos meilleurs écrivains militaires [1].

« L'homme au combat n'a qu'un ennemi : la peur ; et c'est celui dont il parle le moins. »

---

1. Colonel DE GRANDMAISON, *Le dressage de l'infanterie*, p. 3.

Or, pas plus que la faim, la peur n'est un ennemi de l'homme. La faim l'avertit d'un besoin. La peur l'avertit d'un danger ; c'est un instinct de protection.

« Ceux qui n'éprouvent pas, écrit le Dr Henri
« Lemesle, professeur à l'école de psychologie,
« ce phénomène initial qui avertit l'être menacé,
« sont des déchus. Par anesthésie native ou
« pathologique, leur sensorium obtus ne perçoit
« pas l'indispensable alarme [1]. »

Seulement, de même que l'homme ne doit pas se laisser dominer par la faim, au point de dérober sa nourriture, ce qui serait contraire à l'intérêt de la société, de même le combattant ne doit pas se laisser dominer par la peur, au point de compromettre les intérêts qu'il a mission de sauvegarder.

« La peur, écrit le Pr Charles Richet, de l'Aca-
« démie de médecine, est une protection contre
« la mort. Mais quelque salutaire qu'il soit, ce
« sentiment doit être combattu ; c'est une émotion
« d'ordre inférieur, qu'il faut tâcher de domi-
« ner [2]. »

« Dès que la peur, écrit encore le professeur
« Henri Lemesle, a donné à l'homme le signal
« du danger, l'esprit normal passe une revue
« rapide des forces de combat, des éléments de
« victoire opposables au danger prévu, et, sur-
« le-champ, il prend un parti, le plus souvent
« définitif : la capitulation ou la résistance [3]. »

---

1. La *Revue* du 15 février 1910, p. 457.
2. *Loc. cit.*, p. 463.
3. *Loc. cit.*, p. 457.

LE COMBAT

C'est à faire naître et à développer, chez le militaire, les habitudes et les sentiments qui faciliteront cet examen rapide, que doivent tendre, et l'éducation du combattant en temps de paix, et la façon dont il convient de le traiter sur le champ de bataille. Tâches très difficiles, auxquelles il faut reconnaître que bien peu d'officiers ont réfléchi, beaucoup tenant la peur pour une chose honteuse, qu'on ne discute même pas.

Les causes de la peur.
L'inconnu. La surprise. L'isolement.

On se rendra compte des moyens à employer pour dominer la peur, en étudiant ses causes et ses effets.

De toutes les causes extérieures susceptibles de faire naître la peur ou de l'accentuer, la plus importante est l'*inconnu*. La surprise, l'isolement, le silence et l'obscurité n'en sont que des aggravations ou des variantes.

L'homme qui se trouve en présence d'une situation inconnue, a une tendance à en exagérer le danger. A la longue, il s'accoutume à ce danger. Il s'y accoutume parfois trop. Tel l'ouvrier couvreur qui s'amuse à courir sur le bord d'un toit. Tel le mécanicien du train de chemin de fer qui risque sa vie, pour regagner une minute perdue.

Consulté, en 1910, sur les moyens à employer pour vaincre la peur, M. Raymond Poincaré, de l'Académie française, a répondu ce qui suit [1] :

---

[1]. *Loc. cit.*, p. 461.

« Je ne connais guère d'autres batailles que
« celles de la tribune ou de la barre. Mais, si je
« vous disais que je les affronte sans peur, vous
« ne me croiriez pas, et vous auriez raison.

« Le remède est d'ailleurs le même partout :
« aller de l'avant et se battre.

« On a peur en demandant la parole. On a peur,
« l'arme au pied, avant le combat.

« On n'a plus peur, en prononçant un discours.
« On n'a plus peur en faisant le coup de feu. »

Dans toutes les affaires auxquelles j'ai pris part en 1870, j'ai eu moins peur, au cours de l'action qu'au début. C'est l'entrée sur le champ de bataille, dans l'inconnu, qui m'a toujours le plus vivement impressionné.

L'impression a été beaucoup moins vive, le 9 novembre, à Coulmiers, que le 2 décembre, à Loigny.

A Coulmiers, en effet, l'officier d'état-major qui est venu chercher ma batterie nous a conduits lui-même sur la position que nous devions occuper, et il nous a donné, sur la situation, les renseignements les plus circonstanciés.

Il nous a exposé que notre infanterie allait attaquer Coulmiers ; qu'elle était sous le feu de batteries allemandes, auxquelles ne pouvaient répondre, en raison de leur trop faible portée, les canons de 4 qui armaient nos batteries divisionnaires ; qu'en conséquence, le général faisait appel à deux batteries de 12, de la réserve d'artillerie du 16ᵉ corps. Enfin, il nous a indiqué la région dans laquelle se trouvaient les batteries allemandes que nous avions mission de contre-battre et qui se révélaient, de temps en temps, par un nuage de fumée.

Un peu avant l'arrivée de l'officier d'état-major à la réserve d'artillerie, nous avions vu passer l'infanterie, en formation préparatoire de combat, marchant dans un ordre parfait.

A Loigny, au contraire, l'officier d'état-major qui est venu nous chercher, s'est borné à nous dire : « Cela va mal du côté de Terminiers. Le général demande immédiatement deux batteries de la réserve ».

C'est sans plus amples renseignements que nous avons été lancés sur le champ de bataille de Loigny, ma batterie vers la gauche, l'autre batterie du même groupe vers la droite de Terminiers. Personne ne nous a dit si nous allions avoir à tirer sur de l'infanterie ou sur de l'artillerie. Personne ne nous a indiqué notre emplacement de batterie.

En arrivant sur le champ de bataille, nous avons croisé un convoi de blessés, dont nous avons entendu les gémissements ; puis un groupe de zouaves pontificaux débandés qui, confirmant le renseignement donné par l'officier d'état-major, nous ont dit que cela allait très mal du côté de Terminiers. Nous n'avons aperçu aucune autre troupe d'infanterie. Ce fut l'inconnu, dans tout ce qu'il a de plus angoissant[1].

A Coulmiers, les premiers coups de canon que nous avons reçus de l'artillerie ennemie tombaient

---

1. Voir page 44, quelques détails sur la suite du combat.

à 250 mètres devant nous ; les suivants à 150 mètres derrière nous ; la troisième série, tirée avec la hausse moyenne des coups courts et des coups longs, à 50 mètres devant nous. Le tir était réglé suivant la méthode de la fourchette, que nous ne connaissions pas en 1870, que nous avons adoptée depuis, à la suite des Allemands.

Bien que les salves courtes ne produisissent aucun effet matériel, elles nous impressionnèrent vivement, parce que c'étaient les premières.

Bien que les salves longues fussent également inefficaces, elles nous impressionnèrent plus vivement encore, à cause du bruit que faisaient les projectiles, en passant au-dessus de nos têtes.

Bien que les salves exécutées avec la hausse moyenne nous eussent infligé quelques pertes, on s'y accoutuma à la longue, parce que la hausse ne changea plus. On savait à quoi s'en tenir.

Les fusées allemandes fonctionnaient d'ailleurs assez mal. Beaucoup d'obus touchaient le sol sans éclater ; d'autres faisaient fougasse. Les éclats qui arrivaient jusqu'à nous étaient plutôt rares.

Ainsi, ce sont les salves inefficaces qui nous ont le plus impressionnés. La terreur a cessé à partir du moment où la régulière proportion des pertes nous a permis de mesurer la gravité du danger.

En 1871, pendant le second siège de Paris, ma batterie a occupé diverses positions, sur chacune desquelles elle est restée plusieurs jours. Les premières fois, au moindre coup de canon, les canonniers s'aplatissaient contre le talus intérieur de l'épaulement, plus qu'il n'était nécessaire même pour se couvrir utilement. Au bout de quelques jours, à la direction d'où venait le bruit, les canonniers reconnaissaient la destination du coup de canon, et on les entendait dire : « Ce n'est pas pour nous ». Le mépris du danger était devenu tel que, même lorsque c'était pour nous, on ne se couvrait plus assez. J'en ai fait la cruelle expérience.

Le 26 avril, au château de Bécon, mon tir intéressant les officiers d'autres armes qui se trouvaient dans le voisinage, sept d'entre eux montèrent, à côté de moi, sur l'observatoire destiné au commandant de la batterie. Les fédérés suivaient notre jeu, comme nous suivions le leur. Sachant fort bien que, quand le coup était visiblement pour nous, nous ne manquions pas de nous en garer, ils résolurent de nous en envoyer un, partant d'une direction inconnue.

A cet effet, ils amenèrent à bras, par des cheminements défilés, une pièce de campagne qu'ils mirent en batterie, à 500 mètres de nous, sur un emplacement que nous n'avions pas l'idée de surveiller, car il n'en était jamais parti ni un coup de canon, ni un coup de fusil. Je vis nettement la lueur du coup ; mais, le temps de me demander : « Est-ce pour nous ? », l'obus était sur la plongée du parapet, éclatait à quelques mètres de nous, et nous atteignait tous les huit, dont trois mortellement.

Le personnel de la batterie fut atterré. Il se retrouva sous le régime de l'inconnu, et, pendant plusieurs jours, on n'eut pas l'occasion de lui reprocher sa témérité.

Sur cet observatoire, organisé pour abriter deux ou trois personnes au plus, j'aurais pu m'abstenir d'autoriser la présence de sept officiers d'autres armes qui, réglementairement, n'avaient rien à faire en pareil lieu. Mais la mission de ces officiers était la mienne, je n'étais pas fâché d'entendre leurs réflexions et de profiter de leur expérience, car ils connaissaient fort bien le terrain. Huit mois de campagne m'avaient appris ce qu'a d'angoissant, à la guerre, la sensation de l'inconnu. J'avais pris l'habitude de ne négliger le concours de qui que ce fût. Et ce besoin de liaison est devenu un des traits particuliers de mon caractère, une règle de conduite dont j'ai continué de m'inspirer, pendant tout le reste de mon existence militaire.

Soigné dans un établissement privé de Courbevoie, où il y avait aussi des fédérés, j'appris que le canon de campagne dont un seul coup avait fait huit victimes, avait été conduit sur son emplacement de tir par une femme, témoin oculaire de ce qui se passait sur la ligne de feu, mieux informée, par conséquent, que les chefs qui se trouvaient en arrière. Ce qui prouve que, dans l'esprit de mon adversaire, comme dans le mien, aucun concours ne devait être négligé.

*
* *

Le coup du 26 avril, le coup de Bécon, comme on l'appela à l'armée de Versailles, rentre dans

LE COMBAT

la catégorie des effets de *surprise*. Un défenseur actif, plus versé que ne l'étaient les fédérés dans l'art de la guerre, n'aurait pas manqué d'en faire le signal d'une contre-attaque.

Ce fut également une surprise que l'apparition des six ou sept Japonais, derrière les Russes, à la bataille de Pen-Ling, le 31 juillet 1904. L'effroi causé fut tel que cinq compagnies se retirèrent en désordre [1].

Le 2 décembre 1870, à Loigny, le jour où ma batterie fut lancée sur le champ de bataille, sans instruction aucune, dans l'inconnu [2], elle se trouva brusquement en présence d'un peloton de cavaliers allemands, qui déboucha à 300 mètres de nous. La surprise fut telle, de part et d'autre, qu'on s'arrêta de chaque côté, se demandant ce qu'on allait faire.

Le jeu des Allemands était cependant tout indiqué : fondre sur nous, d'un temps de galop ; ils nous auraient rejoints en une minute, avant que nous eussions eu le temps de mettre nos canons en batterie, et ils nous auraient capturés ; car l'artillerie est sans défense, si elle n'a pas auprès d'elle un peu d'infanterie ou de cavalerie.

C'est ce que fit, à ce moment même, un autre peloton de cavaliers allemands, probablement détaché du même escadron, qui rencontra, dans les mêmes conditions, l'autre batterie du groupe, lancée comme la nôtre, dans l'inconnu, à droite du village de Terminiers.

---

1. Voir page 12.
2. Voir page 40.

Pendant que ce peloton capturait la batterie sœur, nous hésitions et, fort heureusement, notre adversaire hésitait aussi. Je me trouvais en tête de la batterie, la curiosité m'ayant poussé en avant de la colonne. C'est moi qui, le premier, avais aperçu les cavaliers allemands.

Troublé par cette apparition, je n'eus pas l'idée de dire à mes canonniers-servants de faire feu de leurs mousquetons. Ces armes étaient cependant chargées ; je le savais ; mais je l'avais oublié, comme d'ailleurs les officiers de la batterie-sœur, comme mes canonniers eux-mêmes ; tellement sont rares, pour les artilleurs, les occasions de faire le coup de feu ; tellement est forte l'habitude qu'ils ont de porter le mousqueton en bandoulière, et de l'y laisser.

Le capitaine me rejoignit quelques secondes après, et, dans son affolement, il poussa le commandement : « Pièce, feu ! » ; commandement un peu ridicule, car, en formation de marche, le canon est sur son avant-train, la bouche tournée du côté opposé à l'ennemi, et la séparation des trains, la mise en batterie, la charge et le pointage de la pièce exigeaient plusieurs minutes.

Ce fut un modeste sous-lieutenant du train d'artillerie, dont la place était en arrière, qui, se trouvant là par hasard, sans commandement, en curieux, eut l'idée de dire aux canonniers : « Mais faites donc feu de vos mousquetons ! »

Devant les coups de feu, dont aucun ne porta, car les canonniers, affolés, ne prirent pas la peine de viser, les cavaliers allemands firent demi-tour, s'éloignèrent au galop, et on ne les

LE COMBAT

revit plus. L'heureuse intervention du sous-lieutenant du train m'a montré, une fois de plus, qu'à la guerre, aucun concours ne doit être négligé.

Ainsi, dans ce double épisode, quatre chefs se sont trouvés en présence : deux capitaines français et deux lieutenants allemands. L'effet de la surprise est tel que trois d'entre eux ont perdu leur sang-froid.

On sait qu'à Frœschwiller, le 6 août 1870, la bataille a été déclenchée, du côté de Günstett, par une corvée de tirailleurs algériens, que l'on avait envoyée de grand matin, au ruisseau de la Sauer, chercher de l'eau pour faire le café. Un peloton d'infanterie prussienne, établi au lavoir de Brüchmühl, a ouvert le feu, et les tirailleurs ont riposté. Des deux côtés, on a pris les armes. Le combat s'est ainsi engagé, contrairement à la volonté du commandement, dont les ordres spécifiaient qu'on n'attaquerait que le lendemain. Tel a été le résultat du manque de sang-froid de l'officier prussien qui a laissé ouvrir le feu sur cette inoffensive corvée, au lieu de se borner à la signaler à ses chefs et à la faire surveiller.

Je passe sur le début de l'engagement, dont le détail importe peu ici. J'arrive immédiatement au moment où, les Français reculant sur toute la ligne, le général allemand de Bose donne à la 41ᵉ brigade l'ordre de se porter en avant [1].

---

[1]. Le récit de cet épisode est emprunté au livre sur *l'Infanterie* du général de Maudhuy (Voir la carte de la page 195).

Tout à coup, un changement se produit, dans le panorama si rassurant qu'avaient, sous leurs yeux, les généraux prussiens.

Le son des clairons et des tambours français, sonnant et battant la charge, domine la fusillade. Des vergers, au nord de Morsbronn, débouche une ligne de 300 à 400 tirailleurs algériens, qui se précipitent, à la course, vers la Sauer, en poussant des cris sauvages. Plus loin, en arrière, on voit de l'infanterie en formation serrée. Enfin les chasseurs à pied réapparaissent et les batteries françaises rentrent en action.

Devant cette contre-attaque furieuse, le 11ᵉ bataillon de chasseurs allemands plie immédiatement. Les compagnies de soutien sont enlevées par le torrent des fuyards. Le commandant du bataillon, voulant sauver sa réserve du désordre, lui prescrit de se retirer sur Günstett. Craignant qu'elle y arrive trop tard, il lui ordonne de prendre le pas de course. Il n'est que trop bien obéi ; la réserve se débande et se précipite sur Günstett, où elle ne peut être arrêtée. Les soutiens de l'artillerie suivent le mouvement.

En un clin d'œil, des troupes animées du meilleur esprit offensif sont mises dans la déroute la plus complète. La raison de ce changement à vue est *la surprise*. L'attention des Allemands était uniquement dirigée vers la ferme Albert. Rien ne s'était manifesté du côté de Morsbronn.

Il faudrait des volumes pour énumérer tous les cas dans lesquels, à la guerre, la surprise a produit une terreur semblable.

L'isolement aggrave l'inconnu, en empêchant l'homme de se renseigner. C'est donc une circonstance susceptible d'accentuer la peur.

A Loigny, ma batterie est restée isolée, pendant tout le temps qu'elle a passé sur le champ de bataille, et je n'ai cessé de craindre la réapparition des cavaliers allemands. Le souvenir de cette angoisse m'a obsédé pendant tout le reste de la campagne, et jamais, même depuis, dans les manœuvres du temps de paix, je n'ai pu me mettre en batterie, sans entrer, si je n'y étais déjà, en relation avec l'infanterie.

Mais si, dans l'artillerie, une unité peut être isolée des unités des autres armes, l'homme n'est jamais isolé de ses camarades ni de ses chefs. La bravoure lui est ainsi rendue relativement facile.

Dans l'infanterie, au contraire, en se portant en avant, l'homme peut être amené, pour utiliser un abri, à s'écarter légèrement de la direction générale suivie par son unité. Si l'instinct de la conservation le retient un peu trop longtemps derrière cet abri, il se trouve séparé de ses camarades, et la peur du feu se complique de celle de l'isolement, plus angoissante encore. Dans le conflit qui s'engage alors entre l'une et l'autre, il y a tout avantage à ce que la seconde l'emporte sur la première; c'est-à-dire, à ce que l'homme se porte en avant. En cela l'intérêt de l'individu se confond avec celui de la collectivité.

La peur de l'isolement est donc une peur salutaire. Il faut l'entretenir, en enseignant aux hommes que l'isolement les empêcherait d'être secourus, en cas de danger. Toutefois, il faut les empêcher de se pelotonner, en leur faisant remarquer que le pelotonnement procure à l'ennemi un objectif plus visible et, par conséquent, plus vulnérable.

Le tirailleur redoute l'isolement, non seulement dans le sens de la largeur, mais encore dans celui de la profondeur. Un officier qui a fait toutes les campagnes du second Empire, et celle de 1870[1], raconte que, dans plusieurs circonstances critiques, il a entendu ses hommes dire : « Il n'y a personne derrière nous ». Le mot circulait de bouche en bouche; les têtes se tournaient anxieusement en arrière; l'élan offensif était brisé. L'homme qu'on lance au combat a besoin de sentir, derrière lui, une troupe qui le suit, qui le soutiendra en cas de besoin, qui le recueillera en cas d'échec.

En commentant les observations qui précèdent, le lieutenant-colonel Colin fait remarquer que le règlement de 1875, rédigé par des hommes qui avaient fait la guerre, distinguait les *renforts*, destinés à se fondre dans la chaîne, pour en combler les vides, et les *soutiens*, destinés à rester en arrière, le plus longtemps possible, pour exercer sur la première ligne, une action morale à distance[2].

[1]. Lieutenant SACRESTE, *Le tirailleur et la tactique de l'avenir*, p. 36.
[2]. Lieutenant-colonel COLIN, *Les transformations de la guerre*, p. 71.

LE COMBAT

Le règlement actuel donne indistinctement le nom de *renfort* à tous les éléments qui restent en arrière. On aurait tort de conclure de là qu'une ligne de tirailleurs, suffisamment dense pour qu'il soit inutile de la renforcer, n'a pas besoin d'être soutenue par des éléments de l'arrière.

Une troupe qui progresse sous le feu de l'ennemi ne s'use pas seulement par les pertes matérielles qu'elle subit, mais encore par la déperdition d'énergie morale qu'entraîne la peur. Le danger, qui commençait autrefois à quelques centaines de mètres, commence aujourd'hui à plusieurs kilomètres de l'ennemi. Il n'est pas d'homme, quelque fort que soit son moral, qui puisse soutenir avec la peur une lutte d'une durée aussi longue. A un moment donné, le moral doit être renforcé, tout comme l'effectif, et même si l'effectif n'a pas été diminué. Ce renforcement est produit par l'arrivée, sur la chaîne, d'hommes qui n'ont pas encore eu peur, ou qui ont eu moins peur, et qui entraînent les premiers, ou les dépassent, suivant le cas. Comme on ne sait pas si l'élan de la troupe est brisé, par suite de la diminution de l'effectif ou par suite de la diminution de l'énergie morale, comme ces deux éléments réagissent nécessairement l'un sur l'autre, on donne le même nom aux fractions chargées d'accroître l'un ou l'autre.

L'isolement de l'éclaireur au combat, et celui de la sentinelle aux avants-postes provoquent souvent des terreurs dont chacun connaît les conséquences. L'homme tire sur tout ce qu'il voit, parfois sur les amis. J'ai été couché en joue deux fois, pendant la campagne de 1870, par des cavaliers amis ; une fois de jour, l'autre de nuit. C'est pour éviter ces méprises, qu'aux avant-postes, on fait usage de sentinelles doubles, et que, dans le mouvement en avant, on groupe les tirailleurs deux par deux, sous le nom de *camarades de combat*.

L'obscurité augmente l'angoisse de l'isolement. Une feuille qui remue, un animal qui fuit, provoquent quelquefois des craintes folles, chez les citadins surtout.

Le silence est inquiétant, même le jour. Quand le fusil crépite et que le canon tonne, il y a lieu de croire que l'ennemi est occupé. Si le bruit cesse, on se demande ce qui va arriver. En un pareil moment, il faudrait peu de chose pour déterminer une panique. L'officier doit parler à ses hommes, afin de les rassurer.

Les effets de la peur. Les paniques.

Les effets de la peur varient d'un individu à l'autre, et, chez le même individu, suivant l'état physique ou moral dans lequel il se trouve. Ces effets sont plus grands, si l'homme a faim, s'il a soif, s'il est malade ou fatigué, s'il est déjà déprimé par une émotion antérieure.

Chez un même sujet, les effets de la peur varient avec l'intensité de l'impression produite sur le système nerveux. C'est une question de dose. Tel l'alcool qui, suivant la dose, réconforte, excite ou stupéfie. De même la peur stimule, énerve ou paralyse.

À petite dose, la peur est salutaire ; elle avertit l'homme du danger ; elle lui fait prendre les résolutions nécessaires.

À plus forte dose, elle l'excite ; elle accroît ses forces, dans des proportions parfois extraordinaires ; elle lui permet de faire des étapes d'une longueur inaccoutumée, de franchir des obstacles que, dans la vie ordinaire, il n'oserait pas aborder. Ces effets de la peur peuvent généralement être corrigés.

À plus forte dose encore, la peur agite. Elle provoque chez l'homme des mouvements désordonnés, qu'on n'arrive pas toujours à corriger.

« Arnold, écrit un capitaine prussien, était un
« des meilleurs soldats de ma compagnie, un
« homme de confiance, d'un dévouement tou-
« chant ; un modèle pour les autres soldats, très
« bon tireur et bon chef de patrouille.

« Nous nous trouvions sous un feu violent, à
« 500 pas environ de l'ennemi. Je voyais avec
« inquiétude l'émotion de mes hommes augmen-
« ter. Certains fusils tiraient en l'air. En m'appro-
« chant, je reconnus qu'en avant d'eux, se trou-
« vait un mouvement de terrain empêchant les
« tirailleurs de voir l'ennemi. Parmi ces der-
« niers, je reconnus Arnold ; je me précipitai sur
« lui, je le soulevai par les épaules et lui criai :
« Où tirez-vous donc ? Vous ne voyez pas l'en-
« nemi. »

« Arnold tourna la tête. Ses yeux étaient ha-

« gards. Il ne reconnaissait plus son capitaine.
« Et comme, à ce moment, quelques balles sif-
« flaient autour de nous, il se laissa tomber à
« terre, et recommença à tirer avec précipita-
« tion ».

Ce qui paraît avoir le plus étonné l'auteur du récit qui précède, ce n'est pas que la peur produise de pareils effets, c'est qu'elle les ait produits sur un aussi bon sujet que le soldat Arnold.

Cet étonnement me surprend, de la part d'un homme qui a fait la guerre.

Pendant la campagne de 1870-1871, à laquelle j'ai pris part depuis le premier jour jusqu'au dernier, où j'ai vu le feu un très grand nombre de fois, où j'ai beaucoup observé les hommes, j'ai constaté que bien des officiers et des soldats qui, en temps de paix, avaient des allures de foudre de guerre, faisaient piètre figure sous le feu ; que les plus braves étaient souvent ceux sur lesquels on comptait le moins en garnison, les moins débrouillards, parfois les moins disciplinés ; qu'en un mot, il y avait fort peu de rapport entre les qualités du temps de guerre et celles qu'on recherche en temps de paix.

Le plus docile, à la caserne, est généralement le moins aventureux, celui qui tient le plus à sa tranquillité personnelle. Chez un pareil soldat, il y a de grandes chances pour que, sur le champ de bataille, l'instinct de la conservation soit plus fort que l'esprit guerrier.

Voilà pourquoi le soldat français vaut mieux que le soldat allemand, en temps de guerre, bien qu'il ne le vaille peut-être pas, en temps de paix.

LE COMBAT

Voilà pourquoi, encore, c'est une grande erreur de croire, comme on l'a affirmé à la tribune de la Chambre des Députés, le 8 juillet 1913, qu'en favorisant la formation de bons réflexes, par la répétition des mêmes actes, la prolongation de la durée du service militaire permettra au soldat de triompher des épouvantables émotions du champ de bataille[1].

Sur le champ de bataille, l'homme se retrouvera avec la carcasse et les sentiments qu'il tient de la nature, légèrement modifiés par l'éducation reçue, jusqu'à l'âge de vingt ans, dans la famille, à l'école, à l'atelier ; plus légèrement encore par l'éducation reçue au régiment, laquelle forme moins des combattants, que des soldats comme on les aime en temps de paix, quand elle ne déforme pas l'esprit guerrier, qui est inné chez le Français.

La répétition des mêmes actes permettra au soldat, sur le champ de bataille, de charger son arme sans réfléchir, mais elle ne le rendra pas plus brave sous le feu.

A très forte dose, la même dose pouvant, d'ailleurs, être forte pour l'un et pas pour l'autre, la peur paralyse.

A la bataille de Cannes, dit l'historien Polybe, les armes tombaient des mains aux 70.000 Romains qu'ont massacrés les soldats d'Annibal.

A Coulmiers, la section du centre de ma batterie avait été placée sous les ordres du maréchal

---

[1]. *Journal officiel* du 9 juillet 1913, p. 2517.

des logis chef, sous-officier qui, en dehors du combat, s'occupait surtout d'administration et s'intéressait peu à la manœuvre.

La peur agissait sur moi, comme un stimulant; peut-être un peu comme un excitant, car je déployais une activité plutôt excessive dans la surveillance de mes pièces, la vérification du pointage et l'observation des résultats du tir. C'est au point que je ne voyais rien de ce qui se passait en dehors de la section de droite, sous mes ordres. Il fallut, pour que j'en fusse prévenu, qu'un canonnier vint me signaler la singulière attitude, sous le feu, du chef de la section du centre.

Ce dernier était immobile, debout, à sa place réglementaire de manœuvre, les yeux fixés sur le sol, à quelques mètres devant lui, ne faisant rien de ce que le règlement prescrit. Je m'approchai de lui et lui demandai la raison de cette immobilité; il ne me répondit pas. Je le frappai sur l'épaule; je n'obtins pas davantage de réponse. Je fis appeler le capitaine, qui renouvela inutilement les mêmes tentatives.

Ce sous-officier était paralysé. Il n'aurait pas eu la force de fuir. Il n'avait même pas la présence d'esprit de courber la tête, quand un projectile ou un gros éclat passait au-dessus de lui; ce que je faisais quelquefois, ce que, d'ailleurs, j'avais tort de faire, car le geste était inutile, et il n'était pas d'un bon exemple pour la troupe. Chez cet homme, tout était anéanti, même l'instinct de la conservation. Il se serait laissé tuer, comme les soldats romains par les Carthaginois.

LE COMBAT

La dose de peur à laquelle il avait été soumis était cependant très ordinaire. Elle était forte pour lui, et pas pour d'autres. En conséquence, le capitaine envoya ce sous-officier, accompagné d'un canonnier, à la réserve de la batterie, où il se laissa conduire comme un malfaiteur. Jamais je n'avais vu un pareil effondrement de la dignité humaine.

Vingt-huit ans après, j'ai eu l'occasion de faire, en temps de paix, une observation analogue. Le régiment d'artillerie que je commandais alors exécutait ses exercices de tir au camp de Châlons. Une corvée, commandée par un sous-officier et comprenant un certain nombre d'hommes, de voitures et de chevaux, avait été chargée de ramasser les projectiles non éclatés sur le champ de tir.

Un orage survint. La foudre tomba sur la corvée, tua un brigadier et trois chevaux. Le sous-officier abandonna alors ses hommes, prit le pas gymnastique et rentra au camp, faisant ainsi, sans s'arrêter, une course de plusieurs kilomètres. Puis il se précipita dans sa baraque et se jeta sous son lit, d'où, pendant une heure, ni ses camarades ni les officiers de sa batterie, ni moi-même, appelé pour la circonstance, ne réussîmes à le faire sortir. La peur avait agi sur lui, d'abord comme excitant, ensuite comme stupéfiant.

Le 8 novembre, à Coulmiers, la peur a produit sur mon capitaine un effet du même genre. Elle l'a d'abord excité ; elle a ensuite oblitéré sa faculté de raisonnement, d'une manière très étrange.

Dans une deuxième position de batterie, l'artillerie ennemie ne tirait que sur notre section de droite. Les deux autres sections étaient probablement invisibles, masquées par quelque broussaille ou quelque ride du terrain. Les obus ennemis tombaient, à cinquante mètres devant moi, avec une régularité inquiétante. Nous subissions des pertes appréciables.

A plusieurs reprises, le capitaine avait eu la velléité de porter la batterie en arrière. J'avais déconseillé cette manœuvre, estimant que, pendant le mouvement de recul, qui obligerait les conducteurs à remonter à cheval, nous deviendrions plus visibles et plus vulnérables encore.

Mon conseil était très intéressé. A un danger que je connaissais, je ne me souciais pas d'en voir substituer un autre qui pouvait être plus grave.

S'illusionnant, sans doute, sur ma bravoure, m'attribuant peut-être l'invulnérabilité que la légende accorde volontiers aux héros, le capitaine me donna l'ordre extraordinaire de me porter, à cinquante mètres en avant, au point même sur lequel les projectiles tombaient avec une régularité persistante.

Les mouvements de sections isolées étaient, à cette époque, fort à la mode. En présence d'une situation qu'il trouvait inquiétante, mon capitaine a voulu faire quelque chose, n'importe quoi; pouvoir se dire à lui-même: « Et moi aussi, je fais de la tactique. »

Pour que je n'aie pas fait remarquer à mon

chef, avec lequel j'étais très familier, ce que son ordre avait d'insensé, il a fallu que le sentiment du danger soit dominé, chez moi, par un sentiment beaucoup plus fort : la honte de résister à un ordre dont l'exécution était périlleuse, la crainte de paraître avoir peur. Machinalement, je poussai le commandement réglementaire : « Amenez les avant-trains en avant. Caissons en avant ! »

Au moment où ma section commençait son mouvement, le feu de l'ennemi cessa, comme par enchantement. Il reprit deux minutes après ; mais les projectiles tombèrent à 200 mètres en arrière. Au lieu de raccourcir son tir, l'ennemi l'avait allongé.

A une aussi grande distance, en effet, l'ennemi ne pouvait distinguer un mouvement en avant d'un mouvement en arrière. Il avait vu les conducteurs remonter à cheval, et les voitures décrire des boucles ; il en avait évidemment conclu que, ne pouvant rester sous un feu aussi bien réglé, ma batterie s'était retirée. Voyant qu'elle s'arrêtait au bout d'un temps très court, il avait estimé que le recul était faible, et il s'était borné à augmenter la hausse de 200 mètres seulement.

A partir de ce moment, le tir de l'ennemi ne produisit plus aucun effet. Je me félicitai donc d'avoir obéi, et le capitaine resta convaincu qu'il avait fait de très bonne tactique.

En somme, à part le cas où la peur ne dépasse pas la mesure nécessaire, pour que l'homme soit prévenu du danger qui le menace, la peur, si avouable qu'elle soit, produit plus de mauvais effets que de bons. Elle fait faire parfois de très vilaines choses.

La peur rend cruel. Le guerrier antique massacrait son ennemi vaincu, non par esprit de haine, mais par instinct de la conservation, par crainte d'être massacré lui-même.

Pendant la Commune de 1871, après l'entrée des troupes dans Paris, j'ai vu des Parisiens se dénoncer les uns les autres, de peur d'être soupçonnés d'avoir combattu l'armée de Versailles. Ils faisaient fusiller leurs semblables, pour n'être pas fusillés eux-mêmes.

* * *

Pour en finir avec les effets de la peur, il me reste un mot à dire de ce qu'on appelle les *paniques*, résultats de la peur collective d'une troupe [1].

La peur est contagieuse. Elle l'est d'autant plus que la troupe est moins en main, et que son moral est plus affaibli, par la fatigue, la faim, un échec antérieur, ou l'émotion qu'a causée un évènement quelconque.

Une troupe tombée dans cet état, prend tous les caractères de la foule, être collectif, impressionnable, dont l'état mental est instable; et chez

---

[1]. D'après LAROUSSE, *panique* vient de Pan, dieu qui parcourait monts et vallées, chassant ou réglant la danse des nymphes. Pan avait des cornes et des pieds de chèvre. On redoutait son apparition. L'expression de *terreur panique* a passé dans la langue, pour désigner une peur soudaine et effroyable.

qui l'imitation est un geste naturel, comme il l'est chez l'enfant, chez une personne dont la faculté de raisonnement est habituellement faible ou momentanément affaiblie par une cause extérieure.

Qu'un homme s'écrie alors : « Nous sommes perdus ! Nous sommes trahis ! Sauve qui peut ! etc. » ; qu'il fasse demi-tour ; son cri, son mouvement sont immédiatement imités. La troupe se débande. Il devient impossible de la rallier. La panique ne s'arrête que par l'épuisement des forces physiques de ceux qui s'y sont laissés entraîner.

La panique n'est donc pas, comme on l'a écrit, simplement de la peur collective ; c'est l'explosion d'une peur collective qui, trop longtemps contenue, ne demandait qu'à se manifester.

Une troupe peut avoir peur et ne pas se débander ; tout comme un homme peut avoir peur et faire bravement son devoir. Mais l'explosion est beaucoup plus à craindre dans une collectivité, que chez un individu, en raison de la plus grande instabilité de l'équilibre des forces en présence, en raison de la multiplicité des incidents susceptibles de provoquer la rupture de cet équilibre : un cri, une réflexion, un geste de l'un des combattants ; un bruit inattendu, une apparition insolite, une nouvelle inquiétante.

Aussi les paniques sont-elles très nombreuses dans l'histoire des guerres. On en a vu chez tous les peuples, chez les plus braves, chez les Japonais même, pendant la campagne de 1905.

Sans remonter, écrit le commandant Bastien[1], jusqu'aux paniques des armées de Darius, ni même jusqu'aux paniques de Crécy, des croisades, ou des troupes de Frédéric le Grand, des chercheurs patients ont relevé 300 paniques, dans les vingt-quatre années de guerre qui s'écoulèrent de 1792 à 1815[2].

De 1831 à 1900, on en trouve 25 exemples, dont 14 en 1870-1871, chez les Français et chez les Allemands.

Je ne cite là que les paniques des grosses unités. Je ne vise pas celles des compagnies, dont une attaque a échoué, dont la retraite s'est effectuée en désordre. Telle mouvement de la réserve du 11e bataillon de chasseurs prussien, le 6 août 1870[3]. Les paniques de cette importance sont monnaie courante au combat.

Le seul moyen d'éviter les paniques, c'est d'empêcher la troupe de tomber dans l'état qui y prédispose. Les remèdes des paniques sont donc les mêmes que ceux de la peur, dont l'étude va faire l'objet de la dernière partie du présent chapitre.

Les moyens de dominer la peur.
Action physique, intellectuelle ou morale.

La peur est d'autant plus intense que l'homme concentre plus son attention sur l'objet qui

---

1. *Notions de tactique générale*, p. 27.
2. Général DAUDIGNAC, *Les réalités du combat*.
3. Voir page 147.

l'effraie. Or, l'esprit humain est ainsi fait qu'il lui est très difficile de penser à plusieurs choses à la fois. Par conséquent, toute occupation susceptible de détourner l'attention du danger, diminuera les effets de la peur.

On a vu, écrit un correspondant de la guerre des Balkans, l'opérateur d'un cinématographe tourner sa manivelle, dans les défilés de Kresna, sans prendre garde aux fusillades des Bulgares. Heureusement pour lui, le bruit de sa mécanique attira l'attention de cavaliers grecs qui vinrent, à bride abattue, l'avertir du péril auquel il était exposé. On fut obligé d'employer amicalement la force, pour lui faire abandonner l'emplacement sur lequel il avait établi son appareil[1].

Pendant la guerre de 1870, j'ai souvent entendu les fantassins exprimer l'admiration que leur inspirait l'impassibilité de nos artilleurs sous le feu. Ceux d'entre eux qui avaient la bonne fortune, dans leur marche en avant, de passer près d'une batterie en action, se trouvaient tout réconfortés, et ils en manifestaient leur reconnaissance par les cris de « Vive l'artillerie ! »

L'impassibilité de l'artilleur sous le feu est bien connue de tous les officiers qui ont fait la guerre. On se l'explique aisément.

En 1870, le service des pièces exigeait une grande activité physique et des efforts musculaires parfois considérables. L'attention de l'homme se trouvait ainsi absorbée. Elle l'est

---

1. *Le Temps* du 17 août 1913.

aujourd'hui par le maniement d'appareils délicats, par la lecture de diverses graduations, et par l'obligation d'effectuer certains calculs de tête sous le feu. En portant son attention sur ce service difficile, l'artilleur oublie le danger.

Le fantassin, au contraire, qui, blotti derrière son abri ou aplati contre le sol, attend, pour faire un bond en avant, que le feu de l'ennemi cesse ou se ralentisse, est forcément inactif. Et il faut bien qu'il pense au danger qui le menace, puisque c'est l'appréciation de la gravité de ce danger qui le déterminera à rester en place ou à se porter en avant.

*
* *

La question des moyens à employer pour détourner l'attention de l'homme de l'objet qui lui fait peur, a préoccupé les militaires de tous les temps.

Davout faisait manœuvrer ses troupes sous le feu. Son exemple a été imité le 30 août 1870, à Beaumont, par le lieutenant-colonel Demange, du 88ᵉ régiment d'infanterie, qui, voyant sa troupe prête à se débander, l'a ramenée à la lisière Sud du bois de Fays, en manœuvrant comme sur le terrain d'exercice[1].

Ces moyens pouvaient réussir, à l'époque du service à long terme, où, dans la vie de garnison, la plus grande partie du temps du troupier était absorbée par le maniement d'armes et les

---

1. Commandant BASTIEN, *Notions de tactique générale*, p. 30.

manœuvres à rang serré. Ils ne réussiraient peut-être plus, au même degré, aujourd'hui.

Certains auteurs conseillent d'occuper l'homme à la construction de tranchées-abris, au placement d'abatis, à l'exécution d'une besogne matérielle quelconque. Encore faut-il que cette besogne ait un semblant d'utilité.

A Josnes, le 9 décembre 1870, un éclat d'obus ayant brisé un rai de roue de la pièce de gauche d'une batterie qui se trouvait à ma droite, je ne fus pas peu surpris de voir toute une équipe d'hommes employés à changer cette roue, dont le dommage n'avait cependant pas compromis la solidité. Cette manœuvre était assez longue. Dans mon esprit, on ne devait l'entreprendre qu'en cas d'absolue nécessité.

Le capitaine de la batterie, auquel, par curiosité, je demandai le motif qui le faisait agir ainsi, me répondit que, le feu n'étant pas très vif, ni d'un côté ni de l'autre, car, pendant les journées de Josnes, nous battions en retraite, et nous manquions parfois d'objectif, il avait voulu occuper ses hommes que l'inaction avait un peu énervés. L'arrivée d'un méchant éclat d'obus les avait, en effet, impressionnés, plus que les feux violents des journées précédentes, où chacun était occupé.

Pour permettre au fantassin de vaincre l'appréhension que lui cause l'immobilité sous le feu, le colonel Ardant du Picq recommande de le laisser tirer. C'est, dit-il, la soupape de la peur. En contenant celle-ci, au delà des limites d'élasticité de la machine humaine, on risque des explosions plus graves encore.

Le principe affirmé par le colonel Ardant du Picq est indiscutable. Il faut laisser la peur se détendre. C'est peut-être à la méconnaissance de ce principe qu'a été due la fréquence des paniques, dans toutes les guerres. Mais le moyen préconisé est devenu contestable. Avec les armes à tir rapide d'aujourd'hui, les tirailleries désordonnées aboutiraient bien vite à l'épuisement des munitions.

Comme dérivatif, je préfère le bond en avant, rapide et court. La multiplicité des arrêts, c'est, pour le fantassin, l'affirmation du droit à la peur, c'est la concession demandée par le colonel Ardant du Picq; mais ce n'est pas la négation de l'offensive. Petit à petit, en effet, le soldat se rapproche du but qu'on lui a assigné. Il finit par comprendre que cette *fuite en avant* le préserve des projectiles ennemis, tout autant que la fuite en arrière, et ce jeu qui l'occupe diminue, chez lui, l'appréhension du danger.

Dans un livre publié à Bruxelles, sur la garde mobile en 1870, M. Thiriaux cite les circonstances où nos régiments improvisés ont montré un courage comparable à celui de vieilles troupes; ce sont presque toujours les cas où les hommes ont été enlevés vivement, à la course[1].

Le temps n'est plus où les grenadiers de Bugeaud se portaient à l'attaque, au pas ordinaire, l'arme au bras[2].

---

1. Lieutenant-colonel Colin, *Les transformations de la guerre*, p. 70.
2. Voir page 6.

LE COMBAT

* *

Certains auteurs, s'inspirant des considérations qui précèdent, ont indiqué « l'*action* » comme le meilleur moyen de vaincre la peur. Il ne faut pas prendre ce mot à la lettre.

Le commandant du 11ᵉ bataillon de chasseurs prussiens qui, le 6 août 1870, pour sauver sa réserve du désordre, lui a prescrit de se retirer sur Günstett, au pas de course [1], n'a pas diminué les effets de la peur ; il les a augmentés au contraire, en appelant l'attention des hommes sur le danger dont ils étaient menacés.

Le 2 décembre 1870, à Loigny, ou le 3 avril 1871, au plateau de Châtillon, quand j'ai reçu l'ordre de me retirer devant l'offensive des Allemands ou devant celle des fédérés, si j'avais laissé les conducteurs des pièces prendre le trot, ce qu'ils étaient tentés de faire, je n'aurais pas diminué les effets de la peur, je les aurais augmentés, au contraire, le trot des voitures d'artillerie faisant un grand bruit qui, en soulignant le danger, aurait fâcheusement impressionné les autres troupes. Très sagement d'ailleurs, le règlement de manœuvre spécifiait que les mouvements de retraite de l'artillerie devaient toujours se faire au pas.

L'action ne préserve de la peur que si elle détourne l'attention de l'objet qui fait peur.

D'autre part, dans le mot « *action* », il ne faut pas voir uniquement l'effort physique, le mouve-

---

[1]. Voir page 47.

ment, l'exécution de besognes matérielles quelconques.

Le soldat d'aujourd'hui n'est plus un automate. La peur ne détraque pas seulement les ressorts physiques, mais encore les ressorts intellectuels et moraux. Elle empêche l'homme de raisonner ; elle lui inspire des décisions ridicules ; elle fait naître en lui la lâcheté, l'égoïsme et la cruauté.

On peut donc, pour dominer la peur, recourir à l'action *intellectuelle* ou *morale*, aussi bien qu'à l'action *physique*, dont l'emploi a réussi au lieutenant-colonel Demange, au colonel Ardant du Picq, et au maréchal Bugeaud.

Si l'officier est généralement plus brave que l'homme de troupe, ce n'est pas qu'il tienne moins à la vie, c'est que l'obligation de penser détourne son attention de l'objet dont il a peur.

Quand je fais mon examen de conscience, je constate que, pendant la guerre de 1870, les circonstances où j'ai eu le moins peur sont celles où j'ai été tenu de réfléchir. Je regrette que tous les officiers qui ont fait la guerre ne viennent pas dire, comme moi, les impressions qu'ils y ont ressenties. L'exposé de leurs observations, l'aveu de leurs défaillances mêmes, apporteraient une contribution précieuse aux travaux des physiologistes et des psychologues.

Certains voudraient faire croire qu'ils n'ont jamais eu peur. Il ne m'en coûte nullement de dire que j'ai baissé la tête au passage des projectiles, à Coulmiers ; que j'ai manqué de présence d'esprit, devant les cavaliers allemands, à Loigny.

LE COMBAT

Et j'attribue volontiers à l'obligation de réfléchir les quelques actes méritoires que mes chefs ont bien voulu reconnaître, puisqu'ils m'en ont loué et même récompensé.

Je suis entré en campagne, le 21 juillet 1870, âgé de vingt-quatre ans, comme lieutenant d'artillerie, sous les ordres d'un capitaine, excellent homme, qui s'occupait surtout de l'administration et de la discipline, me laissant la bride sur le cou, pour les occupations militaires proprement dites. Cinq mois après, j'étais promu capitaine. Attaché tout d'abord à l'état-major du général commandant l'artillerie, je ne tardai pas à recevoir le commandement d'une batterie, que je conduisis au feu. J'ai donc eu, de très bonne heure, des décisions à prendre; et si je n'avais été curieux par nature, je le serais devenu par nécessité. Le besoin de savoir m'a souvent fait oublier le danger. C'est ce besoin qui m'a poussé, à Loigny, à devancer la colonne, en quittant ma place réglementaire, ce qui m'a permis d'avertir ma batterie de la présence des cavaliers ennemis; le 26 avril 1871, au château de Bécon, à grouper autour de moi, sur mon observatoire, un certain nombre d'officiers d'infanterie; et, dans plusieurs autres circonstances, à choisir des postes d'observation très périlleux.

Le 10 décembre 1870, près de Josnes, un colonel américain, qui avait offert ses services au gouvernement de la Défense Nationale, vint nous dire que le général Chanzy avait mis un bataillon d'infanterie à sa disposition, pour enlever une ferme, occupée par les Allemands, et il demanda à mon capitaine de lui donner momentanément une section d'artillerie, pour appuyer cette attaque.

En me conduisant sur l'emplacement choisi, le colonel américain m'exposa que, pendant la guerre de Sécession, on avait fait un fréquent emploi, et on s'était fort bien trouvé, du groupement momentané, sous les ordres d'un même chef, d'une fraction d'infanterie et d'une fraction d'artillerie chargées de la même mission.

Jamais, depuis le commencement de la campagne, je n'avais entendu dire pareille chose. Jusqu'alors, je n'avais tiré que sur l'artillerie, soit que mon objectif m'ait été assigné par le commandement, soit que je l'aie choisi moi-même. L'idée d'aider l'infanterie amie à enlever un objectif déterminé, occupé par l'infanterie ennemie, fut pour moi une révélation des services que l'on peut attendre de l'artillerie au combat. Pour mettre cette idée à exécution, je me portai, de ma personne, sur la ligne des tirailleurs amis, les règlements de l'époque ne prévoyant pas, comme ceux d'aujourd'hui, l'emploi d'agents de liaison pour assurer l'action commune des deux armes.

Mon arrivée sur cette ligne fut d'abord très mal accueillie par mes camarades de l'infanterie ; car elle provoqua un redoublement du feu de l'infanterie ennemie. C'est un effet de la peur que j'aurais pu mentionner, un peu plus haut. La peur rend grincheux. Mais, quand j'eus expliqué au chef de l'infanterie l'objet de ma mission, obtenu de lui les indications me permettant de diriger mon tir sur le point d'où partaient les coups de fusil, ce qu'il m'aurait été impossible de deviner, de l'emplacement, relativement éloigné, choisi pour ma section, alors nous devînmes, les fantassins et moi, d'excellents amis et, pour un peu, ceux-ci auraient crié : « Vive l'artillerie. »

Deux heures après, la ferme était enlevée, le groupement momentané dissous, et je rejoignais ma batterie, où je pris part à la lutte d'artillerie.

La mission précise que je reçus ce jour-là, et le désir de la remplir me firent oublier le danger. Les fantassins eux-mêmes cessèrent d'avoir peur quand ils eurent compris ce que je venais faire parmi eux.

En possession d'une mission nette, qu'il aura à cœur de remplir, un officier ne reculera devant aucun danger. Il pourra hésiter, au contraire, si on le jette dans la fournaise, avec une mission imprécise, sans autre indication que « Cela va mal du côté de Terminiers ».

L'action intellectuelle est le meilleur dérivatif de la peur, pour un officier.

Mais y a-t-il vraiment, entre l'officier et le soldat d'aujourd'hui, une différence telle, qu'au premier soit réservé le privilège de penser ?

N'est-il pas insensé de dire, en parlant du second, que, seule, l'accoutumance prolongée aux mêmes actions lui permettra de triompher des épouvantables émotions du champ de bataille, chacun trouvant, dans le seul jeu de ses réflexes, les moyens d'agir[1] ?

Le soldat français n'est-il donc capable de comprendre que les commandements : « En avant ! Halte ! En joue, feu ! » ?

Un de nos meilleurs règlements ne dit-il pas : « Il est indispensable que le soldat connaisse la mission confiée à son unité[2] » ?

Cette pensée n'est-elle pas exprimée, en termes plus explicites encore, dans un règlement antérieur : « Il est utile que tous, jusqu'au soldat, aient une idée de la direction générale du combat, afin que chacun se sente associé à l'œuvre commune, et que l'impulsion se perpétue, même lorsque la direction vient à faire défaut, par suite de la perte des chefs[3] » ?

Le maréchal Bugeaud n'avait-il pas dit déjà : « Le soldat doit connaître sa manœuvre » ?

Sans doute, le jeu des réflexes permettra au tirailleur, quand il aura résolu de tirer, d'exécuter correctement le mouvement « en joue », sans refaire chaque fois le raisonnement par lequel l'instructeur lui a démontré la meilleure manière d'exécuter ce mouvement ; mais le jeu des réflexes ne lui permettra pas de saisir, pour se porter en avant, l'instant d'une accalmie du feu de l'ennemi ; il ne lui permettra pas de choisir le nouvel abri, le point à viser, la hausse à employer et le moment de tirer. Il le déterminera plutôt à ne

---

1. *Journal Officiel* du 9 juillet 1913, p. 2517.
2. N° 47 du *Règlement du 31 août 1905* sur l'instruction du tir.
3. *Règlement provisoire du 8 octobre 1902.*

pas quitter l'abri qui le protège sûrement, à ne pas se découvrir pour viser, à tirer en l'air, comme le soldat prussien Arnold[1], sans savoir ce qu'il fait.

C'est le jeu des réflexes qui provoque la plupart des actes inconscients, conservateurs de l'existence de l'individu et contraires à l'intérêt de la collectivité. Il en provoque parfois de contraires à l'intérêt même de l'individu. Tel est le cas du noyé se raccrochant aux membres de l'homme qui cherche à le sauver. Tel est le cas de ce directeur d'usine qui, le 26 juillet 1913, à Roubaix, monté sur une échelle, pour vérifier une installation électrique, et ayant perdu l'équilibre, s'est raccroché au câble et s'est fait électrocuter[2]. Tel est le cas de cet homme sautant par la fenêtre d'une maison où un incendie vient de se déclarer.

L'action des réflexes aura besoin d'être combattue, à la guerre, plus souvent qu'elle ne pourra être utilisée. On ne dominera sûrement les effets de la peur, qu'en faisant vibrer, chez le soldat, les ressorts intellectuels et moraux.

Le Français est moins discipliné que l'Allemand, moins calme que l'Anglais ; il a une plus grande appréhension de la mort que le Turc et le Russe ; il est impressionnable, prompt à l'enthousiasme et au découragement. Mais il a beaucoup d'amour-propre ; il fait mieux, quand il se

---

1. Voir page 52.
2. M. Édouard JUBE. Voir le *Matin* du 27 juillet 1913.

sent observé ; il ne veut pas être un simple numéro dans le rang ; il veut être quelqu'un, dans la collectivité. Si les chefs militaires savent lui donner un rôle en rapport avec ses aptitudes et le degré d'initiative dont il est doué, s'ils savent le grandir, faire de lui, en quelque sorte, un collaborateur de l'officier, il trouvera, comme l'officier, dans l'accomplissement de ce rôle, le dérivatif qui lui fera oublier le danger.

Il faut n'avoir jamais parlé au troupier ; il faut n'avoir jamais entendu, pendant les routes ou aux manœuvres, les réflexions que provoquent chez lui les décisions de l'autorité ; il faut ne s'être jamais mêlé à la foule, dans un rassemblement causé par un accident, une rixe, un événement quelconque de la rue, pour ignorer ce qu'il y a, dans l'âme de tout Français, de désir de savoir et de comprendre, d'empressement à vouloir se rendre utile à la collectivité. Je n'en citerai comme preuve, que l'admirable attitude de la population parisienne, lors des inondations de 1910.

*
* *

Plus encore que l'action intellectuelle, l'action *morale* permettra au soldat de triompher des émotions du champ de bataille.

Le 2 décembre, à Loigny, lorsque ma batterie reçut l'ordre de battre en retraite, le capitaine décida que le mouvement s'exécuterait par échelons de section.

La section de gauche devait se retirer la première, s'établir à 300 mètres en arrière, et ouvrir le feu. A ce signal, la section du centre devait se retirer, à son tour, s'établir à 300 mètres en arrière de celle de gauche, et ouvrir le feu. A ce nouveau signal, la section de droite, dont j'avais le commandement, devait se retirer définitivement.

Pour rien au monde, je n'aurais voulu commencer le mouvement avant le signal convenu ; mais j'étais bien décidé à ne pas rester en position, une seconde de plus. Aussi, le commandement à faire était-il sur mes lèvres, prêt à sortir, quand le canon tonnerait, à 600 mètres derrière moi. Dès le premier coup, je commandai : « Amenez les avant-trains, caissons demi-tour à gauche ! »

L'exécution de cet ordre ne se fit pas attendre, les canonniers ayant l'oreille tendue, du même côté que moi.

Après le bruit de voitures produit par la réunion des trains, dans l'instant de silence précédant le mouvement en arrière, une voix s'éleva jusqu'à moi, celle d'un de mes canonniers, qui gisait sur le sol, atteint d'une blessure grave : « Mon lieutenant, ne m'abandonnez pas ! »

Mais le mouvement était commencé. J'aurais eu de la peine à l'arrêter. Tout ce que je pus faire, ce fut d'empêcher les conducteurs de prendre le trot.

Arrivé au lieu du rassemblement, sur lequel m'attendaient le lieutenant-colonel, le chef d'escadron, et la plupart des officiers de la réserve d'artillerie du 16e corps, je rendis compte de la manière dont j'avais exécuté ma mission. Mon récit excitait beaucoup d'intérêt. Les canonniers s'étaient rapprochés.

Mon compte rendu terminé, j'ajoutai les paroles suivantes :

« J'ai quelque chose sur le cœur. Là-bas, un
« de mes hommes, grièvement blessé, attend
« que les ambulanciers viennent le ramasser.
« Ses gémissements reviennent à mes oreilles, et
« semblent me reprocher de n'avoir pas fait tout
« ce que je devais. »

A ces mots, deux canonniers s'avancèrent au milieu du cercle et me dirent : « Mon lieutenant, donnez-nous un caisson ; nous irons le chercher. »

Sous le commandement d'un brigadier, la vaillante petite troupe retourna sur l'emplacement, tout à l'heure criblé de projectiles, que nous venions d'abandonner, et en ramena le malheureux canonnier.

Dans cette circonstance, ce n'est pas le jeu des réflexes, ce n'est même pas le sentiment du devoir qui a inspiré l'acte de bravoure de mes soldats.

Ayant reçu l'ordre de me retirer, je n'avais pas le droit de retarder l'exécution du mouvement prescrit, pour céder à un sentiment de pitié, pas plus que je n'avais le droit de prolonger le tir, pour céder à un sentiment de haine ou de colère contre l'étranger, pas plus qu'un chef d'infanterie n'a le droit de ralentir le mouvement en avant, pour porter secours à un blessé.

Mais le mouvement de retraite une fois exécuté, le devoir ne retenait plus mes canonniers auprès de leur pièce. Ils pouvaient donc céder à un sentiment de camaraderie, de solidarité et de pitié. C'est ce sentiment qui a triomphé, chez eux, des épouvantables émotions du champ de bataille.

D'autres sentiments, l'amour, la haine, la colère, le patriotisme, et, à la base de tous, le sentiment du devoir, peuvent, s'ils sont suffisamment développés, remporter des victoires semblables.

Dans les exemples qui suivent, la peur a été dominée par un sentiment du devoir, doublé d'un sentiment de *pitié*.

Le 4 juin 1911, au nord d'Arada, le bataillon du Tchad revenait de l'expédition de l'Ennedi. On informe le chef de bataillon qu'une épidémie de variole a éclaté à 130 kilomètres de là. Le Dr Pouillot, médecin-major de 2e classe, se met en route avec huit hommes.

A la première étape, il est prévenu qu'une insurrection a éclaté sur le territoire qu'il va traverser. En vain, on le dissuade de continuer sa route. Il cherche, revolver au poing, à se frayer un passage parmi les détachements insurgés, et tombe, frappé de coups de sagaie, avec la plupart des hommes qui l'accompagnaient[1].

Le 2 juin 1911, au Maroc, l'avant-garde de la colonne Brulard est attaquée près de Meknès. Un blessé crie. Sous une pluie de balles, le Dr Auvert, aide-major de 1re classe, se porte sur la ligne de combat, pour faire à ce blessé un pansement qui permettra de le transporter sans

---

[1]. *La Démocratie* du 30 septembre 1913.

danger. Au moment où il se relève, il est frappé mortellement[1].

Le 5 avril 1912, au combat d'Ouljet-Soltane, le médecin-major Genier, du 4ᵉ bataillon sénégalais, se met à la recherche des blessés, pendant que les troupes s'éloignent. Sa retraite est un instant coupée. Sa monture et lui deviennent une cible pour le tir des Marocains; ils reçoivent 7 projectiles[2].

Dans une autre rencontre, le médecin aide-major de 1ʳᵉ classe Pinchon s'agenouille pour panser un spahi blessé. Une balle lui traverse le bras[2].

Le 28 avril 1913, au Maroc, le colonel Brulard s'engage sur les crêtes au Nord-Est de Sidi-Ali-Bou-Brahim.

Vers six heures du soir, le bataillon de tirailleurs sénégalais auquel est attaché le Dʳ Mallet, aide-major de 2ᵉ classe, reçoit l'ordre de s'emparer d'un piton pour surveiller, pendant la nuit, les agissements des Marocains. Une vive fusillade ne tarde pas à s'ouvrir avec le peloton envoyé à l'avant-garde. Le Dʳ Mallet se porte en avant pour secourir les blessés.

Dès que le lieutenant Gilles l'aperçoit, il lui lui crie : « Docteur, restez en arrière, il y a du danger. » A ces mots, l'aide-major répond : « Ma place est là où il y a des blessés. » Et, avec son caporal infirmier sénégalais, il commence les

---

1. *Loc. cit.*
2. *Archives de médecine et de pharmacie militaire*, août 1913, p. 218.

pansements des blessés, qui affluent de tous côtés[1].

A 9 heures du soir, Mallet est au centre de son bataillon, arrêté sur une crête après deux jours de lutte. En avant, des hommes combattent encore, dans un chaos de montagnes, de rochers, en pleine nuit. On ne sait pas bien si les coups de fusil entendus partent des rangs français ou sont tirés par l'ennemi. Un irrésistible instinct invite les tirailleurs à se grouper, pour sentir, dans la nuit, le contact des coudes. L'espoir d'un peu de repos, d'un peu de sommeil, sous la protection des petits postes luit dans les cœurs. Mais, tout près, derrière un buisson, des Marocains guettent dans l'ombre.

Le Dr Mallet apprend alors que des tirailleurs sont tombés en avant, quelque part. Il s'enfonce dans la nuit, va, vient, privé de la protection des combattants, trébuche parmi les rochers, et trouve un blessé qu'il panse. Il reçoit un coup de poignard dans les reins et un coup de fusil dans le crâne[2].

En commentant quelques-uns de ces faits de guerre devant l'Union fédérative des médecins militaires, le médecin-major de 1re classe Legrand s'est exprimé comme il suit :

« Un problème s'est posé au Maroc. Le combat « est engagé. Le médecin s'est arrêté derrière la

---

1. *La Presse médicale* du 2 août 1913.
2. *Archives de médecine et de pharmacie militaires*, août 1913, p. 215.

« ligne des tirailleurs. Des blessés tombent. Que
« doit-il faire?

« Attendra-t-il le blessé, au point sanitaire qu'il
« constitue par lui-même et par son matériel?
« ou bien accourra-t-il vers la ligne de feux, au
« point où la fusillade fait des ravages, pour
« activer, de sa présence, le travail de relève et
« le transport?

« Il faut bien envisager tout le sens, toute la
« portée de cette question. S'il reste à sa place, le
« médecin est correct; il agit réglementairement.
« S'il court à la fusillade, outre le danger qui le
« menace, il va assumer la responsabilité de la
« sauvegarde du blessé. Le commandement, déjà
« enclin à concentrer toute son attention sur le
« combat lui-même, lui léguera ce souci; et la res-
« ponsabilité deviendra lourde, en cas de retraite.

« Ce problème semble avoir été résolu par tous
« de la même manière. Malgré l'excellence des
« raisons qui eussent pu faire adopter l'autre
« parti, le médecin a toujours déserté sa place
« réglementaire, pour porter son effort personnel
« jusqu'au blessé lui-même; s'abaissant ainsi au
« rôle de chef brancardier, mais activant de sa
« présence une tâche dont l'accomplissement
« devait être rapide. »

Des observations dont l'exposé précède, il
ressort nettement que le médecin s'exposera toujours plus, au combat, que ne l'exige strictement
son devoir professionnel; parce qu'à l'intérêt du
service, s'ajoutera, chez lui, une question d'huma-
nité et de pitié.

Il n'est pas douteux que si, dans le calcul de la proportion des officiers tués ou blessés au feu, on faisait entrer en ligne de compte, non pas le total de l'effectif, mais seulement le nombre de ceux qui paraissent sur le champ de bataille, on trouverait un chiffre plus fort pour le médecin que pour le combattant.

Chez l'un comme chez l'autre, la bravoure trouvera toujours un puissant stimulant, dans les élans du cœur. C'est au développement de cette pensée que je veux consacrer les dernières pages du présent chapitre.

*
* *

L'éducation militaire développe le sentiment du devoir; mais elle ne le crée pas. Jamais, le soldat n'obéirait à ses chefs, si, jusqu'à l'âge de vingt ans, il n'avait obéi à ses parents, à ses maîtres, aux patrons qui l'ont employé; si ses parents, eux-mêmes, n'avaient obéi avant lui. Le sentiment du devoir est le résultat de notre éducation antérieure, et de celle des générations qui nous ont précédés. Au premier rang des stimulants susceptibles de le fortifier, il faut compter les sentiments de *confiance* et d'*affection* que le chef inspire à sa troupe.

« Tant que je serai aimé de mes soldats, a dit le général Desaix, je suis sûr de la victoire. »

On ne saurait trop affirmer ce que l'*action personnelle du chef* peut faire, pour aider le soldat à triompher de la peur, si, par sa manière d'être avec ses hommes, ce chef s'est rendu digne de leur attachement.

Dans la nuit du 23 février 1855, devant Sébastopol[1], le colonel Clerc, commandant le 2ᵉ zouaves, reçoit l'ordre d'attaquer les ouvrages blancs. Son régiment se heurte à des forces considérables. Il est entouré de toutes parts. Le colonel s'écrie :

« Ne donnons pas à ces gens-là la satisfaction de promener, en Russie, un colonel de zouaves. Mieux vaut la mort ! »

Ce disant, il se précipite, suivi de tous ses hommes, et il réussit à se frayer un passage.

En 1864, pendant la guerre contre le Danemark, un peloton prussien attaque des tranchées. Son chef a l'ordre de ne pas dépasser un mouvement de terrain qui lui est indiqué. Il va plus loin. Sa troupe est décimée. Quand on demande à un des survivants pourquoi il ne s'est pas arrêté au point fixé, il répond simplement :

« Le lieutenant l'avait dépassé ; il fallait bien le suivre. »

A la bataille de Frœschwiller, le 6 août 1870, le 3ᵉ régiment d'infanterie, attaquant le plateau d'Elsasshausen, tombe sous le feu de l'artillerie ennemie. Il va être décimé. Le colonel commande : « En avant ! » Son régiment le suit, et gagne l'abri d'un groupe de maisons.

Le tir de l'ennemi est rectifié. Le régiment se porte en avant, gagne des houblonnières et se couche.

---

[1]. Les trois exemples qui suivent sont empruntés aux *Notions de tactique générale* du commandant BASTIEN, p. 29 à 31.

LE COMBAT

Des tirailleurs prussiens ouvrent le feu. Le colonel commande de nouveau : « En avant ». Il est encore suivi. Le régiment aborde le plateau en courant. Les Prussiens, décontenancés, reculent jusqu'au bord opposé.

La fusillade recommence. Le colonel, pour débusquer l'ennemi, fait cesser le feu et commande : « En avant ». Cette fois, il y a de l'hésitation.

Le colonel se porte alors à quelques pas du drapeau, et, l'épée haute, enlève son régiment. Les Prussiens sont refoulés définitivement.

Comment donc ces chefs arrivaient-ils à se faire suivre ainsi de leurs subordonnés ?

Certains devaient leur ascendant à de nombreuses campagnes de guerre. La catégorie en est devenue rare. Le général de Négrier, mort au mois d'août 1913, est un des derniers dont on puisse dire qu'il avait 12 campagnes, 2 citations et 5 blessures de guerre.

Le chef dont les moyens d'action se réduiraient à l'exercice de ses pouvoirs disciplinaires, serait sûr de n'être pas suivi ; car il n'y a pas de locaux de punition, à la guerre.

N'est-il pas regrettable qu'il y en ait encore, en temps de paix ? Passe encore l'emprisonnement d'un soldat condamné par un conseil de guerre, puisque, dans la justice civile, on a recours à ce moyen de répression ; mais enfermer un homme qui a désobéi ou qui est rentré en retard, lui imposer ainsi la contagion de mauvais sujets qui le féliciteront d'avoir mal fait, c'est affaiblir en lui les ressorts intellectuels et moraux, les plus susceptibles d'agir efficacement au combat.

L'*exemple* est le premier des auxiliaires du chef, à la guerre. Cet exemple, le chef doit le donner, dans toutes les circonstances du service, et particulièrement au feu. A ce moment, la troupe a les yeux fixés sur lui. De son attitude, dépendra celle de ses subordonnés.

En mettant ceux-ci au courant de la mission confiée à leur unité, en les prévenant de ce qui peut arriver, il diminuera chez eux l'angoisse de l'inconnu et l'appréhension du danger.

En faisant avec calme quelques observations visant le détail de la manœuvre, l'utilisation des abris, le placement des hausses, l'espacement des tirailleurs; en laissant échapper, de temps à autre, une interjection un peu vive, au besoin, une bonne plaisanterie, il fera croire aux hommes qu'il n'y a rien à craindre. Le chef qui s'inquiète, s'agite, vocifère, prépare une troupe de poltrons. On ne le suivra pas.

En garnison, le chef a dû faire l'éducation morale de sa troupe; non, comme certains le conçoivent aujourd'hui, dans d'éloquentes conférences, mais dans de simples causeries, dans des entretiens familiers, où, visant le moindre incident de la vie journalière, il leur a dit ce que tout homme de cœur pouvait dire, ce que ses subordonnés savaient peut-être déjà, mais n'avaient jamais entendu dire aussi simplement et aussi bien.

En se faisant ainsi, dit un de nos meilleurs

règlements de manœuvre, non seulement l'instructeur de ses hommes, mais encore leur *éducateur*, l'officier affirme sa supériorité intellectuelle et morale; il crée la confiance qui doit exister entre le chef et le soldat. C'est grâce à cette confiance, et à la subordination volontaire qui en résulte, que le *suivez-moi* du chef ne sera jamais un vain mot, et que, là où il ira, il trouvera derrière lui le soldat français[1].

Ces quelques lignes résument toute la théorie de la *subordination volontaire*, si attaquée dans ces dernières années, certains la considérant comme une abominable négation de tout esprit de discipline.

Sans doute, il n'était pas question de discipline consentie, en Crimée, au Danemark et pendant la guerre de 1870. On n'aurait pas osé accoupler ces deux mots dans un texte de règlement; mais les idées qu'ils expriment se trouvaient rapprochées dans les faits; car c'est volontairement et non par crainte des punitions que les hommes ont suivi le colonel de zouaves, le lieutenant prussien et le commandant du 3º régiment d'infanterie.

Ces chefs qui, dans de nombreuses campagnes s'étaient trouvés avec leurs hommes, en contact plus fréquent et plus intime que ne peuvent s'y trouver les chefs d'aujourd'hui, n'avaient pas eu besoin d'une chaire pour faire d'excellente éducation morale. Ils avaient créé la confiance dont

---

1. Nº 4 du *Règlement du 3 décembre 1904* sur les manœuvres de l'infanterie.

parle aujourd'hui le Règlement, en témoignant, dans toutes les circonstances, de l'intérêt à leurs subordonnés ; en trouvant, pour chacun d'eux, à l'occasion, un mot affectueux ; en répartissant équitablement les récompenses et les faveurs ; en se montrant exigeants, mais sans manifester d'exigences inutiles ; en appréciant exactement la gravité des fautes ; en y proportionnant la rigueur des punitions ; en se préoccupant du bien-être de leurs hommes ; en leur procurant tous les jours, autant que possible, un bon repas et un bon gîte ; en leur montrant que, s'ils n'en trouvaient pas pour leur troupe, ils savaient eux-mêmes s'en passer.

Les procédés de combat se sont modifiés ; mais le cœur humain est resté le même. Le meilleur moyen de se faire suivre sera toujours de se faire aimer.

V

OFFENSIVE OU DÉFENSIVE

Les belles positions. — La supériorité du feu.
L'économie des forces. — La contre-attaque.

Les belles positions.

Le but du combat étant de chasser l'ennemi des positions qu'il occupe, l'offensive, seule, peut procurer des résultats décisifs.

Cette vérité est tellement évidente qu'on s'étonne qu'elle ait pu être discutée. Dire qu'on est partisan de l'offensive, c'est énoncer, en quelque sorte, une vérité de la Palisse. L'offensive est la raison même du combat.

Cependant, un peu avant 1870, une doctrine funeste se répandit dans l'armée française. Une note d'*Observations*, rédigée en 1867 au Ministère de la Guerre, contenait la phrase suivante :

« Avec les armes nouvelles, l'avantage appartient à la défense ».

En vain, dans d'autres parties du texte, les *Observations* disaient-elles que le combat à la baïonnette répondait au caractère impétueux du soldat français, et qu'on devait continuer d'en encourager l'usage. La note ajoutant que les perfectionnements modernes du tir, habilement mis à profit par un ennemi plus calme, pourraient transformer en désastre l'attaque non préparée d'une position abordée à découvert, on se persuada, à tort ou à raison, que les *Observations* recommandaient l'emploi de la défensive.

« Il a de belles positions ; qu'il les garde ! »

Ainsi s'exprimait, le 18 août 1870, le maréchal Bazaine, répondant à l'officier que lui envoyait le maréchal Canrobert, pour lui demander du renfort.

« Garder ses positions » fut le mot d'ordre de la première partie de cette malheureuse guerre. Sans les contre-attaques furieuses de troupes que les chefs subalternes ne purent retenir à leur place, notre armée se serait cantonnée dans une passivité désolante.

Il importe de rappeler, sans en oublier un seul, les arguments qui furent alors invoqués, car ces arguments constituent les prémisses, rigoureusement exactes, d'un raisonnement dont les conclusions sont fausses, les militaires de cette époque ayant confondu « *vaincre* » et « *tuer* », choses que confondent encore certains militaires d'aujourd'hui. C'est l'éternelle erreur de ceux qui croient que, pour battre l'ennemi, il faut lui infliger des pertes plus grandes que celles que l'on subit soi-même.

Il est incontestable, qu'au seul point de vue des pertes, la défensive est préférable à l'offensive.

Pendant que l'assaillant marche, il ne tire pas.

LE COMBAT

Le défenseur peut, au contraire, exécuter un tir ininterrompu.

Quand l'assaillant s'arrête, et se couche pour tirer, il est moins couvert que le défenseur, abrité derrière un mur, un arbre, une tranchée.

S'il trouve un bon abri, le défenseur peut, en tirant, ne montrer que le haut de la tête et une partie de l'épaule droite ; soit tout au plus, le dixième de la surface de son corps. L'assaillant offre donc, quand il marche, une surface vulnérable dix fois plus grande que celle du défenseur ; ce qui le met, vis-à-vis de ce dernier, dans une situation manifestement inférieure.

La supériorité du feu.

Certains auteurs ont écrit, qu'avant de se porter en avant l'assaillant devait attendre qu'il eût obtenu la *supériorité du feu*. C'est une formule dénuée de sens. Jamais, à moins d'une habileté dans le tir beaucoup plus grande, secondée par une supériorité numérique écrasante, l'assaillant ne pourra faire un feu dont les effets soient supérieurs à ceux de la défense. Il ignore d'ailleurs les pertes de celle-ci ; il ignore les siennes propres. A quel signe reconnaîtrait-il qu'il a obtenu la supériorité du feu ?

« A ce signe qu'il avance », a répondu un des auteurs auxquels la question était posée. Ce qui revient à dire : « l'assaillant avance, quand il peut avancer ».

Il serait mieux de dire « quand il veut avancer ». Voilà la vraie formule ; il n'y en a pas d'autre. En vérité, quand l'assaillant avance, c'est qu'il a moins peur de se découvrir pour marcher, que le défenseur n'a peur de se découvrir pour tirer, c'est qu'il a infligé à ce dernier, non pas des pertes plus grandes que celles qu'il a subies lui-même, mais des pertes suffisantes pour lui ôter l'envie de tirer ou tout au moins le calme nécessaire pour viser, ce qui revient à l'annihiler, pendant un instant.

Cette annihilation momentanée a reçu un nom, dans ces dernières années. On dit que le défenseur est *neutralisé*. La *neutralisation* ne dure qu'un instant ; mais cet instant suffit à un assaillant, en possession de toutes ses facultés, pour lui permettre de faire un bond en avant, qui le rapproche de l'ennemi.

Si la neutralisation est produite par le tir d'une autre fraction d'infanterie, ou mieux encore par le tir de l'artillerie amie, le mouvement en avant est plus facile encore. L'assaillant peut même avancer sans tirer.

Que signifient, en pareil cas, les mots de *supériorité du feu* » ? L'idée de la neutralisation explique les faits d'une façon beaucoup plus satisfaisante.

La doctrine de la supériorité du feu est fort en honneur en Allemagne, où on recherche l'effet *colossal* en toutes choses. Imbus de cette doctrine, les Japonais ont fait preuve, en Mandchourie, d'une imprudence folle. Leur moral merveilleux, a écrit le capitaine Bertin, membre de la

LE COMBAT

mission qui a suivi les opérations du général Kuroki, leur a permis de mettre presque tout leur effectif en ligne, dès le début, de marcher ainsi sans soutien, la bande des tirailleurs s'affaiblissant, au fur et à mesure qu'elle avançait, mais marchant tout de même [1].

Ils ne se retournaient pas, ces Japonais, comme les tirailleurs du lieutenant Sacreste, pour voir s'il y avait du monde derrière eux [2]. Ils se faisaient tuer bravement. Mais ils s'épuisaient prématurément. « Leurs attaques ont manqué de souffle », a écrit le général Kessler [3]. Elles n'auraient pas résisté à la contre-offensive d'un défenseur entreprenant.

Au surplus, les Japonais n'ont pas obtenu la supériorité du feu qu'ils rêvaient. Ils ont subi, au contraire, des pertes énormes. Ils n'auraient pas opéré autrement s'ils avaient voulu démontrer les avantages de la défensive, au seul point de vue des effets du feu.

* * *

La défensive présente d'autres avantages encore. Le défenseur connaît, mieux que l'assaillant, le terrain sur lequel il opère. Il a généralement pu le choisir lui-même; il en a étudié les abords; il a repéré les distances des obstacles qui arrêteront l'assaillant et sur lesquels il l'ac-

---

[1]. Commandant Bastien, *Notions de tactique générale*, p. 45.
[2]. Voir page 49.
[3]. *La guerre*, p. 64 et 102.

cueillera par des feux de front, de flanc et peut-être de revers.

L'artillerie, plus encore que l'infanterie, peut préparer son tir à l'avance et faire payer chèrement à l'assaillant la moindre imprudence : l'imprudence d'une troupe d'infanterie ou d'artillerie qui se laisse surprendre en colonne de route, l'imprudence d'une batterie qui tire, insuffisamment défilée.

Les occasions d'intervenir sont devenues, pour le défenseur, infiniment plus nombreuses, depuis que la portée des armes et la vitesse du tir ont décuplé, depuis que l'artillerie est dotée d'appareils de pointage lui permettant de préparer son tir, à l'abri des vues.

Si un objectif se présente dans une direction et à une distance quelconques, le commandant de batterie peut, par le simple énoncé de quelques chiffres, déclancher immédiatement, sans avoir besoin de montrer l'objectif à qui que ce soit, un tir immédiatement efficace, ou un tir que l'observation des coups et la rectification des éléments du tir, faites par lui seul, rendront rapidement efficace.

Le canon à tir rapide n'existait pas encore en 1870 ; mais on avait déjà le fusil Chassepot, se chargeant par la culasse, dont les effets étaient incomparablement supérieurs à ceux du fusil à percussion, se chargeant par la bouche.

Il n'en a pas fallu davantage pour faire proclamer la supériorité de la défensive sur l'offensive, doctrine funeste, dont nous n'avons

LE COMBAT

pas tardé à ressentir les cruelles conséquences.

Le 18 août 1870, à 7 heures du soir, les Allemands avaient 20.000 hommes hors de combat, et nous 8.000 seulement. Mais nous n'étions pas vainqueurs, car nous n'avions pas chassé l'ennemi de ses positions.

Les Allemands, il est vrai, ne nous avaient pas chassés des nôtres, mais ils ne s'avouaient pas vaincus, n'ayant pas abandonné les leurs.

Les régiments prussiens étaient épuisés, désorganisés, privés d'une grande partie de leurs chefs; mais ils n'avaient pas renoncé à vaincre, n'ayant pas ressenti la pression qui, seule, pouvait les déterminer à évacuer le champ de bataille.

Invité à dire ce qu'il pensait de la situation, le maréchal de Moltke répondit froidement : Nous reprendrons l'attaque demain.

On ignorait alors le mouvement du corps Saxon sur notre droite, mouvement qui, en faisant tomber Saint-Privat, devait transformer cette bataille indécise en une victoire définitive pour les Allemands.

Si, à 5 heures du soir, le maréchal Bazaine avait fait donner la garde impériale, comme le demandait le maréchal Canrobert, la garde prussienne, déjà décimée, était anéantie; le corps saxon était coupé du reste de l'armée allemande; les Français remportaient une grande victoire.

Le maréchal Bazaine a écrit depuis que, le 18 août, il avait eu l'idée de livrer simplement une bataille défensive. Dans les instructions qu'il avait adressées à ses troupes, pour les comptes rendus à fournir, il avait prescrit de donner à cette journée le nom de « défense des lignes d'Amanvillers ».

Nous avons été battus, malgré nos belles positions, nos tranchées et notre fusil à tir rapide, comme les Turcs l'ont été à Plewna, et les Boers dans le Transvaal.

Faire la guerre, a dit Von der Goltz, c'est attaquer.

L'économie des forces.

Si la défensive est incapable de procurer la victoire, pourquoi consacre-t-on tant de pages à son étude, dans certains traités de tactique? Pourquoi ne pas proscrire, comme une chose honteuse, l'emploi de cette forme de combat?

Parce que la défensive permet à une troupe de tenir tête, pendant un certain temps, à un adversaire de beaucoup supérieur en nombre; elle permet de lui infliger des pertes considérables, de l'user ainsi matériellement et moralement, jusqu'à ce que, l'usure étant suffisante, on puisse passer à l'offensive ou permettre à d'autres troupes d'attaquer l'ennemi, et de le chasser de ses positions, ce qui est le but final du combat [1].

La défensive peut donc légitimement être prise par une troupe matériellement et moralement inférieure à l'adversaire, si le chef de cette troupe a l'intention formelle de passer à l'offensive, dès que la balance des forces penchera en sa faveur.

---

1. Général PERCIN et commandant JACQUEMOT, *Essai de règlement sur le combat*, p. 12.

LE COMBAT

Ce qui est honteux, c'est de prendre la défensive avec l'arrière pensée de s'y tenir, quoi qu'il arrive. Ce qui est plus honteux encore, c'est de la prendre, quand on est en mesure d'attaquer.

La défensive s'impose, dans beaucoup d'autres circonstances.

Lorsqu'une troupe stationne, bivouaque, se repose, lorsqu'elle exécute une construction, une destruction, une réquisition, il faut la mettre à l'abri des entreprises de l'ennemi. C'est l'affaire de détachements de sûreté, dont le rôle est de retarder l'adversaire assez longtemps pour que la troupe qu'ils protègent ait le temps de prendre les armes, de terminer sa besogne ou de se retirer. Ces détachements de sûreté font de la défensive.

Une troupe qui marche doit être protégée, d'une manière analogue, en avant, en arrière, sur un flanc, par des détachements qu'on appelle avant-gardes, arrière-gardes et flancs-gardes. Ces détachements ont une mission défensive. Leur rôle n'est pas de battre l'ennemi, mais de le retarder assez longtemps pour que la troupe qu'ils couvrent puisse prendre les dispositions que commandent les circonstances et que comporte sa mission.

La troupe qui, venant de donner l'assaut, a délogé l'ennemi de sa position, est épuisée et temporairement incapable d'un nouvel effort offensif. Tout ce qu'on peut lui demander, c'est de s'installer solidement sur la position conquise, d'empêcher l'ennemi de la reprendre, d'arrêter ce qu'on appelle ses *retours offensifs*. On lui demande, en un mot, de faire de la défensive. En agissant ainsi, elle favorise l'offensive des troupes voisines ; elle se prépare à marcher, elle-même, à la conquête de nouvelles positions.

Enfin, dans une affaire de quelque importance, si on n'a pas sur l'ennemi une supériorité numérique écrasante, une supériorité telle, par exemple, qu'on puisse l'attaquer, sur toute la ligne, à 3 contre 1, ce qui simplifierait singulièrement la tâche du commandement, il est indispensable que l'on se résigne à adopter, sur une partie du front, une attitude purement défensive, afin d'économiser ses forces et d'employer ces économies sur d'autres points où la supériorité numérique procurera la victoire. La terreur causée par cette défaite partielle se répandra de proche en proche. De peur d'être pris à revers, l'ennemi cédera sur les autres points.

Sans doute, le général en chef ne dira pas aux commandants des troupes qui combattent sur ces autres points : « Vous ferez de la défensive ; je vous interdis d'attaquer. » Mais il limitera les forces mises à leur disposition ; il leur refusera des renforts ; il ne viendra à leur secours que si leurs troupes sont bousculées ; il se déclarera satisfait si, en se cramponnant au terrain, ces troupes réussissent à arrêter l'offensive des fractions ennemies qui leur sont opposées. Il serait, naturellement, plus satisfait encore, si, malgré la faiblesse de leurs effectifs, elles réussissaient à chasser l'ennemi de ses positions.

LE COMBAT

La défensive est donc une forme de combat que, le plus souvent, dans une action dont l'intention est nettement offensive, on sera fatalement obligé d'employer. Ce ne sera pas la défensive *généralisée*, admissible seulement dans le cas d'infériorité notoire des forces matérielles et morales ; ce sera la défensive *localisée* sur certains points, permettant d'économiser les forces, pour attaquer plus vigoureusement, sur d'autres points. Ce ne sera pas la défensive voulue et préméditée ; ce sera la défensive imposée par les circonstances aux fractions de troupe qui ne sont pas en mesure d'attaquer.

* *

Pour bien faire comprendre au lecteur ce point important de doctrine, j'aurai recours à un exemple schématique, et j'admettrai que, sur la défensive, une troupe peut résister à un effectif double du sien, mais pas à un effectif triple. Hypothèse d'ailleurs absolument gratuite, car la proportion dont il s'agit varie essentiellement avec la valeur des troupes et les formes du terrain.

Pendant la première partie de la guerre de 1870, les Allemands se sont mis, pour nous chasser de nos positions :

à Wissembourg, 8 contre 1 ;
à Frœschwiller, 3 contre 1 ;
à Forbach, 2 contre 1.

A Héricourt, nos troupes n'ont pas réussi à forcer les lignes de la Lisaine, à 3 contre 1.

Au Mans, nous avons cédé à des troupes inférieures en nombre.

OFFENSIVE OU DÉFENSIVE

Supposons donc deux divisions d'infanterie, marchant l'une contre l'autre ; l'une venant du Nord, forte de 20.000 hommes ; l'autre venant du Sud, forte de 15.000 hommes seulement. Elles ont, l'une et l'autre, reçu mission d'attaquer. Le commandant du parti Sud ignore la supériorité numérique du parti Nord ; mais il la connaîtrait qu'il attaquerait quand même, s'il a confiance dans la valeur de ses troupes et dans ses propres capacités.

Passons sur la prise de contact et plaçons-nous au moment où, si invraisemblable que soit cette hypothèse, les deux divisions, après s'être déployées sur un front de 5 kilomètres, ont chacune 10.000 hommes en ligne, ce qui représente une densité moyenne de deux hommes par mètre courant, y compris les soutiens et les réserves partielles. Le chef du parti Nord a en main une réserve générale de 10.000 hommes ; le chef du parti Sud 5.000 hommes seulement.

Jamais, je le répète, un combat ne se développera avec cette régularité mathématique. Les dispositions que j'imagine là ne donnent nullement l'idée de la physionomie habituelle d'un combat ; leur but est simplement de permettre au lecteur de me suivre plus facilement.

A un moment donné, le commandant du parti Nord, ayant la prétention d'être victorieux partout, prend la folle détermination de répartir sa réserve uniformément sur tout le front. Il porte ainsi la densité à quatre hommes par mètre courant.

Plus sage, le commandant du parti Sud se décide à répartir ses forces inégalement. Il a remarqué que, sur une partie du front dont l'étendue est de 500 mètres, au centre, près d'une des ailes, ou à l'aile même de la ligne de bataille, l'adversaire paraît faiblir. Il semble plus facile d'enfoncer la ligne ennemie sur ce point que sur les autres. Le terrain est d'ailleurs favorable à l'attaque ; on y trouve de bons cheminements. Enfin, la position visée domine toute la ligne de bataille. Si l'on réussit à s'en emparer, on pourra diriger sur le reste du front des feux d'enfilade qui, appuyant la poursuite, permettront à la troupe victorieuse de prendre l'ennemi à revers et de le mettre en déroute. Ce ne sont là que des conjectures ; mais tout leur donne une apparence de vérité qui, dans l'esprit du chef de parti, équivaut à la certitude.

C'est déjà être fort que d'espérer la victoire, même si cet espoir n'est pas fondé. Le chef qui a la conviction que son attaque doit réussir, ne doit pas hésiter à l'entreprendre.

En conséquence, le commandant du parti Sud décide de rester sourd aux demandes de renfort de ses subordonnés, de laisser ces derniers combattre à 1 contre 2, et de lancer les 5.000 hommes qui lui restent sur la portion du front qu'il a choisie. Il réalise ainsi là une densité de douze hommes par mètre courant, c'est-à-dire qu'il combat à 3 contre 1.

Ces douze hommes ne feront évidemment pas le coup de feu en même temps ; ils ne le pourraient pas. Les uns relèveront les troupes épuisées ; d'autres couronneront la position conquise ; d'autres commenceront la poursuite.

Sur le reste du front, les commandants de troupe feront ce qu'ils pourront. Quelques-uns réussiront peut-être dans leurs attaques. D'autres seront obligés de prendre une attitude défensive. La plupart passeront, sans doute, par des alternatives d'offensive et de défensive, par des alternatives de succès et de revers ; disputant pied à pied le terrain à l'ennemi, jusqu'à ce que, l'attaque principale ayant réussi, tout le monde se porte en avant.

*
* *

Bien que ce livre ne soit pas destiné à guider nos grands chefs dans l'art de commander les troupes sur le champ de bataille, je ne puis laisser ignorer au lecteur le nom que l'on donne, dans les traités d'art militaire, au principe qu'a appliqué le commandant du parti Sud, en répartissant, comme je viens de le dire, ses troupes sur le front de combat. Ce principe est celui de l'*économie des forces*.

Le mot *économie* a, dans cette expression, moins le sens d'épargne que celui d'*organisation*. On dit l'économie d'un projet, l'économie d'un budget, l'économie d'une pièce de théâtre. On dit l'économie des forces, pour définir l'agencement qui procurera le rendement maximum. Dans l'exemple qui précède, il y a épargne sur une partie du front, prodigalité sur une autre. Mais il pourrait y avoir prodigalité partout, même avec répartition inégale, si l'on disposait de forces suffisantes.

LE COMBAT

L'art d'agencer les forces de manière à augmenter les chances de victoire, même avec des effectifs inférieurs, est l'affaire du commandement. Mais il faut que l'exécutant sache que le chef a un *plan;* que ce n'est pas sans raison qu'il comble les uns, en réduisant les autres à la portion congrue ; que c'est son droit, s'il a encore des troupes en réserve, de refuser les secours qu'on implore. Napoléon était impitoyable sur ce point.

Il faut aussi que le lecteur sache que la défensive n'est pas une forme inférieure de combat, réservée aux troupes de qualité médiocre et aux chefs de caractère faible. La défensive exige, au contraire, des chefs énergiques et des troupes exercées. L'enthousiasme permettra à des soldats improvisés d'enlever une position mal défendue ; il ne leur permettra pas de résister à un ennemi de beaucoup supérieur en nombre.

Il faut enfin que tout Français sache que, dans un *combat de rencontre*, où deux troupes marchent l'une sur l'autre, animées d'un égal esprit d'offensive, l'arrêt momentané de l'une d'elles, l'obligation de prendre la défensive, le recul même, ne constituent pas la défaite ; que tout se répare, à la guerre, avec de la persévérance et de la ténacité ; qu'en cas de guerre avec une nation voisine, il y a une chance sur deux que l'ennemi entre le premier chez nous ; que, contrairement à une croyance, malheureusement trop répandue en France, l'envahissement du territoire national ne serait pas une calamité ; que cette croyance a été combattue par le général Langlois, qu'elle est taxée de *sensibilité maladive* dans un ouvrage empreint du meilleur esprit d'offensive, le beau livre sur *la Guerre*, du général Kessler[1].

*
* *

Certains parlent d'offensive et de défensive, sans dire s'il s'agit de politique, de stratégie ou de tactique. Ils ne le savent quelquefois pas eux-mêmes.

La France a une politique défensive ; mais si on lui déclare la guerre, elle cherchera à prendre l'offensive stratégique. Si elle ne le peut pas, notre armée adoptera une attitude momentanément défensive.

Au cours du combat, qu'il soit offensif ou défensif, certaines troupes feront de l'offensive tactique, d'autres de la défensive. La plupart feront successivement l'une et l'autre.

[1]. Le passage du général KESSLER est à citer entièrement :
« La situation actuelle de la France, tant au point de vue politique « qu'au point de vue militaire, lui impose une situation défensive « vis-à-vis de l'Allemagne ; mais ce serait une erreur grave d'en « conclure à la nécessité de condamner l'armée française à des « opérations militaires d'un caractère exclusivement défensif.
« Il semble superflu de rééditer tous les arguments connus en « faveur de la supériorité de l'offensive sur la défensive. Le seul « moyen d'en ménager le bénéfice à l'armée française est dans le « recul de sa concentration, à une distance correspondant à l'avance « probable de l'Allemagne.
« Il faut renoncer définitivement à cette *sensibilité maladive* qui « fait redouter l'envahissement du territoire national, comme une « calamité telle que tout doit être tenté pour en éviter le retour ; « ce n'est en réalité qu'une blessure d'amour-propre qui n'a rien de « mortel. Mieux vaut un mal connu, dont les suites ne sont pas « sans remède, qu'une sécurité illusoire susceptible d'entraîner des « malheurs irréparables » (*La guerre*, 1909, p. 33).

LE COMBAT

Une troupe d'infanterie qui se porte en avant, fait de l'offensive, quand elle marche ; de la défensive, quand elle s'arrête pour tirer. Son feu ne chasse pas l'ennemi ; il l'oblige simplement à mettre le nez contre terre ; il lui *défend* de viser.

Le feu est un acte défensif qui prépare le mouvement offensif, comme, dans l'exemple ci-dessus, l'action défensive des troupes qui combattent sur les neuf dixièmes du front, facilite l'action offensive de la troupe chargée de l'attaque principale, en lui procurant l'effectif indispensable, en tenant en respect les troupes ennemies qui combattent sur le reste du front, en fixant celles-ci, en leur *défendant* de se porter au secours de la position menacée.

La défensive est donc l'auxiliaire indispensable de l'offensive ; et, en particulier, le feu est l'auxiliaire du mouvement.

Dans un combat offensif, c'est-à-dire dans un combat où le chef a reçu la mission très nette d'attaquer, il peut y avoir, à un moment donné, plus de fractions de troupe faisant de la défensive, qu'il n'y en a faisant de l'offensive.

La contre-attaque.

Dans un combat défensif, c'est-à-dire dans un combat où le chef a pour mission de conserver une position, si l'ennemi devient trop pressant, et menace d'aborder, il faut l'attaquer, pour l'obliger à s'arrêter. Cette attaque ne sera pas poussée à fond ; la pauvreté des effectifs ne le permettrait

OFFENSIVE OU DÉFENSIVE

pas ; mais l'ennemi sera mis en désordre ; il sera obligé de se reformer ou d'attendre du renfort. On aura ainsi gagné un certain temps. Cette manœuvre constitue ce qu'on appelle la *contre-attaque*.

La défensive, dit le règlement de manœuvre de l'infanterie, doit être agressive. La contre-attaque est un acte offensif, au cours d'un combat défensif, ou au cours de l'action de troupes qui font momentanément de la défensive, dans un combat offensif.

Qu'il soit offensif ou défensif, le combat est la juxtaposition dans l'espace, et la succession dans le temps, d'actes offensifs et d'actes défensifs dont la proportion varie à tout instant.

La différence entre le combat offensif et le combat défensif est donc moins tranchée que certains le croient. Elle réside, moins dans le nombre que dans la vigueur des actes offensifs, ceux-ci étant poussés plus à fond dans le premier cas que dans le second. Et, comme on n'obtient de résultats décisifs qu'en attaquant à fond, fût-ce sur un petit nombre de points, on peut dire que la défensive localisée est le seul moyen d'obtenir des résultats décisifs, quand on ne dispose pas de forces suffisantes pour attaquer vigoureusement sur tout le front.

VI

PHYSIONOMIE GÉNÉRALE DU COMBAT

La bataille de Coulmiers.

Si j'écrivais ce livre pour les grands chefs de notre armée, c'est-à-dire pour des hommes qui savent déjà en quoi consiste le combat, j'étudierais successivement, dans l'ordre chronologique où elles se présentent, les différentes opérations que comporte une action de guerre complète : la marche des colonnes, la prise de contact par la cavalerie ; l'engagement des avant-gardes, l'engagement du gros et celui des réserves. Je dirais enfin comment le commandant des troupes répartit ses forces et donne ses ordres aux chefs des groupements tactiques chargés des différentes missions.

Mais, tel n'est pas mon but. Je m'adresse à un lecteur non initié, que les préliminaires du combat intéresseraient peu. Je vais donc placer ce lecteur, d'emblée, dans une affaire battant son plein. Je lui montrerai ce qu'il verrait, s'il pouvait planer sur le champ de bataille. Quand je lui aurai ainsi donné une idée d'ensemble du combat, j'examinerai plus en détail un des épisodes dont se compose la lutte et le rôle qu'y jouent les différentes armes. Je m'occuperai surtout de l'exécutant. Je passerai rapidement sur les devoirs du commandement.

J'avais d'abord songé à faire le récit d'un combat forgé de toutes pièces, dans lequel j'aurais introduit un exemple de chacun des principaux cas qui peuvent se présenter à la guerre. Mais un pareil assemblage eût peut-être manqué de vraisemblance. J'ai préféré un exemple vécu, et j'ai choisi celui de la bataille de Coulmiers, dont les enseignements seront d'autant mieux acceptés que nous y avons été victorieux. De plus, j'y ai assisté.

Ce n'est pas que celui qui assiste à une bataille comprenne grand chose à ce qui s'y passe. Il n'en voit qu'un tout petit coin. Mais, dans les journées qui ont précédé et dans celles qui ont suivi la bataille de Coulmiers, j'ai eu de nombreuses conversations avec des officiers qui y ont pris part ; je connais bien l'esprit qui animait alors notre jeune armée ; j'ai donc pu lire, avec fruit, plusieurs des relations parues depuis sur cette heureuse journée et, en particulier, la dernière, extrêmement complète, dont la bibliographie ne comprend pas moins de cent vingt-six écrits[1].

* * *

A Coulmiers, l'armée du général Von der Tann, composée du corps d'armée bavarois et

---

1. *La bataille de Coulmiers*, par les lieutenants MAUGUIN et LACHOUQUE. Paris, 1912.

de la 2ᵉ division de cavalerie prussienne, occupait, face à l'Ouest, les localités ci-après désignées, de la droite à la gauche, c'est-à-dire du Nord au Sud :

Saint-Péravy, Saint-Sigismond, Champs, Gémigny, Cheminiers, Ormeteau, Coulmiers, le Grand Lus, la Renardière, la Rivière, Baccon et Préfort (voir carte. p. 305).

Je passe sur la composition des garnisons de ces localités ; question de répartition des forces que je ne veux pas traiter ici. Je dirai seulement, que, le 9 novembre 1870, le général Von der Tann a voulu livrer une bataille défensive. Son but était d'user l'armée de la Loire, dans une première rencontre, sur la ligne précédemment définie, et au besoin, sur une deuxième ligne, plus en arrière, jusqu'à ce que, l'usure étant suffisante, il pût prendre l'offensive et nous mettre définitivement hors de cause.

La nécessité de cette défensive préalable était imposée par la supériorité numérique de l'armée de la Loire, dont l'effectif était presque triple de celui des Allemands. Aussi ces derniers se retranchèrent-ils très solidement dans tous leurs points d'appui. Le village de Baccon, le château de Préfort et le parc de Coulmiers étaient de véritables forteresses, dont l'enlèvement a fait le plus grand honneur à nos jeunes troupes.

L'armée de la Loire était commandée par le général d'Aurelle de Paladines. Elle comprenait le 15ᵉ corps, à droite, sous les ordres directs de cet officier général, le 16ᵉ corps à gauche, sous les ordres du général Chanzy, et deux divisions de cavalerie, sous les ordres du général Reyau.

Le général d'Aurelle de Paladines avait une mission nettement offensive. Son intention était de tourner la droite ennemie, avec le 16ᵉ corps et la cavalerie du général Reyau.

Malheureusement, ce dernier avait soixante et onze ans. Il n'avait jamais fait la guerre. Placé, depuis plusieurs années, dans le cadre de réserve, il venait d'être rappelé à l'activité. Il ne croyait qu'au soldat de sept ans. Il manqua de confiance dans de jeunes troupes qui, cependant, ne demandaient qu'à marcher. Au lieu de tourner la droite ennemie, vers Saint-Péravy, il l'attaqua de front à Saint-Sigismond, se collant à notre infanterie, et engageant avec l'artillerie adverse un duel sans utilité.

Au cours de ce duel, notre cavalerie resta presque immobile, subissant des pertes sérieuses, exécutant seulement quelques déplacements latéraux, pour éviter des pertes plus graves encore. Bref, elle ne remplit pas sa mission, et, à un moment donné, la gauche de l'armée de la Loire se trouva dans une situation très critique.

Malheureusement encore, l'ordre du général en chef contenait la phrase suivante :

« Si les châteaux de la Renardière et du « Grand-Lus opposaient une grande résistance, « on attendrait que le 16ᵉ corps attaquât en même « temps Coulmiers, pour agir simultanément. »

Après l'enlèvement de la Renardière, le général de division, ne recevant pas d'ordre, prescrivit au général commandant sa brigade de droite de s'arrêter sur l'emplacement qu'il occupait, de-

LE COMBAT

vant le château de Préfort. Les deux brigades opposées l'une à l'autre s'observèrent jusqu'à midi et demi, heure à laquelle, voyant que les Français ne l'attaquaient pas, le chef allemand porta une partie de ses troupes vers Coulmiers, dont l'enlèvement devint ainsi plus difficile pour le 16e corps.

Ces observations étant faites, je passe sur les préliminaires du combat.

**

A onze heures, Baccon est enlevé. La lutte continue dans les rues du village, dont plusieurs maisons ont été incendiées, les unes par les obus français, les autres par les chasseurs bavarois, qui se retirent sur la Renardière.

A midi, nos troupes enlèvent la Rivière. Elles en sont d'abord rejetées par un retour offensif des Allemands, venant de la Renardière. Elles s'en emparent enfin définitivement. Ce sont les mêmes troupes qui mènent les deux attaques ; mais elles sont appuyées, dans la seconde, par une nouvelle batterie d'artillerie.

A une heure, les Français enlèvent les carrières des Crottes, à l'Ouest de Coulmiers. Les Allemands se retirent sur le parc de ce village.

A onze heures, nos troupes avaient, sans coup férir, occupé Champs et Cheminiers, qu'elles avaient mis en état de défense. A une heure, notre cavalerie s'empare de Saint-Sigismond. Ce sera son seul exploit. Les hussards silésiens tentent de reprendre ce village. Ils en sont empêchés par les feux partant de Champs et de Cheminiers ; mais notre cavalerie ne les poursuit pas.

En vain le général Abdelal adjure-t-il son chef, dans une discussion qui fut assez vive, de se porter en avant. Le général Reyau se retire devant des francs-tireurs français, qu'il prend pour des Bavarois.

Vers deux heures, les Allemands reprennent Saint-Sigismond. Ils y amènent de l'artillerie qui enfile la rue principale du village de Champs. Nos troupes sont chassées de ce village. Mais Cheminiers résiste toujours. Au moment où ses défenseurs faiblissaient, un simple mobile s'est écrié :

« Eh bien ! les Manceaux, est-ce que nous allons reculer ?[1] »

Cet appel au patriotisme local a raffermi les cœurs. L'amiral Jaureguiberry lui-même se présente à cheval, suivi de quelques-uns de ses marins et s'écrie :

« Allons, les enfants ! Tenez bon ! Voici les « pièces de 12 ; cela va changer[2]. »

Enfin, la brigade Bourdillon arrive. L'amiral Jaureguiberry se met à la tête des troupes mélangées de sa division et reprend le village de Champs.

Au même moment, l'ennemi est délogé de l'Ormeteau. La situation s'améliore au Nord de Coulmiers.

---

1. *Loc. cit.*, p. 136.
2. *Loc. cit.*, p. 137.

LE COMBAT

Au Sud, les troupes qui, après avoir enlevé la Rivière, l'ont perdu et repris, sont incapables d'un nouvel effort. Ce sont des troupes fraîches qui enlèvent la Renardière.

Remises en ordre, ces dernières sont lancées sur le bois de Montpipeau ; mais l'épuisement les oblige à s'arrêter.

Vers deux heures, nos troupes occupent, sans coup férir, le château et le parc du Grand-Lus. Coulmiers est menacé au Nord et au Sud. La division Barry arrive à l'Ouest de ce village. Une brigade le tourne vers le Sud. Notre artillerie concentre son feu sur le parc.

La cavalerie allemande tente une contre-attaque qui jette un certain trouble dans nos troupes ; mais cette cavalerie est obligée de faire demi-tour. Des deux côtés, la victoire est chaudement disputée.

A trois heures, nos tirailleurs arrivent sur la lisière du parc, mais ils en sont chassés par les troupes bavaroises qui arrivent de Préfort. La situation est redevenue critique.

Une brigade du 15° corps est alors mise à la disposition du général Chanzy. L'attaque reprend sur toute la ligne. L'artillerie redouble son feu. Il est quatre heures. La nuit commence à tomber. Le général Barry se met, l'épée à la main, à la tête d'un bataillon des mobiles de la Dordogne qui se trouve à sa portée. Les clairons sonnent la charge et l'assaut est donné sur le parc aux cris de : « Vive la Dordogne ! Vive la France ! »

Reste à enlever le village. Un cri de « en

retraite » vient de se faire entendre. Il a été poussé par un capitaine de mobiles qu'a effrayé cette fusillade à bout portant. Déjà, quelques hommes reculent, mais le colonel arrive, et, debout sur ses étriers, l'épée haute, il s'écrie :

« Mobiles de la Dordogne ! Reculeriez-vous pas [1] ? »

Et il ramène sa troupe qui pénètre dans le village.

Au cours du combat de rues, les hommes, venant de tous côtés, tirent parfois les uns sur les autres. Tous s'écrient : « Assez ! ne tirez plus ! A la baïonnette ! » De maison en maison, la troupe gagne la lisière opposée. Mais la cavalerie et l'artillerie allemandes l'empêchent de déboucher.

L'ennemi n'en est pas moins battu. Le lendemain, il abandonne Orléans et se retire vers le Nord, dans le plus grand désordre.

Dans cette journée, nous avons perdu 1.800 tués ou blessés ; les Allemands 1.200 à 1.400, et au moins autant de prisonniers. C'est devant le village de Coulmiers que nos pertes ont été les plus grandes, surtout en officiers.

L'infanterie a fait preuve d'une ardeur offensive, qu'ont sans cesse entretenue les exhortations de ses chefs.

L'artillerie a joué un rôle important. Mais son action a surtout consisté à contrebattre l'artillerie ennemie. Elle n'a guère tiré sur les objectifs

---

1. *Loc. cit.*, p. 152.

LE COMBAT

d'attaque qu'à Baccon et à Coulmiers. Encore s'est-elle bornée à bombarder ces villages. Le peu de précision de son tir ne lui permettait pas de neutraliser les défenseurs des lisières, comme on le ferait aujourd'hui.

Quant à la cavalerie, elle a déserté le champ de bataille. Elle n'a pas contribué à la victoire. Elle n'a rien fait pour son achèvement[1].

*
* *

Si l'on récapitule les événements dont je viens de faire le récit sommaire, on compte, chez les Français, onze actes offensifs et sept actes défensifs, d'importances et de durées différentes, suivant les effectifs et la valeur des troupes en présence.

Les onze actes offensifs sont ceux de Baccon, la Rivière, les Crottes, Saint-Sigismond, Champs, l'Ormeteau, la Renardière, le parc et le village de Coulmiers. Dans cette énumération, la Rivière et le parc de Coulmiers comptent pour deux, ces points d'appui ayant été enlevés par nous, perdus, puis repris définitivement.

Les sept actes défensifs sont ceux de la Rivière, Saint-Sigismond, Champs, Cheminiers, le parc et le village de Coulmiers. Dans cette énumération, Saint-Sigismond compte pour deux, la première attaque des Allemands ayant échoué.

Les Allemands ont également échoué à Cheminiers, et dans leur contre-attaque de Coulmiers.

---

1. *Loc. cit.*, p. 157.

PHYSIONOMIE GÉNÉRALE DU COMBAT

Ils ont réussi à la Rivière, à Champs, au parc de Coulmiers, et à Saint-Sigismond la seconde fois.

On voit que, comme je l'ai dit plus haut [1], le combat est la juxtaposition dans l'espace, et la succession dans le temps, d'actes offensifs et d'actes défensifs dont la proportion varie à chaque instant.

Ces divers actes réagissent nécessairement les uns sur les autres. Il appartient au commandement de les coordonner et d'imprimer au combat la direction qu'il veut, par la répartition initiale des forces dont il dispose et par l'emploi ultérieur de ses réserves.

Le lecteur saura donc, non pas comment on dirige un combat, mais en quoi consiste le combat, quand je lui aurai fait la description détaillée d'un des épisodes dont le combat se compose : l'attaque et la défense d'un des points d'appui dont les deux partis opposés se disputent la possession.

Par *point d'appui*, il faut entendre l'ensemble des accidents du terrain, naturels ou artificiels, utilisables par une garnison placée sous les ordres d'un même chef ; par exemple : le village de Coulmiers et la carrière des Crottes. La carrière seule constitue, non pas un point d'appui, mais un élément de point d'appui.

Je choisirai pour exemple un point d'appui dont l'attaque et la défense exigent l'intervention

---

[1]. Voir page 103.

LE COMBAT

de l'infanterie, de la cavalerie, de l'artillerie et du génie.

Préalablement, je vais donner quelques indications générales sur l'emploi des différentes armes au combat.

VII

ROLE DES DIFFÉRENTES ARMES AU COMBAT

L'INFANTERIE. LA CAVALERIE. L'ARTILLERIE. LE GÉNIE.

L'INFANTERIE

La Reine des batailles. — L'utilisation du terrain. — Historique des règlements de manœuvre. — Le tir de l'infanterie. — L'échelonnement en profondeur ; les renforts ; les troupes réservées. — L'assaut. — Les moyens d'instruction de l'infanterie.

La Reine des batailles.

Quelque brillantes qu'aient été les charges de la cavalerie, quelque efficace qu'ait été le feu de l'artillerie, tant que l'infanterie n'a pas chassé l'ennemi de ses positions, il n'y a rien de fait. L'ennemi n'est battu que quand il se retire, et s'il se retire malgré lui.

Le 9 novembre 1870, à Coulmiers, notre infanterie a tout d'abord occupé Champs, sans coup férir. Ce fut un incident sans importance dans la bataille. L'ennemi nous en chassa ; ce fut pour nous un échec grave. Nous résistâmes dans Cheminiers ; ce fut un premier succès. Nous reprîmes

LE COMBAT

Champs à l'ennemi ; ce fût le commencement de la victoire.

Nous avons attaqué Coulmiers, non pour nous emparer des ressources contenues dans ce village, mais pour en chasser l'ennemi, qui en avait fait le centre de sa résistance.

Si, au lieu de quitter volontairement le château de Préfort, que nous n'attaquions pas, les Bavarois en avaient été chassés par notre infanterie, ils n'auraient pu se porter sur Coulmiers et coopérer à la défense de ce point d'appui.

« Chasser l'ennemi de ses positions », tel est le but suprême du combat, et cette mission échoit à l'infanterie.

L'infanterie, dit l'article 97 du Règlement du 2 décembre 1913, sur le service en campagne, « conquiert et conserve le terrain. Elle chasse définitivement l'ennemi de ses points d'appui ».

L'infanterie joue donc le rôle principal, au combat. C'est la *Reine des batailles*.

Tous les efforts d'une grande nation doivent tendre à avoir une bonne infanterie. Mieux vaut une artillerie médiocre au service d'une infanterie excellente, qu'une artillerie merveilleuse au service d'une mauvaise infanterie. L'engin est quelque chose, mais l'homme a toujours été, et sera toujours le premier facteur de succès, au combat.

« L'infanterie, a écrit le général de Maud'huy,
« c'est le peuple armé. Le fantassin, c'est l'homme
« tel que le produit la Nation. Un peuple a l'in-
« fanterie qu'il mérite. Tant vaut le peuple, tant
« vaut l'infanterie.

RÔLE DE L'INFANTERIE AU COMBAT

« Un peuple riche et industriel peut avoir une
« bonne artillerie. Un peuple possédant une aristo-
« cratie guerrière et une bonne race de chevaux
« peut avoir une bonne cavalerie. Seul un peuple
« patriote peut avoir une bonne infanterie.

« Au moyen âge, il n'y a plus d'infanterie,
« parce que, après l'invasion des barbares, il n'y a
« plus de peuples, mais seulement de la poussière
« de peuples. Aussitôt qu'en un point quelconque,
« un peuple indépendant se forme, l'infanterie
« apparaît. Le mouvement communal des XIIe et
« XIIIe siècles produit, en France, l'infanterie qui
« combat à Bouvines ; ce mouvement étouffé, l'in-
« fanterie disparaît.

« A la suite des guerres de religion, les exac-
« tions des armées étrangères, appelées par les
« deux partis, ont développé le sentiment national ;
« l'infanterie française réapparaît. Elle est compo-
« sée de mercenaires, il est vrai ; mais ce sont des
« mercenaires nationaux, auxquels se joignent
« bientôt des miliciens provinciaux.

« Le mouvement patriotique créé par la Révo-
« lution française produit une nouvelle espèce
« d'infanterie. Tout Français est citoyen, donc
« appelé à faire un soldat. Après la crise du début,
« les foules armées se changent en troupes dé-
« vouées à la patrie et à la liberté. Pendant
« vingt ans, l'infanterie française régnera, sans
« conteste, sur les champs de bataille[1] ».

Notre infanterie actuelle est fille de celle-là ;
elle a hérité de son enthousiasme et de son ardeur

---

1. Général de MAUD'HUY, *L'Infanterie*, p. 6.

LE COMBAT

offensive. Mais les perfectionnements apportés aux armes à feu lui ont créé de nouveaux devoirs.

Utilisation du terrain.

« Par cela même, disait le Règlement du
« 28 mai 1895 sur le service des armées en cam-
« pagne, que l'infanterie a besoin, au moment de
« l'attaque, de toutes ses forces et de toute son
« énergie, par cela même qu'elle doit se prodiguer
« sans compter, il faut la ménager, lui épargner,
« pendant le déploiement, des pertes inutiles, et
« l'amener au feu, à l'abri des vues, en utilisant
« le terrain le mieux possible. »

Ces lignes, que confirment toutes les indications du Règlement du 2 décembre 1913, font nettement ressortir le but vers lequel doit tendre l'instruction de l'infanterie. Elles sont complétées, dans le Règlement de manœuvre du 3 décembre 1904, non par des prescriptions, mais par une série de recommandations qui peuvent se résumer comme il suit.

Quand on arrive en vue de l'ennemi, on abandonne tout formalisme ; on prend les formations que commande le terrain, en évitant toutefois l'émiettement qui permettrait aux moins braves de rester en arrière. Une certaine cohésion matérielle est favorable au maintien de l'ordre et à l'action du commandement.

La section de cinquante hommes, sous les ordres d'un lieutenant ou d'un sous-officier, est le plus fort des groupes susceptibles d'être commandés à la voix ou au geste, et d'être portés, par leur chef, d'un abri à l'autre, sans que, dans la marche d'approche, il soit nécessaire de les dissocier.

Lorsqu'on entre dans la zone battue par l'artillerie, le fractionnement devient inévitable. On forme alors ce que, dans le langage courant, on appelle des *essaims*, groupes plus petits, dont les effectifs sont assez faibles, et les intervalles assez grands, pour que chaque groupe ne vaille pas un coup de canon. Enfin, on diminue l'amplitude des bonds. Si, surprise par la gerbe d'un obus, la section ne trouve pas d'abri, elle se couche à plat ventre [1].

Quand on entre dans la zone efficace des feux de l'infanterie, le franchissement des espaces nus devient plus dangereux encore. L'amplitude des bonds est, s'il le faut, réduite à une dizaine de mètres, distance que l'on franchit par groupes successifs comprenant quelques hommes seulement. Voici le mécanisme de cette manœuvre, à laquelle on a donné le nom d'*infiltration*.

La section étant derrière un abri, ou couchée si le sol est nu, le chef se porte sur le point où il veut amener sa troupe. A son signal, un premier groupe dont l'effectif peut varier de 1 à 15 hommes, part à toute vitesse et va se jeter à côté de lui. Eparpillé pendant la marche, ce groupe se resserre en arrivant au but.

A ce moment, un deuxième groupe part à son

---

[1]. Commandant Bastien, *Notions de tactique générale*, p. 526.

LE COMBAT

tour, vient se placer à côté du premier, et ainsi de suite.

Pendant l'exécution de ce mouvement, qui s'opère en 16 fois si l'on a procédé par escouades, en 200 et quelques fois, si l'on a procédé homme par homme, la section forme trois tronçons.

Le premier comprend les groupes déjà arrivés, qui, si le terrain est dénudé, se créent un abri sommaire avec les outils portatifs.

Le deuxième comprend les groupes qui ne sont pas encore partis.

Le troisième comprend le groupe qui se déplace, cherchant sa protection dans la vitesse de son mouvement.

La section gagne ainsi du terrain vers l'objectif, chaque bond commençant, tantôt par la droite, tantôt par la gauche, tantôt par le centre, pour tromper l'ennemi[1].

Comme toutes les nouveautés, l'infiltration a obtenu, il y a une dizaine d'années, un grand succès dans l'infanterie. On en abusa ; on l'appliqua à des terrains couverts, non exposés au feu de l'ennemi. Certains chefs s'avisèrent de la réglementer. Une réaction se produisit ; et l'on en vint à soutenir que la section ne devait jamais être dissociée.

En vérité, le déplacement en bloc est indiqué, dans le cas d'une accalmie du feu de l'ennemi, dans le cas où le feu de l'artillerie amie ou le feu

---

1. Cette description est empruntée aux *Notions de tactique générale* du Commandant BASTIEN.

des fractions d'infanterie voisines neutralise celui de l'adversaire, dans le cas enfin où l'on trouve un cheminement défilé. Le groupe qui se déplace est alors constitué par la section toute entière. C'est une affaire de circonstances. Le fractionnement de la section ne doit pas être réglementé.

Le mécanisme qui vient d'être décrit répond donc, avec ses variantes, au désidératum formulé par le Règlement sur le service des armées en campagne. Il permet d'amener, en y mettant le temps nécessaire, le plus de monde possible sur l'emplacement d'où le feu sera le plus efficace, ou sur l'emplacement d'où on pourra lancer l'infanterie à l'attaque, « en la prodiguant sans compter ».

*
* *

La manière dont l'infanterie utilisera le terrain aura une importance capitale à la guerre. C'est pour avoir ignoré cette utilisation du terrain que la garde prussienne s'est fait décimer, le 18 août 1870, à Saint-Privat.

De timides tentatives d'infiltration ont cependant été faites par les Allemands, à Frœschwiller, à Sedan et au Bourget. La théorie a été appliquée en grand, par les Japonais, pendant la guerre de Mandchourie[1].

L'infanterie française, si apte à utiliser le terrain, manque malheureusement des moyens nécessaires pour s'y exercer. Elle ne possède, ni les

---

1. *Loc. cit.*, p. 528.

terrains de manœuvre qu'il lui faudrait, aux environs des garnisons, pour l'instruction de détail de la troupe, ni le nombre de camps d'instruction qui seraient indispensables pour la manœuvre des grandes unités. Le mal est grave. On le constate tous les ans, aux manœuvres d'automne ; mais on se borne à le déplorer.

Il semble que les grandes manœuvres n'aient d'autre but que de mettre en valeur un certain nombre de grands chefs, ou de faire ressortir quelques incapacités. La troupe n'est là que pour la forme. Ce qui plaît le plus au public, avide d'émotions militaires, ce qui plaît le plus aux beaucoup trop nombreuses et trop hautes personnalités que, depuis quelques années, on convie à suivre les manœuvres d'automne, ce n'est pas ce que la troupe y fait de bien, ce sont, au contraire, les entorses qu'elle donne au règlement ; ce sont ces marches intrépides sous le feu, exécutées dans des formations invraisemblables, et suivies de corps à corps furieux.

Je suis loin de regretter que nos hommes d'Etat s'intéressent aujourd'hui aux manœuvres d'automne. Trop longtemps, au contraire, ils n'ont vu l'armée qu'à la revue du 14 juillet, et ils l'ont jugée d'après la manière dont elle défilait. Mais leur éducation militaire est trop incomplète encore, pour qu'ils sachent regarder et pour que leur présence aux manœuvres exerce, sur l'armée, une heureuse influence.

Dans un article qu'a publié *l'Opinion militaire* du 25 octobre 1912, j'ai cité le cas d'un officier d'artillerie qui, aux manœuvres d'automne, ayant demandé des ordres à son chef, s'est entendu répondre : « Tirez sur ce que vous vou- « drez. Tout ce que vous demande aujourd'hui « le général, c'est de faire beaucoup de bruit. »

Les grandes manœuvres de 1913 se sont terminées sur une représentation offerte aux membres du Gouvernement. Il est inutile de pousser l'armée dans cette voie ; elle n'a que trop de tendance à s'y engager.

L'historique des règlements de manœuvre de l'infanterie montre l'attrait que la parade a toujours exercée sur l'esprit de nos grands chefs militaires, et la désolante lenteur qui en est résultée, dans la marche du progrès, malgré les leçons de tout un siècle de guerre [1].

Historique des règlements de manœuvre.

Les armées de l'ancien régime, en grande partie composées de soldats mercenaires, étaient dépourvues des qualités intellectuelles et morales que l'on trouve dans les armées d'aujourd'hui. On n'y connaissait pas cette discipline volontaire, ce désir de plaire aux chefs, cette intelligence toujours en éveil qui, tous les ans, font l'admiration des officiers étrangers, aux manœuvres d'automne. Ce qu'on cherchait surtout à développer, c'était l'habitude machinale de l'obéissance. Tel était le but des exercices *à la prussienne*

---

[1]. L'historique qui va suivre est, en partie, extrait d'un article intitulé *Ordonnance et règlements*, que j'ai publié dans la *Revue de Paris*, sous le pseudonyme de général ***, le 15 août 1906.

inaugurés par Frédéric II. Les formations de combat étaient très denses, afin que la surveillance fût plus facile. Le premier rang était poussé par le second, poussé lui-même par les serre-files, dont le rôle était de rétablir sans cesse le coude à coude, et au besoin de tirer sur les fuyards.

En composant l'armée de soldats nationaux, animés de la foi patriotique, la Révolution française a complètement modifié les conditions de la tactique. Elle a permis l'emploi de l'ordre dispersé, qui favorise l'utilisation du terrain et rend le tir plus meurtrier, car le feu des tirailleurs est plus facilement ajusté que celui des troupes en ordre serré.

L'ordonnance du 1er août 1791, sur les manœuvres de l'infanterie française, était, à peu de chose près, la reproduction du règlement que Frédéric avait réussi à faire adopter par toute l'Europe. Ce fut la règle écrite des armées qui firent les guerres de la Révolution et de l'Empire. Mais Napoléon se garda bien de l'appliquer ; il ne prit même pas la peine de la changer.

Napoléon disparu, l'ordonnance de 1791 reprit toute son importance ; et alors, s'accrédita dans l'armée ce préjugé funeste qu'il n'y a pas nécessairement conformité entre ce qui se fait en temps de paix et ce qui se fait à la guerre : sur le champ de bataille le soldat français saurait bien se débrouiller, comme l'avaient fait ses aînés. On ne songea plus qu'à la parade, aux inutilités.

Dans des mémoires qu'il publia, une dizaine d'années après la chute de l'Empire, le général baron Dellard s'exprime comme il suit :

« Mes trois bataillons comptaient chacun
« 800 hommes, dont la majeure partie était d'an-
« ciens soldats ayant fait 10 à 15 campagnes;
« mes six compagnies d'élite étaient surtout re-
« marquables par leur taille et leur attitude mar-
« tiale. Tous les officiers avaient fait la guerre
« et connaissaient leur métier. Le 16º régiment
« pouvait donc, à juste titre, être considéré com-
« me un des corps les plus distingués de la
« Grande Armée.

« Mais, tout excellent qu'il était pour la guerre,
« mon régiment laissait beaucoup à désirer au
« point de vue de l'instruction. La position de
« l'homme sous les armes était défectueuse; son
« port d'armes irrégulier; le maniement du fusil
« se faisait sans aucun mécanisme. Enfin, le pas
« était trop précipité, parce qu'il n'était pas dé-
« composé. Pour remédier à ces défauts, confor-
« mément aux principes de l'ordonnance du
« 1ᵉʳ août 1791, c'est par le cadre que je commen-
« çai.

« Les officiers et les sous-officiers étaient ani-
« més de la meilleure volonté. Je pris moi-même
« le fusil et leur donnai l'exemple. Un mois suf-
« fit pour les mettre au courant de mes intentions.
« Les soldats, qui nous avaient vu manœuvrer,
« étaient impatients de nous montrer leur adresse,
« surtout pour le maniement d'armes, dont cha-
« que mouvement produisait un très bon effet.
« J'en fis l'application à tout le régiment. Je diri-
« geai moi-même les exercices.

« Au bout de trois mois, mon régiment n'était
« plus reconnaissable. Il se faisait admirer, étant

« en bataille, par son immobilité et son beau port
« d'armes. S'il marchait pour défiler au pas ordi-
« naire, les jambes lancées en même temps et
« suspendues un instant par le temps d'arrêt
« qu'elles formaient, en baissant la pointe du
« pied et en la tournant en dehors, constituaient
« un ensemble très gracieux. »

Quand on lit ce qui précède, on est stupéfait de voir à quoi passaient leur temps, entre deux batailles, les héros de la Grande Armée. Le général baron Dellard, n'aurait-il pas forcé la note ? N'aurait-il pas exagéré l'importance qu'il attachait à la parade, faisant ainsi une concession aux idées qui étaient en honneur, à l'époque où ses mémoires ont été publiés ? Quoi qu'il en soit, c'était l'esprit régnant à cette époque. Aussi s'explique-t-on que le règlement du 4 mars 1831, élaboré pourtant en vue de tenir compte des changements que Napoléon avait introduits dans la tactique, se soit modelé sur l'ordonnance de 1791, dont tout le formalisme fut conservé.

Ce formalisme s'effondra en 1859, devant les canons et les fusils de Magenta. Au lieu des beaux mouvements et des feux de salve prévus par l'ordonnance, on vit, derrière les différents abris ou couverts, des groupes d'importance variable, rassemblés là par le hasard des événements et exécutant des feux à volonté. De temps à autre, un groupe moins éprouvé ou plus brave, disposant de cheminements plus faciles, se précipitait en avant vers un nouvel abri et, reprenant le feu aussitôt, facilitait la marche des fractions restées en arrière. C'est le soldat français qui improvisa, sur le champ de bataille, la tactique devenue réglementaire aujourd'hui.

L'incompréhension fut telle que, malgré le succès, nombre d'officiers profitèrent du répit qui leur fut laissé, après la réception triomphale de Milan, pour reprendre, pendant la campagne même, la manœuvre de la place d'exercice. Peine inutile : comme à Magenta, tout ce formalisme devait être balayé par la fusillade de Solférino.

L'occasion était belle de rompre définitivement avec les prescriptions arriérées des textes officiels. On n'en fit rien. En 1862, parut un nouveau règlement, dont l'avant-propos déclarait que l'ordonnance de 1831 était un chef-d'œuvre, et que ses dispositions essentielles devaient être conservées.

Pour donner une idée de la timidité avec laquelle a été faite cette revision, une idée de l'effroi qu'inspirait alors l'esprit de progrès qui s'affirme si librement aujourd'hui, il suffira de dire que, dans le rapport au ministre, les rédacteurs s'excusent d'avoir introduit le pas gymnastique, « susceptible, disent-ils, de nuire à la précision des mouvements et à leur régularité ». La commission exprime l'avis qu'il n'en soit jamais fait abus, que les troupes n'y soient exercées qu'à de rares intervalles et pour parcourir de très courtes distances.

Ainsi, ce pas gymnastique, grâce auquel, a écrit depuis M. Thiriaux[1], nos soldats improvisés de

---

1. Voir page 65.

LE COMBAT

l'armée de la Loire ont pu être enlevés, montrant un courage comparable à celui de vieilles troupes, le règlement de 1831 le considérait comme une innovation dangereuse, dont il fallait user rarement, de peur de nuire à la régularité des mouvements !

Rien ne fut donc changé, en 1862, aux dispositions essentielles de 1831, qui étaient celles de 1791. On conserva le pas *à la prussienne* et toutes les minuties du maniement d'armes. Le bataillon resta l'unité de manœuvre ; les compagnies restèrent de grosses sections dont les moindres mouvements étaient réglés par les officiers.

Dans une semblable organisation, tout reposait sur le chef ; il n'était nullement nécessaire, il eût été plutôt nuisible d'encourager l'initiative, l'individualisme du soldat ; il suffisait de développer la discipline du rang.

En vain, des hommes de guerre tels que Morand, Bugeaud, Trochu, etc., écrivirent-ils sur le combat et posèrent-ils les principes dont s'inspire le règlement actuel. Il faut bien le dire, l'étude n'était pas en honneur dans l'armée française, et, pour des esprits façonnés à l'obéissance passive, ce qui n'était pas écrit dans le règlement ne comptait pas. Le général Morand déplore, dans son *Armée selon la Charte*, les tendances de ces trop nombreux officiers « qui « n'ont d'autre mérite que l'ordonnance pour « laquelle ils professent une véritable admira- « tion ». Il aurait voulu que l'ordonnance fut réduite à quelques pages et complétée par des instructions sur le combat. « Les manœuvres actuel-

« les, dit-il, ne peuvent, sans grand danger, être
« exécutées devant l'ennemi. Si on les emploie,
« il arrivera ce qui est arrivé cent fois : le mas-
« sacre des bataillons. Ces manœuvres sont fu-
« nestes aussi, parce que leur étude détourne de
« l'étude véritablement guerrière. »

Le règlement de 1869, qui remplaça celui de 1862, fut rédigé dans le même esprit. Il ne contenait que des mouvements de parade. Son insuffisance était telle que, en 1870, le ministère crut devoir rédiger à la hâte des instructions pour le combat, qui furent distribuées aux troupes, au moment de leur entrée en campagne.

Au cours de la guerre même, on vit se reproduire l'erreur que le général baron Dellard avait commise sous le premier Empire.

Pendant le siège de Paris, les gardes nationaux passèrent la plus grande partie de leur temps à faire du maniement d'armes, sur les trottoirs des larges avenues.

Au siège de Metz, lorsqu'il fallut manger les chevaux de l'artillerie, on se demanda ce que deviendraient les canonniers ; on se décida à en faire des fantassins. L'idée ne vint pas de leur apprendre d'abord les devoirs du tirailleur au combat ou de la sentinelle aux avant-postes ; on leur fit faire du maniement d'armes. On raconte même qu'un capitaine fut blâmé pour n'avoir pas suivi la progression du règlement : il avait passé le mouvement de « genou terre » !

A Blois, à Tours, au Mans, on dressa les troupes destinées à l'armée de la Loire, en les pas-

LE COMBAT

sant en revue, et en leur faisant exécuter les évolutions du règlement de 1869.

Invité par le gouvernement de la Défense Nationale à rendre compte du degré de préparation des troupes du 16ᵉ corps, le général Pourcet répondit que ses hommes n'avaient qu'une aiguille au lieu de trois[1].

Dans leurs écrits sur la bataille de Coulmiers, les généraux Chanzy et d'Aurelle de Paladines crurent faire un grand éloge de leur armée, le premier en disant que « l'aspect de cette grande « ligne de bataille, traversant la plaine nue qui « la séparait de l'ennemi, était des plus impo- « sants »; le second, en disant que « on se serait « cru à une revue ».

Le spectacle de cette manœuvre, je l'ai eu en effet sous les yeux, et il m'a inspiré, à moi aussi, une grande confiance. Mais je n'avais pas lu *l'Armée selon la Charte*, du général Morand. J'ignorais ce que je sais aujourd'hui. Dans cette plaine nue, exposée au feu de l'artillerie ennemie, notre infanterie n'aurait pas dû prendre des formations de revue. L'armée française n'en connaissait alors pas d'autre.

Le règlement de 1875, rédigé par des hommes qui venaient de faire la guerre de 1870 et qui étaient encore sous l'impression des enseignements qu'elle avait fournis, posait les principes suivants :

« Impossibilité pour une troupe d'un effectif

---

[1]. Général Thoumas, *Paris, Tours, Bordeaux.*

« un peu considérable de se mouvoir et de com-
« battre en ordre serré, dans la zone efficace du
« feu ennemi, soit en ligne, soit en colonne.
« Nécessité de fractionner les troupes en pre-
« mière ligne et d'adopter pour elles le mode
« d'action en ordre dispersé. Translation forcée
« du combat sur la ligne des tirailleurs, autre-
« fois chargée seulement de la préparation. »

Le progrès était considérable. Mais, en 1875,
les esprits n'étaient pas préparés à l'application
de principes aussi larges. On s'effraya de cet
éparpillement. On contesta la possibilité de diriger le combat dans de pareilles conditions. On
tourna en dérision le rôle du chef d'escouade, à
qui il aurait fallu, disait-on, les connaissances
tactiques d'un général de division. Une réaction
se produisit en 1884 et aboutit, en 1894, à l'adoption d'un nouveau règlement, dont les caractères
principaux étaient les suivants :

Au lieu de quatre échelons de la formation de
combat de 1875, il n'y en avait plus que deux. Au
lieu des tirailleurs espacés à six pas, c'étaient,
dès le début, des sections en ligne sur un rang,
les hommes coude à coude. La dispersion était
diminuée dans le sens de la largeur et dans celui
de la profondeur. Les feux de salve étaient remis
en honneur. Le règlement condamnait même « la
recherche exagérée du couvert » comme susceptible de diminuer la cohésion. C'était un retour
vers l'ordre serré.

Le règlement de 1894 faisait donner l'assaut
en masses, au son des musiques et des tambours.
Il plaisait par son côté théâtral, et, peut-être,

subirions-nous encore son influence réactionnaire, si les événements du Transvaal n'avaient fait revivre les principes de 1875.

Après un règlement provisoire portant la date du 8 octobre 1902, l'infanterie a reçu un règlement définitif, daté du 3 décembre 1904.

Le nouveau règlement préconise la substitution, à l'ancienne ligne de tirailleurs, de groupes irrégulièrement répartis sur le front de combat. Ces groupes progressent lentement de couvert en couvert, sans se régler les uns sur les autres. Les plus favorisés prennent la direction du mouvement et facilitent, par leur feu, la marche des groupes restés en arrière.

Ainsi se trouve affirmé le caractère offensif du règlement. L'élément de direction, celui qui prend la tête du mouvement, est, non pas celui qu'a désigné le chef, mais le plus favorisé, celui qui dispose des cheminements les plus faciles, ou le moins éprouvé par les pertes, le plus entreprenant, le plus hardi, le plus brave. Nous voilà loin du temps où le soldat était poussé par un serre-file, pistolet au poing.

Le fractionnement imposé par l'obligation d'utiliser le terrain rend la direction du chef plus difficile. Aussi le règlement recommande-t-il à ce dernier de reconstituer sa troupe sous son commandement direct, toutes les fois que les circonstances le permettent. Le chef profitera de ce rassemblement pour renseigner chacun sur la marche du combat. Lorsque, par suite des péripéties de la lutte, certains tirailleurs échappent momentanément à l'action de leur chef direct, ils doivent se réunir au groupe le plus voisin, et, à défaut de gradés, obéir au plus intelligent et au plus énergique.

Le plus énergique se désignera lui-même. Tel le simple mobile qui, à Cheminiers[1], a raffermi les cœurs, en s'écriant :

« Eh bien ! les Manceaux, est-ce que nous allons reculer ? »

Pour développer, chez le soldat, l'aptitude à combattre en ordre dispersé, il faut le mener souvent à l'extérieur, souvent et le plus tôt possible ; c'est une des premières recommandations du règlement de 1904. Pendant longtemps, on a cru que les exercices de service en campagne ne devaient être abordés qu'après l'achèvement des manœuvres à rangs serrés, qui s'exécutent dans la cour de la caserne et sur la place d'exercices. C'est une erreur. Si on commence par étouffer chez l'homme toute velléité de réflexion, on arrête le développement de l'initiative, indispensable au combat. L'ordre serré est un mal nécessaire ; mais il ne doit pas être la base de l'instruction.

Les évolutions ont été réduites aux formations qu'une troupe peut avoir à prendre en campagne pour marcher, se rassembler et combattre. Quant à l'indication des moyens pour passer d'une formation à l'autre, le règlement n'a pas pris la peine de la simplifier ; il l'a tout bonnement supprimée. Le chef indique la formation à prendre

---

1. Voir page 109.

et la direction à laquelle la troupe doit faire face. Chaque chef subordonné conduit la fraction qu'il commande à la place qu'elle doit occuper, en employant les moyens et en suivant l'itinéraire qu'il juge convenables. Il peut même se borner à s'y transporter de sa personne et faire un geste indiquant à la troupe qu'elle doit se rassembler derrière lui. Chaque soldat se porte alors, au pas gymnastique, à la place qu'il doit occuper dans la fraction dont il fait partie. C'est ce qu'on appelle manœuvrer *par assouplissement*. Ce sans-façon a quelque peu scandalisé les gens habitués à voir dans le soldat un automate. Il aurait fait bondir d'indignation, il y a un demi-siècle, les militaires dont le général Morand disait : « Ils n'ont d'autre mérite que l'ordon-« nance, pour laquelle ils professent une véri-« table admiration. »

Nous avons donc, enfin, un règlement approprié au tempérament de notre race, un règlement qui proclame le principe de l'individualisme du combattant, qui fait appel à l'intelligence du soldat, à son esprit de solidarité, à son désir de pénétrer la pensée du chef et d'en poursuivre l'exécution. Ce sont les qualités que le règlement de 1904 appelle les forces morales et au développement desquelles il consacre un paragraphe tout entier. La discipline consentie se substitue à la coercition, l'initiative intelligente à l'obéissance passive. Le soldat a cessé d'être une machine à exécuter des ordres ; il est devenu un collaborateur de l'officier.

Mais il a fallu un siècle d'efforts pour faire

pénétrer ces principes dans notre règlement ; un siècle pour imposer à nos grands chefs militaires la tactique inaugurée par le soldat français ! N'est-il pas étrange que ce soient les classes dirigeantes qui fassent obstacle à la marche du progrès ?

Le tir de l'infanterie.

Il en a été du tir comme de la manœuvre. Pendant longtemps, on a cru que, pour dresser un tireur de guerre, il suffisait de lui apprendre à tirer à la cible. Le stand a joué, dans l'instruction du tir, le rôle de la place d'exercices dans l'instruction pour le combat. On comptait qu'à la guerre, le tirailleur se débrouillerait toujours. Or, sur le champ de bataille, on ne tue pas pour le plaisir de tuer, comme on tire, dans une foire, pour casser des pipes ; on tue pour se débarrasser d'un adversaire qui s'oppose à la marche en avant. On s'en débarrasse par la mort, ou par la peur que la mort des uns inspire aux autres. Le feu est l'auxiliaire du mouvement.

Quand on combattait de près, debout, en lignes denses, le soldat tirait droit devant lui. Les objectifs ne manquaient pas ; on n'avait que l'embarras du choix. Mais aujourd'hui, les buts sont constitués par de petits groupes, irrégulièrement répartis sur un grand front, utilisant le terrain, à peine visibles ; aujourd'hui, on s'approche de l'ennemi par petits paquets, au besoin homme par homme, en suivant des cheminements en zigzag ; tirer droit devant soi est une expression qui n'a plus de sens. C'est sur le point où il y a une résistance à briser que le tirailleur doit diriger ses coups. Comment saura-t-il ce qu'il a à faire ?

La réponse à cette question se trouve contenue dans le n° 47 du règlement du 31 août 1905, sur l'instruction du tir de l'infanterie.

« Il est indispensable que le soldat connaisse la mission confiée à son unité. »

C'est la paraphrase de cette parole du général Bugeaud :

« Le soldat doit connaître sa manœuvre. »

La mission confiée à l'unité, ce n'est pas le plan de combat du général en chef. C'est, si l'on fait de l'offensive, l'indication de l'objectif d'attaque, et, dans cet objectif, l'indication du point sur lequel doit se diriger la fraction dont le soldat fait partie. C'est, si l'on fait de la défensive, l'indication des directions d'où peut venir l'ennemi. C'est, dans l'un et l'autre cas, l'indication de la région d'où partent des coups dangereux, auxquels, le cas échéant, il faudra riposter. C'est enfin l'indication de l'appui que l'on peut espérer des autres troupes, et en particulier, de l'artillerie.

« Cette action commune, ajoute le règlement,
« nécessite une entente qui ne s'improvisera pas
« sur le champ de bataille: il faut la créer en
« temps de paix, dans des exercices tactiques où
« seront associés la manœuvre et le tir. »

A cet effet, le nouveau règlement de 1905 institue des petites « manœuvres avec feu simulé ou

« cartouches à blanc, dans lesquelles s'établit,
« entre le chef et la troupe, l'entente nécessaire
« à la bonne exécution du tir de groupe. Ces
« exercices commencent dès les premières sorties
« des jeunes soldats; ils durent toute l'année. »
L'innovation est à noter. Jamais les jeunes soldats
n'avaient été admis à participer à des manœuvres
avec tir à blanc, avant d'avoir effectué leurs tirs
à la cible. Ils commencent maintenant dès leurs
premières sorties. On leur apprend à quoi sert le
tir avant de leur apprendre à tirer.

« L'instruction est donnée, dit encore le règlement de 1905, de telle sorte que si l'action du chef vient à manquer, un autre chef surgisse immédiatement. »

Certains ont objecté que les terrains manquaient aux environs de la plupart des garnisons. Le règlement de 1905 a prévu l'objection, et il y répond en donnant des exemples d'exercices dont la plupart peuvent s'exécuter, sans sortir des routes.

On utilise, comme objectifs, tout ce qu'on aperçoit dans la campagne : piétons, chevaux, voitures, une autre troupe passant sur un chemin parallèle ou transversal, etc. Le groupe étant en marche, le chef donne inopinément l'ordre d'ouvrir le feu sur un de ces buts réels. Il s'exerce ainsi à prendre rapidement une décision, à désigner clairement un objectif, à évaluer une distance. Les hommes s'habituent à comprendre ces indications et à utiliser les abris et couverts qui bordent la route. Les fautes sont relevées et la marche est reprise, pour être interrompue un peu plus loin, par un exercice du même genre.

On peut laisser une partie du groupe en arrière, puis lui prescrire de renforcer le front de combat; chaque tirailleur, en arrivant sur la ligne de feu, demande à son voisin les indications relatives au tir. On crée ainsi le langage commun, indispensable.

On peut encore, sans sortir des routes, représenter l'ennemi par d'anciens soldats auxquels on donne des instructions particulières telles que s'abriter, se découvrir, se déplacer, etc..... On montre ainsi au jeune soldat combien les occasions de tirer sont fugitives, contre un ennemi qui sait utiliser le terrain; combien, par suite, il importe que les décisions soient rapidement prises, rapidement exécutées. On lui montre en même temps comment il doit se conduire lui-même, pour se soustraire au feu de l'ennemi.

On peut prescrire aussi aux soldats qui représentent l'ennemi de se porter, par bonds successifs, à la rencontre du groupe, en formant des essaims plus ou moins compacts, plus ou moins nombreux. On montre alors que, parmi les fractions ennemies qui progressent sous le feu, il en est dont l'importance justifie l'envoi d'une rafale, tandis que d'autres doivent être négligées. On apprend ainsi au jeune soldat à choisir son but particulier, le genre de feu et le moment de tirer.

Le règlement ne donne que ces quatre exemples; mais ceux-ci suffisent pour indiquer l'esprit de la méthode. Chacun imaginera des exercices analogues..

On remarquera la grande simplicité de ces exemples. Elle est voulue. Si le règlement avait été moins explicite, s'il s'était borné à dire, en termes généraux, qu'il faut développer l'instruction tactique du soldat, que tout problème de tir doit être rattaché à une hypothèse tactique, certains officiers, tombant dans un travers assez répandu, auraient compliqué inutilement les situations, cherché à reproduire des phases entières du combat. Ce n'est pas le but du règlement. Les exercices prévus par le n° 47 ont pour objet, non pas de faire du simple soldat un petit stratège, mais d'établir, « entre le chef et le soldat, l'entente nécessaire à la bonne exécution du tir de groupe ».

*
* *

A propos du tir de groupe, on a beaucoup discuté le sens de cette phrase que « le feu est l'auxiliaire du mouvement ».

C'est une question que j'ai déjà traitée, mais sur laquelle je tiens à revenir ; car elle se posera, en quelque sorte, à chaque pas, sur le champ de bataille, dans l'esprit du combattant.

Une troupe d'infanterie arrêtée dans sa marche offensive, par le feu de l'ennemi, est-elle capable d'affaiblir, par son propre feu, la troupe qui lui est opposée, au point de pouvoir reprendre impunément la marche en avant ?

A cette question, les uns répondent : non. Le feu de l'assaillant, disent-ils, ne peut avoir quelque efficacité que lorsque le défenseur se découvre pour tirer. Or, ce dernier ne se découvre que lorsque l'assaillant marche et, par conséquent, ne tire plus[1].

D'autres répondent : oui. Le mouvement en avant, disent-ils, peut être repris, lorsque l'assaillant a obtenu la supériorité du feu.

Or, ainsi que je l'ai fait remarquer plus haut[2], si, par *supériorité du feu*, on entend la supériorité des effets du feu, on poursuit un but chimérique. Jamais, à moins que le défenseur ne fasse preuve d'une maladresse rare, l'assaillant n'infligera, à un ennemi posté, plus de pertes qu'il n'en subit lui-même.

Comment donc réaliser la liaison du feu et du mouvement ?

Allons-nous conseiller au chef de dire au tirailleur : « La supériorité du feu est une chimère. « La victoire ne s'obtient que moyennant un cer« tain sacrifice de vies humaines. Allez-y brave« ment ! » Il n'est pas d'homme dont l'héroïsme soit capable de lui faire affronter une pareille épreuve.

Faut-il alors laisser croire à tous qu'on n'obtiendra jamais la supériorité des effets du feu ? Ce serait inciter le chef à rechercher des positions de tir, au lieu de chercher à se rapprocher de l'ennemi. Ce serait l'inciter à s'éterniser sur les positions qu'il a ainsi choisies, sous prétexte de préparer la reprise de son mouvement en avant,

---

1. Cette thèse est développée dans un article intitulé *La tyrannie de l'arme à feu*, publié par le capitaine LINARÈS, dans le *Journal des sciences militaires*, en 1912.

2. Voir page 88.

ou de favoriser la progression des troupes voisines. Ce serait l'inciter enfin à fondre prématurément les renforts dans la chaîne, ainsi que l'ont fait les Japonais en Mandchourie, ce qui a eu pour résultat que « leurs attaques ont manqué de souffle[1] ».

Tout s'éclaire heureusement, dans cette discussion, si, au lieu de comparer les pertes entre elles, on compare les terreurs qu'elles inspirent de part et d'autre. On peut alors dire au tirailleur : « Peu
« importent les résultats matériels du duel de
« feux, si le défenseur éprouve une terreur plus
« intense et plus durable que la vôtre. Pour peu
« que la terreur dure, chez lui, quinze secondes
« de plus que chez vous, vous pouvez faire, au
« pas gymnastique, un bond de trente à quarante
« mètres. Vous avez donc, sur lui, la *supério-*
« *rité morale* et non la supériorité du feu. »

Le tirailleur se trouve alors en présence d'une mission humainement réalisable. Il n'a plus le sentiment qu'on l'envoie à la boucherie.

A quel signe l'assaillant reconnaîtra-t-il qu'il a obtenu la supériorité morale? Je ne vois qu'un moyen : c'est d'essayer. Si un premier essai réussit, l'assaillant est fondé à croire que le défenseur a peur, que c'est le mouvement en avant qui lui a fait peur, et que, dès lors, on peut continuer à avancer.

Les chances d'avoir la supériorité morale sont d'ailleurs, *a priori*, du côté de l'assaillant. Chez ce dernier, en effet, les blessés restent en arrière,

---

1. Général KESSLER, *La Guerre*, p. 64 et 102.

tandis que le défenseur entend les plaintes et voit couler le sang des hommes qui tombent près de lui.

Parmi les officiers qui nient la possibilité d'obtenir la supériorité du feu, il en est qui proposent de recourir à l'appui mutuel que peuvent se prêter les différents éléments d'une même unité. Cet appui mutuel serait systématisé comme il suit.

La troupe qui a reçu, pour objectif de marche et pour objectif de tir, une portion déterminée du front de l'ennemi se fractionne en deux parties. Chacune de ces fractions répartit son feu sur la portion de front tout entière ; mais quand l'une tire, l'autre marche et inversement.

Cette manœuvre est très séduisante ; mais sa possibilité rencontre beaucoup d'incrédules dans l'infanterie ; l'entente de deux fractions, qui se déplacent sans cesse, paraissant très difficile à établir. Cette entente n'a d'ailleurs jamais été expérimentée qu'avec des cartouches sans balles, le tir réel de la fraction restée en arrière étant très dangereux pour celle qui se trouve en avant.

Le général Kessler ne paraît guère admettre l'appui mutuel par le feu, que pour deux compagnies séparées par un intervalle de 500 mètres[1], et il l'envisage surtout au point de vue de la facilité qu'ont les tirailleurs d'une compagnie de trouver des vues de revers sur l'ennemi opposé à l'autre compagnie. C'est l'appui occasionnel des

---

1. *La Guerre*, p. 50.

groupes les plus favorisés, prenant, comme le prescrit le règlement, la direction du mouvement, et facilitant, par leur feu, la marche de ceux restés en arrière[1] ; ce n'est pas l'appui alternatif, systématique et prémédité des fractions en mouvement, par le feu de celles qui sont arrêtées.

Pour progresser, le mieux est de ne compter que sur soi et sur le feu de l'artillerie amie, dont c'est le rôle d'appuyer l'infanterie, et dont l'emplacement ne change pas, ce qui permet d'organiser la liaison.

Il peut arriver d'ailleurs que, sur la portion de front attaquée, l'ennemi cesse momentanément son feu pour ménager ses munitions. Il peut arriver encore que cette portion de front se trouve momentanément sous le feu d'une fraction de troupe amie dont le tir, accidentellement égaré, réalise, sans qu'on le veuille, l'appui mutuel du mouvement par le feu. Les occasions d'avancer ne manqueront pas à une troupe dont le chef saura profiter de toutes les accalmies qui, à quelque cause qu'elles soient dues, se produiront dans le feu de l'ennemi.

* * *

Il y a une limite au nombre des fusils à mettre en ligne sur un front donné. Si les tirailleurs sont trop serrés, ils se gênent. L'émotion que causent les pertes se communique de l'un à l'autre. Les hommes tirent moins bien. Sur plusieurs

---

1. Voir page 132.

LE COMBAT

rangs, ils tirent plus mal encore. Une ligne de tirailleurs espacés à quatre ou cinq pas produit plus d'effet qu'une troupe en ordre serré, et elle constitue un objectif moins vulnérable. Tous les faits de guerre sont d'accord pour le démontrer.

En Mandchourie, les Japonais, qu'inspirait la doctrine allemande de la supériorité du feu, avaient d'abord placé leurs tirailleurs à deux pas les uns des autres. Ils n'ont cessé d'augmenter cet intervalle qui, dans les dernières batailles, atteignit le chiffre de six pas. Ils retombèrent ainsi sur le chiffre auquel on était arrivé dans les guerres du Transvaal et dans celles du Premier Empire [1].

Toutefois, ce chiffre ne s'applique qu'au début de l'engagement. Au moment d'aborder l'ennemi, il faut une fusillade plus nourrie qui, même moins efficace, affole le défenseur. Il faut d'ailleurs que le nombre des hommes en ligne permette de donner l'assaut. La densité du front de combat est donc progressivement portée au chiffre de un homme par mètre courant, à la rigueur de un homme par pas, ou de treize hommes pour 10 mètres.

Ce n'est pas que 1.000 ou 1.300 hommes suffisent pour enlever une position dont le front est de 1 kilomètre. Sur trois hommes qui partent, en effet, il y en a un qui reste en route, tué, blessé ou apeuré. Sur les deux qui arrivent, il y en a un qui ne vaut guère mieux. Ce n'est pas trop de compter, au début de l'engagement, trois hommes

---

[1]. Lieutenant-colonel COLIN, *Les transformations de la guerre*, p. 73.

par mètre courant, y compris les *renforts*, qui se fondront plus ou moins rapidement dans la ligne de combat, mais non compris les *troupes réservées*, dont je parlerai tout à l'heure. Dans la défensive, on peut généralement se contenter de deux hommes par mètre.

Echelonnement en profondeur. Renforts. Troupes réservées.

Les renforts ont pour but de combler les vides. Dans l'offensive, ils rendent à la chaîne un peu de l'ardeur qu'elle a perdue, par suite de l'usure matérielle et de l'usure morale des combattants. Ils recueillent, le cas échéant, les hommes qui ont été obligés de reculer.

Le renforcement peut se faire par doublement ou par prolongement. Le prolongement est préférable, parce qu'on évite ainsi le mélange des unités. Si le doublement est nécessaire, les chefs dont les unités sont mélangées se partagent le commandement de la ligne de feux.

Si la chaîne est épuisée, au point de ne pouvoir être enlevée par les renforts, ces derniers la dépassent, soit en la traversant, soit plutôt en passant à côté, et ils reprennent le combat à leur compte. Les éléments dépassés sont alors rassemblés, et passent en deuxième ligne, pour devenir des renforts ou remplir d'autres missions.

Le dépassement d'une unité par une autre qui reprend le combat à son compte, ne se présente jamais pour la section, les quatre sections d'une

LE COMBAT

compagnie étant toujours engagées avant que l'une d'elles soit épuisée complètement. Le dépassement est rare pour la compagnie, fréquent pour le bataillon. C'est la règle pour le régiment.

A proprement parler, et bien qu'on dise que le gros renforce l'avant-garde, le mot *renfort* ne s'applique guère qu'à la section et à la compagnie. Le bataillon et le régiment rentrent plutôt dans la catégorie de ce qu'on appelle les *troupes réservées*.

* *

Les troupes réservées sont celles auxquelles il n'a tout d'abord pas été assigné d'objectif à atteindre. Le commandement les garde à sa disposition, pour renforcer les unités engagées, s'il le juge nécessaire; pour attaquer l'ennemi sur un autre point, c'est-à-dire pour exécuter une manœuvre; enfin pour assurer la possession du terrain conquis, entamer la poursuite, ou arrêter une retraite.

La répartition de ces forces, dans le sens de la profondeur et l'emploi qui en sera fait ultérieurement sont l'affaire des grands chefs. Leur étude ne rentre pas dans le cadre de ce livre. Ce que le lecteur doit en retenir, c'est le principe de l'*échelonnement en profondeur* qui domine tout l'emploi de l'infanterie au combat.

« Il n'y a personne derrière nous », disaient les tirailleurs du lieutenant Sacreste, en tournant, avec inquiétude, la tête en arrière [1].

---

1. Voir page 49.

« Il faut, dit le commandant Bastien, qu'expo-
« sés à un danger redoutable, les hommes enga-
« gés au feu sachent qu'ils ont derrière eux des
« camarades prêts à les secourir, à la première
« défaillance.

« Le renfort et la réserve sont l'affirmation
« tangible d'une solidarité, d'autant plus impé-
« rieuse que notre race est plus portée à l'asso-
« ciation, dans la lutte, quelle qu'elle soit[1]. »

Au lieu de rattacher le principe de l'échelonnement en profondeur à l'idée d'efforts successifs, nécessités par l'usure des combattants; au
lieu de voir, dans l'avant-garde, le gros, la troupe
de manœuvre et la réserve, des échelons qui, le
plus souvent, reprendront le combat à leur compte,
chacun d'eux entraînant, s'il le peut, mais dépas-
sant plutôt l'échelon qui l'a précédé, le règlement de 1904 justifie l'échelonnement en profondeur par « l'incertitude qui plane généralement
sur la situation des troupes adverses[2] ». Il recommande aux chefs de « n'employer leurs trou-
« pes qu'à bon escient, et d'attendre, pour les en-
« engager à fond, que la situation se soit
« éclaircie[2] ».

Cette extrême prudence de notre règlement a
été critiquée dans de nombreuses publications et
notamment dans des conférences qui, en 1911,
ont fait un certain bruit[3]. On a écrit, qu'attendre

---

1. Commandant BASTIEN, *Notions de tactique générale*, p. 530.
2. N° 254 du *Règlement du 3 décembre 1904*.
3. Colonel GRANDMAISON, *Deux Conférences sur la notion de sûreté et l'engagement des grandes unités.*

LE COMBAT

des renseignements précis, avant d'engager la troupe à fond, c'était dire à l'ennemi : « Prenez tout votre temps ; nous ne vous attaquerons que lorsque vous serez prêts » ; que c'était subordonner notre volonté à la sienne, au lieu de lui imposer la nôtre ; que l'idée de l'offensive brutale, violente, préconçue, devait au contraire s'ancrer à tout prix, dans chaque cerveau français ; que, sans doute, il ne fallait pas dépenser toutes ses forces d'un seul coup, mais qu'on devait toujours engager à fond celles qu'on avait résolu de dépenser ; qu'il fallait sauter à la gorge de l'adversaire, avant qu'il eût le temps de prendre ses dispositions, pour parer aux nôtres.

Ces critiques ont quelque fondement. Personnellement, j'estime, et j'ai écrit ailleurs[1] que, dans la division, les renseignements fournis par le combat de l'avant-garde étaient fatalement imprécis, et que le général ne devait pas, sous prétexte de les compléter, continuer à tâter l'ennemi, en renforçant l'avant-garde, pour ainsi dire, goutte à goutte ; que s'il opérait ainsi, en face d'un ennemi entreprenant, il ferait écraser successivement les différents éléments de sa division ; qu'il devait, au contraire, prévenir l'initiative de l'ennemi, et lui imposer la défensive, en l'attaquant vigoureusement et sans retard.

Cette manière de voir a été confirmée par l'avant-dernier alinéa de l'article 101 du règlement du 2 décembre 1913 :

---

[1]. Général PERCIN et Commandant JACQUEMOT, *Essai de règlement sur le combat*, p. 17.

RÔLE DE L'INFANTERIE AU COMBAT

« Pour le chef, la résolution de combattre doit être antérieure à l'engagement. »

A la bataille de Coulmiers[1] au lieu de sauter à la gorge de l'ennemi, retranché dans le château de Préfort, le commandant de la brigade française d'extrême droite s'est borné à l'observer, le général en chef ayant prescrit au 15ᵉ corps, dans le cas où la Renardière opposerait une grande résistance, d'attendre que le 16ᵉ corps attaquât Coulmiers. Pendant qu'on attendait ce renseignement, les Bavarois, voyant qu'on ne les attaquait pas, dégarnirent le château de Préfort, pour renforcer Coulmiers, dont l'enlèvement devint ainsi plus difficile au 16ᵉ Corps.

Les généraux de 1870 étaient très braves. Ils mettaient l'épée à la main et chargeaient l'ennemi, à la tête de leurs troupes. Mais ils manquaient d'initiative. Bridés par une discipline étroite, ils attendaient des ordres pour marcher. Il n'en serait plus de même aujourd'hui.

Toute troupe engagée, dit l'article 101 du règlement du 2 décembre 1913, sur le service en campagne, doit aller au feu avec la conviction qu'elle contribuera plus que toutes les autres, à la victoire. Pour les exécutants, les attaques sont toujours poussées à fond, avec la résolution d'aborder l'ennemi à l'arme blanche.

Cette tâche, dit l'article 97, est rude et laborieuse. Elle ne peut être remplie qu'au prix d'efforts prolongés et souvent renouvelés, d'une

---

1. Voir page 108.

énorme dépense d'énergie physique et morale, et de sacrifices sanglants. Les tirailleurs ont donc besoin d'être *renforcés*. Pour réaliser ce renforcement, le commandement doit disposer l'infanterie en profondeur, notamment sur les parties du front où il veut produire une action puissante et soutenue.

Ainsi se trouve résolue la question qui a fait couler tant d'encre en 1911. L'échelonnement en profondeur est justifié par la nécessité d'efforts successifs et non plus par l'incertitude qui règne sur la situation.

L'assaut.

En prévision de l'assaut, le commandant de l'attaque rapproche ses dernières troupes de la ligne de feu.

Ces troupes se portent en avant, en petites colonnes par deux ou par quatre. Elles dépassent ou entraînent la ligne des tirailleurs, suivant le cas. Si, après l'avoir dépassée, elles sont obligées de s'arrêter, elles se déploient et ouvrent le feu ; ce qui permet à la seconde ligne de les rejoindre, de les entraîner, ou de les dépasser à son tour ; et ainsi de suite, jusqu'à ce qu'on arrive sur une position d'où on ne puisse plus déboucher qu'en passant à l'assaut.

A ce moment du combat, le défenseur a sur l'assaillant une immense supériorité, s'il est assez calme pour se terrer tant que l'assaillant tire, et ne tirer que si l'assaillant marche. L'assaillant ne peut plus compter sur le feu des uns, pour appuyer le mouvement des autres. Il faut que tous se meuvent à la fois. Il faut donc affoler le défenseur, afin qu'il perde son sang-froid, afin qu'il tire en l'air ou ne tire pas.

A cet effet, l'assaillant ouvre un feu violent. Les mitrailleuses entrent en scène. L'artillerie se met de la partie : si, les deux lignes étant trop près l'une de l'autre, il y a danger pour les troupes amies, l'artillerie allonge son tir ; elle empêche ainsi le renforcement en hommes et le ravitaillement en cartouches de la première ligne du défenseur. Ce dernier, privé de munitions, fera peut-être demi-tour avant l'abordage.

Il arrive un moment, où, de part et d'autre, on en a assez. Il faut que cela finisse. Ce sera l'assaut ou la contre-attaque. Les adversaires sont, en quelque sorte, à deux de jeu.

Alors, un simple lieutenant, ayant observé chez l'ennemi quelque signe de défaillance, va peut-être s'élancer en avant, avec sa troupe. S'il échoue, un autre réussira. C'est le moment, pour le commandant de l'attaque, de donner le signal de l'assaut, en faisant sonner et battre la charge. S'il laisse échapper l'occasion, le commandant de la défense le devancera, en ordonnant la contre-attaque générale.

Parfois un événement lointain, ou simplement le manque de munitions, aura déterminé le défenseur à la retraite. Dans tous les cas, l'assaut peut échouer sans que la partie soit perdue pour l'assaillant. Les réserves le reprendront à leur compte. La victoire restera à celui des deux adversaires qui aura engagé les dernières troupes fraîches.

LE COMBAT

*
* *

Ce sont également des troupes fraîches qui exploiteront le succès de l'attaque, c'est-à-dire aideront les troupes d'assaut à s'installer sur la position, repousseront les retours offensifs de l'ennemi et commenceront la poursuite.

Dans le combat d'infanterie, toute besogne nouvelle exige, en principe, une troupe fraîche. Aux manœuvres d'automne, où l'usure morale n'existe pas, où on ne connaît d'autre usure que celle résultant de la fatigue physique, on voit couramment la même troupe mener le combat d'un bout à l'autre, enlever l'objectif d'attaque sans l'intervention des renforts, couronner la position, repousser les retours offensifs, poursuivre l'ennemi et voler à la conquête de nouveaux points d'appui.

Cette manière de faire rend inutile l'échelonnement en profondeur; elle permet l'extension des fronts qui favorise l'enveloppement, le seul signe tangible de la victoire, aux manœuvres. En sorte que les plus beaux succès des manœuvres d'automne, ceux auxquels applaudissent les personnages, infiniment trop nombreux aujourd'hui, que l'on convie à ces solennités militaires, ceux par lesquels certains chefs se font des réputations de stratèges, sont dûs, le plus souvent, à ce que ces chefs méconnaissent, volontairement ou non, le principe fondamental de l'échelonnement en profondeur. J'ai signalé cette tendance dans plusieurs de mes écrits[1]. Il y a là un mal très grave, auquel il est urgent de remédier ; sinon, les manœuvres d'automne, où déjà la troupe désapprend le peu qu'elle sait de l'utilisation du terrain, deviendront funestes pour le commandement.

Aux manœuvres exécutées dans le Sud-Ouest en 1913, le front de combat de l'armée du sud a toujours été supérieur à 35 kilomètres ; il a souvent atteint le chiffre de 50. L'effectif de l'infanterie était de 26.000 hommes. La densité moyenne du front de combat est donc toujours restée au-dessous de 1 homme par mètre courant, y compris les renforts et les réserves. Or, tous les auteurs sont d'accord pour dire que cette densité doit être de deux à trois hommes, y compris les renforts, non compris les réserves[2], et qu'elle peut atteindre les chiffres de six, huit et dix hommes, réserves comprises[3].

Amener, sur le point choisi, les effectifs voulus, pour produire les efforts successifs qui constituent tout le combat d'infanterie, c'est l'affaire du chef qui commande ; mais n'est-il pas évident que quatre hommes par mètre courant feraient la besogne de huit, s'ils s'usaient deux fois moins vite ; soit qu'ils fussent plus vigoureux, soit que leur moral fût meilleur, soit qu'ils subissent moins de pertes au feu, par suite d'une plus

---

1. *L'artillerie aux manœuvres de Picardie en 1910*, p. 31 et 148 ; *L'arbitrage aux manœuvres de Picardie en 1910*, p. 29, 129 et 130.
2. Général DE MAUD'HUY, *L'infanterie*, p. 139.
3. Lieutenant-colonel COLIN, *Les transformations de la guerre moderne*, p. 86.

grande habileté dans le tir et dans l'utilisation du terrain?

Les moyens d'instruction de l'infanterie.

Notre infanterie n'acquerra une plus grande habileté dans le tir et dans l'utilisation du terrain que quand on l'aura dotée de moyens d'instruction qui lui font absolument défaut en ce moment. Elle manque de cadres ; elle manque de stands, de champs de manœuvre, de champs de tir et de camps d'instruction.

Une des plus grosses difficultés du tir de guerre résidera désormais dans l'obligation d'atteindre des buts qui n'apparaîtront que pendant un instant très court, pour disparaître et reparaître plus tard, peut-être sur d'autres points. Ce seront des fantassins isolés ou en groupes, qui, après un bond de quelques mètres, s'applatiront sur le sol, exécuteront une marche rampante, ou suivront un itinéraire défilé. Il arrivera souvent que l'objectif ait disparu, avant que le tireur ait pris les dispositions nécessaires pour lâcher son coup de fusil. Or, dans la plupart de nos champs de tir, les buts sont constitués par des silhouettes immobiles. Dans les mieux organisés d'entre eux, on fait usage de cibles tombantes Le tireur se rend ainsi compte de ce qu'il fait, mais il s'exerce à un genre de tir qui n'a rien de commun avec celui qu'il aura à exécuter à la guerre.

Il ne manque pas de moyens pour réaliser des buts à éclipse, susceptibles d'apparaître pendant un temps très court. Un des plus simples de ces moyens consiste à creuser des tranchées suffisamment profondes pour abriter des hommes de corvée, chargés de manœuvrer des cibles avec manche, qu'ils font apparaître ou disparaître, suivant les indications d'un gradé, placé également dans la tranchée et relié par téléphone au directeur de l'exercice.

Cette organisation a été expérimentée par le général Souchier, ancien commandant de l'Ecole normale de tir d'infanterie du camp de Châlons, un de nos officiers les plus versés dans les questions de tir. Elle a donné de bons résultats. Sa généralisation accroîtrait dans une proportion considérable le rendement du tir de notre infanterie. La dépense qu'elle entraînerait, pour toute la France, serait de quelques millions seulement.

Notre infanterie est la première du monde. Elle est très redoutée des Allemands. Elle tire sa principale force de la confiance qui règne entre le soldat et l'officier. « C'est grâce à cette con-« fiance, dit le n° 4 du règlement du 3 décembre « 1904, que le *suivez-moi* du chef ne sera jamais « un vain mot, et que, là où il ira, il trouvera « toujours derrière lui le soldat français. »

A ce soldat, sur qui reposent toutes nos espérances, il faut donner ce qui lui manque : des cadres, des stands, des champs de tirs, de petits terrains de manœuvre aux environs des garnisons, et, dans chaque corps d'armée, un grand camp d'instruction. C'est le meilleur emploi à faire des ressources disponibles du budget et du recrutement.

LA CAVALERIE

Exploration. Sûreté. Combat à pied.

Exploration et sûreté.

La vitesse est la propriété caractéristique de la cavalerie. C'est de cette propriété que découlent toutes les autres.

Grâce à sa vitesse, la cavalerie peut devancer l'infanterie, la renseigner et lui procurer la sécurité nécessaire. Elle peut obtenir des effets de surprise. Elle peut, en attendant l'arrivée de l'infanterie, retarder la marche de l'ennemi. Elle peut, au cours du combat, compléter, par le choc, l'œuvre de désorganisation commencée par l'infanterie. Elle peut enfin, et c'est dans ce rôle qu'elle excelle, achever, par la poursuite, la déroute de l'ennemi battu.

*
* *

Le soin de renseigner le commandement sur la situation de l'ennemi est confié à une partie de la cavalerie, dont le service a reçu le nom d'*exploration*.

La cavalerie d'exploration marche groupée, prête à combattre ; mais elle détache, vers l'ennemi, des pointes d'officiers et de petites fractions de troupe qui constituent ce qu'on appelle la *découverte*. Ces éléments cherchent à préciser les indications que l'on a déjà pu se procurer par la lecture des journaux, par l'emploi des dirigeables et des aéroplanes, ou par les autres moyens d'information. Ils s'efforcent de découvrir les emplacements de l'ennemi, de reconnaître la direction que celui-ci a prise et de déterminer ses effectifs.

Si la cavalerie d'exploration trouve devant elle la cavalerie adverse, et que cette dernière fasse obstacle à l'exécution de sa mission, elle la combat ; mais elle ne doit pas la rechercher. Cette recherche la détournerait de sa mission essentielle qui est de découvrir le gros des forces ennemies.

Bien que consacrée par le n° 350 du règlement du 14 mai 1912, cette manière de voir n'est pas acceptée volontiers par tous les officiers de cavalerie. Certains voudraient qu'on commençât toujours par se débarrasser de la cavalerie opposée, afin de pouvoir explorer sans encombre, et de priver l'ennemi de ce moyen d'information ; comme s'il était possible d'exterminer jusqu'au dernier des cavaliers, dont un seul suffit pour apercevoir, d'un point convenablement choisi, les objectifs très visibles que constituent les gros des armées.

Il ne faut pas, écrit le général Lucas[1], confondre le but et le moyen. La cavalerie d'exploration ne doit pas être arrêtée dans sa marche.

---

1. *Cavalerie. Nouvelle doctrine*, 1903, p. 36.

LE COMBAT

Mais, si elle arrive au but, peu importe que ce soit après avoir bousculé ou non la cavalerie ennemie.

Les cavaleries se rencontreront bien moins, dit le même auteur, quand elles ne se chercheront plus.

Tous ceux qui ont fait la guerre, écrit le général Kessler, savent avec quelle anxiété les chefs s'interrogent, à toute heure du jour et de la nuit, pour savoir quelle est la situation de l'ennemi. Quel que soit le résultat de la lutte des deux cavaleries, le commandant en chef ne peut attendre qu'une solution intervienne, dans cette question secondaire qui n'aura aucune influence décisive sur l'issue de la campagne [1].

C'est un sentiment très naturel, de la part d'un cavalier, que de se comparer au cavalier ennemi, de se dire supérieur à lui, et de vouloir le montrer en se mesurant avec lui. C'est un sentiment très naturel encore que de considérer l'arme à laquelle on appartient comme jouant un rôle prépondérant au combat; de penser qu'il en est de même chez l'ennemi ; de croire, par conséquent, que l'arme similaire constitue le plus important des objectifs que l'on doit se proposer de détruire.

Combien d'artilleurs sont dans le même état d'esprit! Combien protestent quand on leur dit que l'artillerie est une arme auxiliaire, dont le premier devoir est d'aider l'infanterie, en tirant sur les objectifs que cette infanterie attaque, en

---

[1]. Général Kessler, *Tactique des trois armes*, p. 6 et 8.

éludant, si c'est possible, la lutte d'artillerie !
Non, répondent-ils, eux aussi ; le meilleur moyen
d'aider l'infanterie, c'est de la débarrasser de
l'artillerie ennemie.

Il fut un temps où l'on disait volontiers que le
combat se divise en trois phases : le duel de
cavalerie, la lutte d'artillerie, puis l'engagement
de l'infanterie. Cette doctrine ne trouve plus
créance aujourd'hui.

*
* *

La *cavalerie de sûreté*, moins nombreuse que
la cavalerie d'exploration, s'éloigne moins de la
troupe à laquelle elle est affectée. Son rôle est
d'amener les autres armes sur le champ de
bataille, où elles ne peuvent arriver seules, sans
de grandes difficultés.

La puissance des armes à feu, écrit le général
Lucas, crée une atmosphère d'angoisse autour
de la troupe en marche. L'infanterie peuple, par
la pensée, tous les bois environnants de fusils en
joue, tous les mamelons de canons prêts à faire
feu. Il faut absolument que des cavaliers viennent
lui dire : « Marche à ton aise ; il n'y a là-bas rien
de suspect. »

La cavalerie de sûreté protège en outre la
troupe contre les surprises de l'ennemi. Elle
arrête la cavalerie adverse. Par les renseignements qu'elle recueille, dans une zone limitée, elle
procure au commandement le temps de prendre
ses dispositions[1].

---

1. Commandant BASTIEN, p. 381.

LE COMBAT

Ce qui différencie la sûreté de la découverte, c'est que la cavalerie de sûreté est liée, en quelque sorte, par un fil de longueur déterminée, à la troupe qu'elle couvre, tandis que la cavalerie d'exploration marche jusqu'à ce qu'elle trouve l'ennemi. Le rôle de la première est plutôt défensif; celui de la seconde est nettement offensif.

L'infanterie cycliste et l'infanterie montée peuvent, dans une certaine mesure, remplacer la cavalerie de sûreté rapprochée.

L'institution d'éclaireurs montés d'infanterie, dont l'idée remonte à Napoléon, est réglée par une instruction du 24 janvier 1908. Ces éclaireurs sont, avant tout, des patrouilleurs; leur rôle n'est pas de combattre.

Combat à pied.

Pour suppléer l'infanterie, la cavalerie fait usage de sa vitesse et de son feu. Elle se porte rapidement sur le point où il faut agir. Les cavaliers mettent pied à terre. Un certain nombre d'entre eux tiennent les chevaux; assez loin pour les soustraire au feu de l'ennemi, assez près, pour qu'en cas de danger, les combattants à pied puissent remonter à cheval et se retirer, après avoir produit, tout au moins, un effet de surprise.

L'action de la cavalerie à pied est toute différente de celle de l'infanterie. Cette dernière arme agit par efforts successifs, qu'exécutent des troupes échelonnées en profondeur; tandis que la cavalerie brusque l'attaque, en déployant, du premier coup, tous les moyens dont elle dispose.

La cavalerie n'est pas outillée pour alimenter un combat de longue durée ; mais sa mobilité la rend « apte aux offensives enveloppantes vive-« ment conduites, et aux défensives manœu-« vrières, se dérobant adroitement aux étreintes « de l'assaillant [1] ».

Ce n'est pas sans difficultés que l'on a fait accepter le combat à pied par les officiers de cavalerie. Au début, certains objectaient que l'emploi de la carabine, c'était la défensive systématique, basée sur la confiance exagérée qu'inspirent les progrès de l'arme à feu ; confiance qui a été la cause de nos désastres de 1870. On évoquait l'image de cavaliers blottis derrière une barricade, semblables à des artilleurs de forteresse.

Il est toujours facile de rendre la meilleure idée ridicule. Mais les apôtres de la nouvelle doctrine, notamment les généraux Kessler et de Négrier, de l'infanterie, et le général Lucas, de la cavalerie [2], ont fait justement observer que, si, dans la première partie de la guerre de 1870, l'exploration allemande a pu paraître brillante et hardie, c'est que rien ne lui a été opposé. Ce fut une simple promenade militaire. Le tableau changea pendant la seconde partie de la guerre où, ne pouvant circuler sans entendre siffler les balles autour d'elle, ne sachant pas d'où partaient

---

1. N° 370 du règlement.
2. Actuellement général de brigade, le général Lucas a commencé sa campagne, comme chef d'escadrons, en 1903.

LE COMBAT

les coups, incapable, faute de carabines, de percer le rideau de l'infanterie adverse, la cavalerie allemande dut renoncer à l'exploration.

« Rôdant comme des chiens battus, écrit le « général Lucas, autour du champ de bataille, des « cavaliers sans carabine ne peuvent que revenir « bredouilles, avec des pertes sensibles, mais « sans un renseignement sérieux. »

En 1870, l'action de la cavalerie allemande fut également insignifiante, pendant le combat. A Coulmiers, les cavaliers de la 2º division prussienne tentèrent une contre-attaque qui échoua piteusement.

Quant à la poursuite, la cavalerie allemande n'osa pas l'entreprendre, même après les victoires d'Alsace et de Lorraine. Aujourd'hui, plus encore qu'en 1870, il serait impossible à une cavalerie exclusivement armée du sabre et de la lance, de gagner les têtes de colonne d'une armée en retraite, sans se heurter à d'infranchissables lignes de feu [1].

***

Les exemples ne manquent pas, dans les guerres récentes, de succès obtenus par la cavalerie, dans le combat à pied.

Le 6 août 1870, à Spickeren [1], deux escadrons du 12º régiment de dragons français, commandés

---

1. Général Lucas, *Nouvelle doctrine*, 1903, p. 16 et 17.
2. Ces exemples sont extraits des *Notions de tactique générale* du commandant Bastien, p. 116.

par le lieutenant-colonel Dulac, appuyés par quelques sapeurs du génie et un certain nombre de réservistes, arrêtent l'attaque prussienne, depuis 6 heures du soir jusqu'à la nuit.

Le 20 juillet 1877, à la première bataille de Plewna, les Cosaques du Don, combattant à pied, à la lisière d'un bois, couvrent la retraite des Russes.

Les 11 et 12 octobre 1904, à la bataille de Cha-Ho, les Cosaques du général Samsonow, recueillent les troupes russes poursuivies par les Japonais, et enrayent, pendant un temps fort long, l'offensive de ces derniers.

Le lendemain, à la même bataille, les dragons russes donnent l'assaut, baïonnette au canon, aux Japonais qu'ils forcent à reculer.

Le 11 mars 1905, pendant la retraite de Moukden, deux escadrons japonais jettent, par le feu de leurs carabines, la panique dans les trains et les convois de l'armée russe.

Ces exemples sont probants, mais ils n'infirment pas le rôle considérable que peut jouer la cavalerie, comme arme de choc, quand elle agit sur des troupes déjà déprimées.

A Custozza, en 1866[1], la division Cerale était partie de Manzambano, à 3 heures du matin. Elle avait marché sans repos jusqu'à 11 heures, non de son pas ordinaire, mais de cette progression

---

[1]. J'emprunte encore ces exemples au commandant BASTIEN, lequel, dans son ouvrage, déclare les avoir lui-même extraits d'une étude du général AUBIER, intitulée : *Évolution des idées sur le rôle et l'emploi de la cavalerie*, parue dans la *Revue de cavalerie* de juin 1910.

énervante, mortelle du champ de bataille, s'attendant sans cesse à donner, et ne donnant pas. Trois pelotons de lanciers du capitaine Bechtoldsheim ont bousculé un bataillon, puis une brigade, et, par un effet de contagion quasi instantanée, ont jeté le désordre dans la division entière, à un point tel que celle-ci n'a pu être ralliée et reformée que le soir, à plusieurs kilomètres en arrière.

Le 4 juillet 1863, à Gettysburg, pendant la guerre de Sécession, on a ramassé, sur le champ de bataille, 24.000 fusils encore chargés : un quart régulièrement, une moitié renfermant deux charges, le quatrième quart en renfermant de trois à dix. Contre une troupe tombée dans un pareil état de déliquescence matérielle et morale, le combat à pied était inutile ; la charge aurait suffi.

Le 18 août 1870, l'infanterie allemande, chassée du bois de Vaux, sourde à la voix de ses chefs, s'est précipitée sur la bouche des canons amis en train de tirer. A cet instant, écrit le capitaine prussien Fritz Hœnig, témoin de ce dramatique épisode, il était parfaitement indifférent que nos soldats eussent en main un fusil à répétition ou une fourche à fumier. Un escadron alerte, et pas un n'aurait échappé !

En somme, la cavalerie excelle dans la lutte contre les faibles, contre un ennemi en fuite, contre un adversaire déprimé. A ce triomphe sans gloire, elle préfère le tournoi et le sacrifice. C'est une tendance qu'on ne saurait blâmer, mais qu'on ne doit pas encourager. Les charges de 1870 furent, pour la plupart, d'héroïques folies.

« La Nation, écrit le général Lucas[1], commence « à comprendre que la cavalerie a mission de « vaincre ou de mourir, et non de mourir sans « espoir de vaincre. Une reprise de Reichshoffen « ne retrouverait pas la vogue d'autrefois. »

L'ARTILLERIE

La mission de l'artillerie est d'aider l'infanterie. Le choix des objectifs. La lutte d'artillerie. L'artillerie dans la défensive. Tendances séparatistes de l'artillerie. La responsabilité du commandement.

La mission de l'artillerie est d'aider l'infanterie.

La propriété caractéristique de l'artillerie est la grande portée de son tir. Grâce à cette propriété, l'artillerie peut atteindre l'infanterie ennemie, sans avoir rien à craindre de celle-ci. Elle ne peut guère recevoir de coups que de l'artillerie opposée ; l'infanterie, au contraire, reçoit des coups de l'une et de l'autre des deux armes.

Cette situation privilégiée permet à l'artillerie de tirer sur les objectifs d'attaque de l'infanterie, plus facilement que celle-ci ne peut le faire avec son fusil. Si, par surcroît, l'artillerie parvient à se masquer aux vues des batteries adverses, alors elle accomplit sa besogne en toute sécurité.

---

1. *Nouvelle doctrine*, 1903, p. 17.

L'immunité relative dont jouit l'artillerie, en position de tir masqué, chagrine certains artilleurs qu'anime la très noble ambition de verser leur sang, sur le champ de bataille, aussi généreusement que leurs camarades de l'infanterie. Que ces artilleurs se rassurent. Trop souvent, pour remplir leur mission, ils seront obligés de se découvrir. Trop souvent, ils seront vus sans le vouloir, et ils paieront chèrement leur maladresse. Toute imprudence les exposerait à une catastrophe.

L'artillerie doit toujours rechercher le défilement maximum compatible avec sa mission. Si, grâce à ce défilement, elle peut, sans subir aucune perte, paralyser les défenseurs de l'objectif d'attaque, si elle peut empêcher ces derniers de tirer sur l'infanterie assaillante, si elle peut obtenir ainsi que le nombre des fantassins amis, tués ou blessés, s'abaisse de 100 à 10, elle aura fait ce qu'elle devait. Il serait ridicule que, par un faux point d'honneur, elle regrettât de n'avoir pas, elle aussi, un certain nombre d'hommes par terre. Les autres canonniers, que ces pertes auraient inquiétés, auraient moins bien servi leurs pièces, et l'intervention de l'artillerie, au lieu d'économiser 90 fantassins, en aurait économisé 30, 20, 10 ; peut-être pas un.

Une autre propriété de l'artillerie est l'effet moral que produit l'explosion de ses projectiles. Les obus que lanceront cent canonniers, en un temps donné, pourront infliger à l'ennemi moins de pertes que les balles tirées par cent fantassins, dans le même temps ; mais ils causeront peut-être une frayeur plus grande.

Cependant, on s'habitue plus vite au vacarme des obus qu'au sifflement des balles. L'effet moral du tir de l'artillerie est surtout un effet de surprise ; et la surprise cesse, si les coups se succèdent avec une certaine régularité. L'artillerie doit donc agir par *rafales* subites, courtes et violentes. Une batterie viderait d'ailleurs ses coffres en moins d'une heure, si elle utilisait, sans interruption, toute la vitesse de tir que permet le canon d'aujourd'hui.

***

L'emploi de l'artillerie, dans le combat offensif, est magistralement défini par le n° 27, ci-après, du règlement du 8 septembre 1910, sur les manœuvres de l'artillerie de campagne.

« L'artillerie est impuissante à forcer, par son
« action destructive, l'ennemi à la retraite. Son
« rôle, par conséquent, se borne à aider, de tous
« ses moyens, la progression de l'infanterie,
« seule capable d'obtenir ce résultat.

« Pour aider l'infanterie, l'artillerie doit empê-
« cher de tirer contre elle les défenseurs des
« points d'appui et toutes les troupes, infanterie
« ou artillerie, qui, de front ou de flanc, la pren-
« nent pour objectif.

« Pour être efficace, l'intervention de l'artille-
« rie doit se produire à des moments précis, que
« l'assaillant seul peut prévoir, et en des points
« précis, dont quelques-uns dépendent de lui et

LE COMBAT

« dont les autres ne dépendent que de l'ennemi.

« Cette intervention implique, dans tous les « cas, une *liaison aussi étroite que possible*, « entre l'infanterie et l'artillerie. »

Le présent chapitre n'est que le développement du texte qui précède.

Ainsi, pas plus que le feu de l'infanterie, le feu de l'artillerie ne peut déloger l'ennemi de ses positions. L'attaque de l'infanterie est seule capable d'obtenir ce résultat. En d'autres termes, l'infanterie est l'arme *principale ;* l'artillerie, une arme *auxiliaire ;* on peut même dire *subordonnée*, car son emploi doit être subordonné aux besoins de l'infanterie.

L'artillerie tirera sur la ferme, et non sur le bois, si c'est la ferme que l'infanterie attaque ; quand même le bois serait occupé par un bataillon, alors que la ferme n'est occupée que par une compagnie, dont les hommes sont mieux abrités.

Mieux vaut tuer dix hommes sur la lisière de la ferme, que d'en tuer cent à l'intérieur du bois. L'essentiel, en effet, n'est pas de tuer beaucoup d'hommes, mais de tuer ceux qu'il faut. Or, ce ne sont pas les occupants du bois, ce sont les défenseurs de la ferme qui s'opposent à la marche de l'assaillant.

Un homme qui tombe sur la lisière de la ferme, c'est la terreur jetée parmi ses dix voisins ; c'est la *neutralisation* momentanée d'une partie du front de la défense ; c'est la possibilité, pour un élément de la troupe d'attaque, de faire un bond en avant. Un homme qui tombe à l'intérieur du bois, c'est un événement susceptible, sans doute, de causer une certaine émotion, parmi les occupants du bois, mais une émotion qui sera calmée lorsque, plus tard, ceux-ci auront à faire œuvre de combattants.

L'artillerie ne tirera sur le bois que si les occupants garnissent la lisière, pour tirer sur les fantassins qui attaquent la ferme, ou si ces occupants sortent du bois, pour contre-attaquer les assaillants. Hormis ces cas, l'artillerie qui appuie l'attaque de la ferme doit négliger le bois. Tout ce qu'elle gagnerait à cribler ce bois d'obus, ce serait d'accoutumer les occupants au bruit de l'explosion. Mieux vaut leur réserver cette désagréable surprise, pour le moment où, obligés de garnir la lisière et devenus alors plus vulnérables, ils seront déjà terrifiés par le tir du fusil et par la menace de l'abordage du fantassin assaillant.

Si l'on attaque un village, l'artillerie tirera sur le cimetière, sur le parc du château, ou sur le verger en avant de ce village, suivant que l'infanterie amie éprouvera de la résistance devant le cimetière, le parc ou le verger ; et elle s'appliquera à tirer au moment où ces résistances se produisent.

Si l'infanterie assaillante, à bout de souffle, ou affaiblie par les pertes, est obligée de s'arrêter, pour attendre l'arrivée d'un renfort ou l'exécution d'une manœuvre, l'artillerie cessera son feu, afin d'économiser ses munitions. Elle le reprendra, quand l'infanterie reprendra la marche en avant.

LE COMBAT

L'artillerie cessera de nouveau son feu, si l'infanterie peut utiliser des couloirs parfaitement défilés. Elle le reprendra, si l'infanterie traverse un espace particulièrement exposé.

Elle le cessera encore, si elle craint d'atteindre les troupes amies. Elle le reprendra, pendant la marche des renforts, si ces derniers tombent sous les feux de la défense ; et elle le dirigera sur les points d'où partent ces feux.

En un mot, le choix de l'objectif de tir et le choix du moment de tirer sont absolument *subordonnés* aux besoins de l'infanterie. C'est dans cette concomitance du feu de l'artillerie et du mouvement de l'infanterie que consiste la *liaison étroite* prévue par le dernier alinéa du n° 27 précité du règlement de 1910.

Le n° 38 précise les moyens pratiques à employer pour assurer cette liaison. Le commandant de la fraction d'artillerie chargée d'appuyer l'attaque se met en rapport avec le commandant de la troupe d'infanterie chargée de l'exécuter. Les deux chefs s'efforcent de rester en communication, l'un avec l'autre, au moyen d'agents de liaison ou de signaux. Ils emploient au besoin le téléphone. Le point à frapper et le moment de le frapper sont indiqués par le commandant de l'infanterie. Lui seul, en effet, peut dire à l'artillerie :

« Pour m'emparer de Coulmiers, il me faut tout d'abord faire tomber la carrière des Crottes. Tirez sur cette carrière. »

Plus tard : « J'attaque le village par le Sud. Tirez sur la ferme de Cléomont. »

Plus tard encore : « La ferme est enlevée. Tirez sur le parc du château. »

Enfin : « Le parc est enlevé. Tirez maintenant sur le village. »

Ce n'est pas tout à fait ainsi que les choses se sont passées à Coulmiers. Il n'y a pas eu cette concomitance du feu de l'artillerie et du mouvement de l'infanterie, cette *liaison étroite* prescrite par le n° 27 du règlement de 1910, cette *entente des exécutants* prescrite par le n° 38. Suivant des habitudes qui, malheureusement, n'ont pas encore complètement disparu, l'artillerie a tiré un peu au hasard de ses inspirations, sur des portions de la lisière où il n'y avait personne, ou des portions de la lisière d'où partaient des coups de fusil qui ne faisaient de mal à personne. Le plus souvent, elle a tiré *dans le tas*.

L'attaque de Coulmiers et celle de Baccon sont d'ailleurs les seules pour lesquelles, dans cette journée, l'objectif de tir de l'artillerie ait été l'objectif d'attaque de l'infanterie. A la Renardière, douze coups de canon seulement ont été tirés sur le mur du parc[1].

Dans toutes les autres attaques, l'artillerie a tiré sur les objectifs qui lui offraient les plus beaux coups, sur la cavalerie[2], sur des réserves d'infanterie[3], sur des troupes en retraite[4], et particulièrement sur les batteries ennemies.

---

1. Lieutenants MAUGUIN et LACHOUQUE, *La bataille de Coulmiers*, p. 197.
2. *Loc. cit.*, p. 110 et 127.
3. *Loc. cit.*, p. 105.
4. *Loc. cit.*, p. 140.

L'artillerie française a donc débarrassé son infanterie du feu de l'artillerie, plutôt que du feu de l'infanterie adverse. Ce fut une aide moins directe, moins efficace, mais néanmoins très appréciable. D'autant que notre artillerie, si inférieure à sa rivale, au point de vue de la portée, lui fut, ce jour-là, légèrement supérieure en nombre. Elle était, en outre, fort bien approvisionnée, ce qui lui permit de beaucoup tirer. Et parmi les nombreux coups qu'elle envoya, quelque désordonnés qu'ils fussent, il se trouva nécessairement un certain nombre de coups heureux.

Ce qu'il faut admirer le plus, dans l'artillerie française, à la bataille de Coulmiers, c'est la hardiesse dont elle fit preuve, rachetant ainsi l'infériorité de sa portée, en se plaçant à faible distance de l'artillerie ennemie, tout à côté de l'infanterie amie, avec laquelle, par la force des choses, elle se trouva en liaison. Mais combien plus grand eût été le rendement de cette médiocre artillerie, si l'on avait connu les n°s 27 et 38 du règlement de 1910 !

Le choix des objectifs.

La tendance des artilleurs à choisir les objectifs les plus visibles, au lieu de tirer sur ceux qu'il y a un intérêt tactique à détruire, est fort ancienne.

Vauban fait remarquer, dans ses mémoires, que les guérites en pierre, autrefois placées aux saillants de la fortification, étaient, à la fin d'un siège, absolument réduites en miettes. Ces guérites étaient destinées à abriter des sentinelles qu'on y plaçait au début des opérations, pour surveiller le fossé et empêcher une surprise. On les évacuait dès que la canonnade avait commencé. Elles n'en servaient pas moins de cibles aux batteries de siège, parce qu'elles constituaient des objectifs visibles, sur lesquels le feu se concentrait tout naturellement.

Au siège de Belfort, la tour de la Miotte a été criblée de projectiles, bien que, de cette tour, conservée uniquement en raison de son intérêt historique, il ne soit jamais parti, ni un coup de fusil, ni un coup de canon.

A Colenso, pendant la guerre Sud-Africaine, écrit le général Langlois[1], les artilleurs tirent sur les buts les plus visibles, les murs et les tranchées des hauteurs de la rive opposée, au lieu de tirer sur les tranchées basses dont les défenseurs arrêtent l'infanterie assaillante.

En Mandchourie, écrit le capitaine Saligny, de l'infanterie coloniale[2], on tire sur l'inconnu, sur des villages abandonnés, des épaulements inoccupés, des murs derrière lesquels il ne se passe rien du tout.

A Tiou Chang, le 18 décembre 1900, dit le capitaine Coup, de l'infanterie coloniale, aucune liaison n'ayant été établie entre l'infanterie et l'artillerie, une batterie ouvre le feu sur les premiers hommes qu'elle aperçoit s'approchant de la brèche et qu'elle prend pour des Chinois.

1. *Enseignements de deux guerres récentes*, p. 122.
2. *Revue militaire générale*, mars 1902, p. 323.

LE COMBAT

Au combat du Mont-Dajo, dans les Iles Philippines, le 17 mai 1906, trois colonnes américaines escaladent un plateau, chacune de son côté. Arrivée la première, l'artillerie de la colonne du Sud ouvre le feu sur la tête de l'infanterie de la colonne de l'Ouest, qu'elle prend pour l'ennemi[1].

A Liao-Yang, d'après Réginald Kann, pendant les attaques de la 3° division japonaise, l'artillerie nippone canonne ses propres troupes[2].

D'après le major Von Luttnitz, le tiers des pertes subies par les Japonais sont attribuables au feu de leur propre artillerie[3].

Le 21 septembre 1907, à Sidi-Brahim-el-Gadmiri, l'artillerie française tire sur des chasseurs d'Afrique, qu'elle prend pour des Marocains[4].

Le 29 juillet 1908, à Rfaka, l'artillerie chargée d'appuyer l'attaque d'un mamelon, défendu par les Marocains, tire sur une compagnie de tirailleurs algériens qui gravissait les pentes du mamelon et qu'elle prend pour l'ennemi[5].

Dans l'*Illustration* du 14 décembre 1912, le correspondant de guerre Alain de Penennrun raconte que, le 18 novembre 1912, à la bataille de Tchataldja, les artilleurs bulgares ont canonné leur propre infanterie battant en retraite, et lui ont infligé de grosses pertes.

---

1. Colonel DE FONCLARE, *Instruction d'un régiment d'infanterie*, p. 222.
2. *Loc. cit.*, p. 222.
3. *Revue militaire générale*, mars 1912, p. 326.
4. Capitaine FELINE, *L'artillerie au Maroc*, p. 305.
5. *Loc. cit.*, p. 287.

L'artillerie bulgare a encore tiré sur l'infanterie amie, dans l'attaque des positions avancées de Papas-Tépé, sous Andrinople, où le 12ᵉ régiment d'infanterie a perdu, de ce fait, le quart de son effectif¹.

Elle a de nouveau tiré sur son infanterie, le jour de l'assaut d'Andrinople, où elle mitrailla le régiment qui attaquait Kestenlik².

Enfin, d'après le capitaine Alvin, dont le renseignement m'a été confirmé par un officier de la mission militaire française à Athènes, l'artillerie hellénique a également infligé de grosses pertes à son infanterie².

Aux manœuvres de Picardie, en 1910, où comme chef des arbitres, je me suis fait remettre la copie des ordres donnés sur le terrain, par les différents chefs, j'ai constaté que, sur 59 attaques ayant nécessité l'appui du canon, il n'y en a eu que 23 dans lesquelles l'objectif de tir de l'artillerie ait été l'objectif d'attaque de l'infanterie. Dans les 36 autres, l'artillerie a tiré sur des objectifs que l'infanterie n'attaquait pas, parfois sur les troupes amies³.

Dans toutes les manœuvres auxquelles j'ai assisté, pendant les cinq dernières années de ma carrière militaire, j'ai fait des constatations analogues⁴. Si personne d'autre n'en a fait de sem-

---

1. Capitaine ALVIN, *L'artillerie de campagne dans les Balkans. Journal des Sciences militaires*, p. 312.

2. *Loc. cit.*, p. 313.

3. *L'artillerie aux manœuvres de Picardie*, p. 1 à 188.

4. *Cinq années d'inspection*, p. 276, 287 à 508, 321 et 598 ; *La Manœuvre de Lorlanges*, p. 30 ; *La liaison des armes*, p. 16, 17 et 18.

blables, c'est que personne n'a pris la peine, au cours des manœuvres, de demander :

à l'infanterie : « Qu'attaquez-vous ? Quelle
« est et où se trouve la fraction d'artillerie
« chargée d'appuyer votre attaque ? »

à l'artillerie : « Sur quoi tirez-vous ? Quelle
« est et où se trouve la troupe d'infanterie dont
« vous appuyez l'attaque ? »

Le séparatisme que je signale est, jusqu'à un certain point excusable. Avant 1910, aucun texte ne précisait les règles à suivre pour assurer l'action commune de l'infanterie et de l'artillerie. Le règlement du 8 juin 1903 sur les manœuvres de l'artillerie ne prononçait pas une seule fois les mots de *liaison des armes*. Tout ce qu'il demandait au commandant des troupes, au point de vue de l'artillerie, c'était de mettre celle-ci au courant de la situation, et de lui fixer les positions initiales à occuper. Il laissait à l'artilleur le soin de choisir lui-même ses objectifs, d'après les instructions générales qu'il avait reçues.

Le 20 février 1908, sous l'impression, encore vivante après quarante ans, des souvenirs que m'avait laissés la bataille de Coulmiers, instruit en outre par les observations que j'avais faites depuis, à toutes les manœuvres d'automne, j'ai écrit ce qui suit :

« A la guerre, à force de tirer des coups de canon,
« il arrivera nécessairement que quelques coups
« tomberont au bon endroit, au point même où
« voulait les voir tomber quelque élément d'in-
« fanterie, que le feu de l'ennemi empêchait

« d'avancer. Mais n'est-il pas évident que si, au
« lieu de laisser au hasard le soin d'amener cette
« coïncidence, nous la préméditons, nous la réa-
« lisons par des moyens convenables, la puis-
« sance de l'artillerie sera décuplée ?[1] »

Le règlement du 8 septembre 1910 a réalisé ce désidératum :

1° En chargeant le commandant des troupes de désigner, d'une part, la fraction d'infanterie chargée d'exécuter chaque attaque, d'autre part, la fraction d'artillerie chargée d'appuyer cette attaque, puis de donner aux chefs de ces deux fractions, les indications dont ils ont besoin pour exécuter leur mission ; premier acte de la liaison auquel j'avais donné, dans mes écrits, le nom de *liaison par le haut*.

2° En prescrivant aux chefs des deux fractions d'entrer en relation et de rester en communication l'un avec l'autre, afin de s'entendre sur le point à frapper et le moment de le frapper ; deuxième acte de la liaison auquel j'avais donné le nom de *liaison par le bas* et que le n° 38 du règlement de 1910 a appelé depuis l'*entente des exécutants*.

A l'attaque de Coulmiers, c'est le général Chanzy, commandant du 16ᵉ corps, qui a assuré la liaison par le haut, en désignant : d'une part, le général Barry pour enlever le village, avec sa

---

1. *Cinq années d'inspection*, p. 139. Par circulaire du 12 mai 1908, le ministre de la guerre a envoyé une copie de ce rapport à tous les commandants de corps d'armée et les a invités à faire exécuter les exercices nécessaires.

division ; d'autre part, le lieutenant-colonel de Noue, pour appuyer cette attaque, avec une fraction d'artillerie comprenant les batteries divisionnaires et un certain nombre de batteries tirées de la réserve d'artillerie du 16ᵉ corps.

Le général Chanzy a donné en outre au général Barry et au lieutenant-colonel de Noue les indications dont ils avaient besoin, pour organiser leur attaque et pour se mettre en liaison. Mais il ne pouvait pas dire à ces deux chefs :

« L'infanterie se heurtera d'abord à la carrière des Crottes. On chassera l'ennemi de cette position ; on enlèvera ensuite la ferme de Cléomont, le parc du château, puis le village de Coulmiers. »

C'était au général Barry à faire son plan d'attaque, et à indiquer au lieutenant-colonel de Noue les points sur lesquels il devait successivement porter les feux de l'artillerie, d'après la situation initiale, et d'après les comptes rendus fournis, au cours de l'exécution, par les différents chefs subordonnés, sur les résistances éprouvées par l'infanterie assaillante. C'est, du moins, ce que le général Barry aurait fait, si l'emploi de l'artillerie avait été réglé alors, comme il l'est aujourd'hui ; c'est-à-dire, si on avait connu la liaison par le bas.

A l'attaque de Baccon, c'est un général de division qui a assuré la liaison par le haut, et un général de brigade qui a assuré la liaison par le bas.

A l'attaque de Saint-Sigismond et à celle de l'Ormeteau, si on avait jugé à propos de faire appuyer ces attaques par l'artillerie, c'eût été un colonel qui aurait assuré la liaison par le bas.

On voit que, lorsqu'on dit que l'artillerie est une arme subordonnée, cela ne veut pas dire, comme quelques-uns l'ont cru, que le premier fantassin venu a le droit de requérir l'appui du canon. Dans aucun des exemples qui précèdent, le chef de la liaison par le bas ne fut le premier venu ; ce fut le commandant de l'attaque, désigné par l'autorité qualifiée pour faire cette désignation. Dire que l'artillerie est une arme subordonnée, signifie donc, tout simplement, que l'indication du point à frapper et du moment de le frapper, doit être subordonnée aux besoins de l'infanterie, aux besoins de l'arme qui mène le combat.

Ces explications étaient nécessaires, en raison de la nouveauté des prescriptions contenues dans les n⁰ˢ 27 et 38 du règlement de 1910.

La lutte d'artillerie.

Dans tout ce qui précède, j'ai intentionnellement parlé très peu de l'artillerie ennemie. J'ai tenu à bien établir, d'abord, que la mission essentielle de l'artillerie était d'aider l'infanterie. Et, parmi les moyens à employer, j'ai étudié, en premier lieu, celui qui consiste à tirer sur les objectifs d'attaque de l'infanterie. Mais ce moyen n'est pas le seul.

On aide aussi l'infanterie en la débarrassant du feu de l'artillerie ennemie. Je veux maintenant montrer que ce deuxième moyen ne vaut pas le premier, mais qu'il ne saurait être négligé.

Préalablement, je vais donner quelques définitions.

On appelle *contrebatterie*[1] une batterie chargée de tirer sur l'artillerie ennemie.

On appelle *batterie d'infanterie*[2], une batterie chargée de tirer sur tout le reste : infanterie, cavalerie, obstacles matériels abritant l'infanterie ennemie, obstacles matériels arrêtant la marche de l'infanterie amie.

Les missions de contrebatteries et de batteries d'infanterie ne sont pas des missions immuables. La même batterie peut avoir à tirer successivement sur l'infanterie et sur l'artillerie ennemies. Elle n'est dénommée *batterie d'infanterie* ou *contrebatterie* que pendant l'exécution du tir spécial dont elle est chargée, et pendant la période de surveillance qui précède cette exécution.

Une batterie est dite à *deux fins*, quand elle reçoit mission de tirer sur tout ce qui apparaîtra dans une zone de surveillance déterminée.

On emploie d'ailleurs quelquefois le mot batterie, pour désigner, non pas seulement l'unité organique composée de quatre pièces, mais encore un groupement comprenant des pièces en plus grand nombre, chargées de la même mission.

1. Ce nom est très ancien. On le trouve dans le *Dictionnaire du gentilhomme*, édité à Paris en 1680 chez Gervais Clouzier.
2. Ce terme n'est employé que depuis une vingtaine d'années,

Cela posé, l'infanterie assaillante a-t-elle à redouter le tir de l'artillerie, plus que celui de l'infanterie ennemie?

A cette question, certains artilleurs, s'illusionnant sur la puissance du canon, répondent, sans hésiter, par l'affirmative. En conséquence, ils recommandent d'employer l'artillerie, en contre-batteries, plutôt qu'en batteries d'infanterie. Ils se réservent de retourner ultérieurement cette artillerie contre l'infanterie ennemie, après avoir détruit l'artillerie adverse. Ils en arrivent ainsi à la conception de la *lutte préalable d'artillerie*, acte séparé de la bataille, succédant au duel des cavaleries et précédant l'engagement de l'infanterie.

Cette conception est formellement condamnée par le règlement du 2 décembre 1913 sur le service en campagne.

Jusqu'à ces dernières années, dit le rapport qui précède ce règlement, « on admettait que le pre-
« mier devoir de l'artillerie au combat était de
« prendre la supériorité du feu sur l'artillerie
« ennemie, et qu'ensuite son rôle consistait à
« préparer les attaques d'infanterie, en criblant
« de projectiles les objectifs assignés à ces
« attaques, avant l'entrée en ligne de l'infan-
« terie.

« Il est aujourd'hui reconnu que *le rôle essen-*
« *tiel de l'artillerie est d'appuyer les atta-*
« *ques de l'infanterie, en détruisant tout ce*
« *qui s'oppose à la progression de ces atta-*
« *ques.* La recherche de la supériorité sur
« l'artillerie n'a pas d'autre objet que de s'effor-

LE COMBAT

« cer d'agir avec le maximum de puissance
« contre les objectifs d'attaque de l'infanterie. »

La question est donc définitivement réglée ; mais, comme elle a longtemps divisé les artilleurs, et qu'elle les divise encore quelque peu aujourd'hui, je veux m'y arrêter un instant.

Si, avant de s'engager, l'infanterie voulait attendre l'issue de la lutte d'artillerie, elle risquerait d'attendre longtemps ; elle attendrait peut-être toujours. La guerre de Mandchourie et la guerre des Balkans ont fourni, à cet égard, des enseignements significatifs.

Lorsque les batteries japonaises, écrit le général Kouropatkine, se trouvent vigoureusement canonnées par notre artillerie, les servants s'abritent ; mais ils profitent de la première accalmie pour reprendre le tir[1].

Il est très rare, écrit le lieutenant-général sir Hamilton, qu'une pièce soit atteinte par un obus, de façon à être mise hors de service. On peut laisser une batterie exposée au bombardement le plus terrible, même avec des obus de gros calibre, sans qu'elle en vaille deux sous de moins, une demi-heure après[2].

A la bataille de Joshiréi, écrit le même auteur, l'artillerie de la garde russe, tout d'abord employée à battre la vallée de Jamorinza, se retourne soudain contre les quatre batteries de la 2ᵉ division japonaise, au Nord de la route de

---

1. Colonel Meunier, *La guerre russo-japonaise*, p. 471.
2. *Journal de route d'un officier d'état-major pendant la guerre russo-japonaise*, p. 471.

Mosienling. Le tir des Russes fut instantanément réglé. Les Japonais se jetèrent alors, dans une tranchée de la route, à cinquante mètres en arrière. Leurs vingt-quatre canons, jusque-là si bruyants, se turent immédiatement. Croyant leur victoire complète, les Russes cessèrent de tirer. Mais, quelque temps après, les canonniers japonais regagnèrent, en rampant, les emplacements de leurs pièces. Je les vis nettement manœuvrer leurs canons à bras, et en changer la position, pour dérouter l'ennemi. La canonnade reprit alors de plus belle. Cette fois l'artillerie russe n'obtint plus le même résultat, le changement de position des Japonais lui ayant échappé[1].

On ne peut plus, écrit le lieutenant-colonel Nesnamov, parler de duel, dans le sens qu'on donnait autrefois à cette locution. On n'obtiendra jamais l'*anéantissement de l'artillerie*[2].

Il convient de remarquer que, pendant la guerre de Mandchourie, les canons étaient, de part et d'autre, dépourvus de boucliers. Pendant la guerre des Balkans, où il n'en était plus de même, l'inanité du tir de l'artillerie devint plus manifeste encore.

Le correspondant de guerre Alain de Penennrun raconte dans l'*Illustration*[3] ce qui se passa sous ses yeux le 17 novembre 1912, la première des trois journées de Tchataldja.

Près de lui, du côté bulgare, se trouvaient six

1. *Loc. cit.*, p. 298.
2. *L'expérience de la guerre russo-japonaise*. Journal des sciences militaires, mars 1906, p. 450 et 451.
3. Livraison du 14 décembre 1912, p. 520.

batteries de 75 et trois de 120, installées sur les croupes à l'Ouest de Kastania. L'artillerie turque, visible seulement par ses lueurs, semblait masquée par le mouvement de terrain de l'Ouest de Karadjali. Elle tirait, sans discontinuer sur l'infanterie bulgare qui cheminait dans la vallée, et sur l'artillerie installée près de Kastania.

Bientôt, ce dernier village fut la proie des flammes. L'infanterie bulgare fut décimée. En vain les batteries de 75 essayèrent-elles de faire taire l'artillerie turque. En vain, les batteries de 120 millimètres eurent-elles recours aux obus explosifs. Lorsque la fumée noire de la mélinite se dissipait, les lueurs des batteries turques réapparaissaient, et les obus tombaient de nouveau sur les malheureux fantassins.

Sous la signature de Georges Rémond, on lit dans le même journal[1], que, du côté turc, les deux batteries de Mahmoudié reçurent 2.000 projectiles qui tuèrent deux canonniers seulement. Le tir ne fut pas interrompu un seul instant.

Dans le *Temps* du 26 août 1913, le correspondant de guerre Reginald Kann raconte que, pendant la seconde partie de la guerre des Balkans, les luttes d'artillerie ont été absolument inefficaces. L'armée serbe n'a eu qu'un officier d'artillerie blessé. Le groupe de batteries à cheval attaché à la division de cavalerie du prince Arsène n'a pas eu un seul homme touché, pendant les deux guerres.

---

1. *Loc. cit.*, p. 324.

Des citations qui précèdent il résulte clairement que l'emploi généralisé du tir masqué a complètement transformé le caractère des luttes d'artillerie. Une batterie n'éprouvera plus de pertes sérieuses que si elle commet l'imprudence de se montrer. Hormis ce cas, elle pourra être *neutralisée*, mais non détruite, par l'artillerie adverse.

La lutte d'artillerie n'est donc pas un acte séparé de la bataille, dont il faut attendre l'issue, pour appuyer les attaques de l'infanterie.

On ne voit d'ailleurs pas comment commencerait la bataille, si le mouvement ou le feu d'une des deux infanteries ne provoquait le feu de l'artillerie adverse. Laquelle des deux artilleries tirerait la première, et sur quoi, puisque le canon opposé ne révèle sa présence que par la lueur de ses feux ? Espère-t-on qu'un des deux adversaires se découvrira volontairement et qu'il dira à l'autre, comme à Fontenoy : « Tirez le premier » ?

On comprendrait encore moins une infanterie exécutant la marche d'approche sous le feu de l'artillerie adverse, puis s'arrêtant à l'entrée de la zone des feux d'infanterie.

Considérons donc notre infanterie, après son entrée dans cette zone. C'est à ce moment seulement que se pose la question de savoir si elle a plus à craindre de l'artillerie que de l'infanterie adverse, s'il vaut mieux, comme certains artilleurs le prétendent, que notre canon la dégage du feu de la première que du feu de la seconde.

LE COMBAT

Supposons que notre canon néglige l'artillerie ennemie. Celle-ci devenue libre de ses feux, infligera à notre infanterie des pertes plus grandes. Mais, ce ne sera pas la défaite.

Supposons, au contraire, que notre canon néglige l'infanterie de la défense. Celle-ci deviendra libre, non seulement de ses feux, mais encore de ses mouvements. Elle pourra alors passer à l'offensive et bousculer l'assaillant. Or, une infanterie qui recule est une infanterie battue, même si elle n'a subi aucune perte.

Si donc on ne peut tirer, et sur l'artillerie et sur l'infanterie ennemie, il vaut mieux négliger la première que la seconde.

L'enlèvement d'un point d'appui aura d'ailleurs souvent pour résultat de provoquer le repli de l'artillerie adverse.

A Gitschin, pendant la campagne de 1866, la chute du village de Zames a déterminé le repli de deux batteries autrichiennes, que n'avait nullement entamées la lutte d'artillerie.

A la bataille de Coulmiers, devant Baccon, quarante pièces françaises ont concentré leurs feux sur le village et ses abords. Après une lutte de près d'une heure, au cours de laquelle l'artillerie allemande n'a pas perdu un seul homme, les deux batteries qui défendaient le village ont dû se retirer sous la menace du fusil de l'infanterie française[1].

---

[1]. Lieutenants MAUGUIN et LACHOUQUE. *La bataille de Coulmiers*, p. 103.

Le 26 mai 1904, à Nanchan, les Russes ont retiré du feu leurs bouches à feu nouveau modèle, abandonnant aux Japonais leurs canons ancien modèle et leur grosse artillerie.

Ils ont laissé, aux mains de l'ennemi, vingt-deux pièces, le 1er mai 1904 au Yalou; dix-sept, le 15 juin 1904, à Vafangou; douze, le 13 octobre 1904, sur le Cha-Ho [1].

Pendant la première partie de la guerre des Balkans, les artilleurs turcs ont souvent fait demi-tour, devant les fantassins bulgares, laissant leurs canons, sans un cadavre, sur le terrain.

Pendant la deuxième partie de cette guerre, les Bulgares, battus à Demir-Hissar et à Doiran, se sont retirés vers la haute Strouma. Arrivés à Viatressa, le 10 juillet 1913, ils ont mis en batterie de gros canons, dont la portée dépassait 9 kilomètres. Les Grecs, ne disposant pas d'artillerie à longue portée, attendirent la nuit, pour rapprocher leurs pièces de celles des Bulgares. Au lever du jour, grâce à l'appui de leurs petits canons, ils chassaient les Bulgares qui, obligés d'abandonner en hâte leurs positions, laissèrent sur le terrain leurs grosses bouches à feu et leurs approvisionnements, avec un certain nombre de pièces de campagne [2].

Ainsi, à cette affirmation que le meilleur moyen d'aider l'infanterie, c'est de la débarrasser de l'ar-

---

[1]. *Journal des Sciences militaires*, 15 décembre 1913, p. 446; 1er janvier 1914, p. 75 et 77.

[2]. Commandant de Poillöue de Saint-Mars, *Le rôle de l'artillerie au combat de Viatressa*, Revue d'artillerie, août 1913, p. 350.

LE COMBAT

tillerie ennemie, s'opposent des faits de guerre, tendant à établir, au contraire, que le meilleur moyen de mettre fin à la lutte d'artillerie, c'est de favoriser le progrès de l'infanterie assaillante. Et, désormais, il en sera ainsi, plus encore que par le passé. Le tir contre l'artillerie masquée est, en effet, devenu fort peu efficace. Celui de la batterie d'infanterie est au contraire devenu très facile, la précision du tir étant plus grande et l'objectif d'attaque n'étant guère moins visible qu'autrefois.

L'enlèvement d'un point d'appui n'a pas seulement pour conséquence de chasser une fraction d'infanterie ennemie. Il procure, sur les points d'appui voisins, des vues de revers qui facilitent le succès des autres attaques. Tous les efforts de l'artillerie doivent donc tendre à appuyer les attaques de l'infanterie, et ces efforts seront couronnés de succès, si la liaison est organisée de telle sorte que le projectile de l'artillerie arrive toujours là où il faut et quand il faut.

* *

De tout temps, les artilleurs ont cru que leur arme avait une influence prépondérante au combat, et ils ont considéré l'artillerie ennemie comme le plus important de tous les objectifs à contrebattre.

Déjà, en 1750, Guibert écrivait ce qui suit :

« Il ne faut jamais engager des combats d'ar-
« tillerie à artillerie que, quand les troupes [1] de

---

1. Par le mot *troupes*, Guibert entend l'infanterie et la cavalerie;

« l'ennemi étant à couvert du feu qu'on pourrait
« exécuter sur elles, ses batteries y sont exposées
« et nuisent beaucoup aux troupes qu'on protège.
« Si, au contraire, les positions qu'on occupe
« sont meurtrières pour l'ennemi, il faut porter
« tous les efforts de l'artillerie sur ses troupes et
« sur les obstacles qui les couvrent, pour tâcher
« de les détruire, et ne chercher à en imposer au
« canon ennemi, qu'autant que cela est néces-
« saire pour protéger les troupes qu'on a à sou-
« tenir.

« Cette maxime est souvent négligée par les
« officiers d'artillerie, soit qu'il leur paraisse
« plus brillant d'éteindre, aux yeux des troupes,
« les feux des batteries qui leur sont opposées,
« soit qu'ils ne sentent pas assez que les troupes
« sont l'objet principal, que l'artillerie devient
« inutile si elles sont détruites, au lieu que,
« l'artillerie étant détruite, il n'y a rien de fait,
« s'il reste des troupes à vaincre[1]. »

Napoléon était plus dur encore pour l'artillerie, son arme d'origine; il l'accusait de lâcheté. Le reproche était injuste. Les artilleurs n'ont jamais été lâches; mais un grand nombre d'entre eux croient que le meilleur service à rendre à leur infanterie est de la débarrasser du canon ennemi.

« L'empereur disait qu'on ne pouvait faire
« tirer les artilleurs sur les masses d'infanterie,
« quand ils se trouvaient attaqués eux-mêmes

dans une autre partie de son livre, il dit que l'artillerie n'est pas une arme, mais un service, un accessoire utile au combat.

1. GUIBERT, *Essai général de tactique*. Édition de 1803, 1re partie, p. 497.

LE COMBAT

« par une batterie opposée. C'était lâcheté natu-
« relle, disait-il gaîment, violent instinct de sa
« propre conservation. Un artilleur, parmi nous,
« se récria contre une telle observation. C'est
« pourtant cela, continuait l'Empereur, vous vous
« mettez aussitôt en garde contre qui vous
« attaque. Vous cherchez à le détruire, pour
« qu'il ne vous détruise pas. Vous cessez souvent
« votre feu pour qu'il vous laisse tranquille, et
« qu'il retourne aux masses d'infanterie, qui sont,
« dans la bataille, d'un bien autre intérêt[1]. »

Après la guerre de 1870, l'opinion publique disposée, elle aussi, à s'exagérer l'importance du canon, attribua nos revers à l'infériorité numérique et à l'infériorité technique de notre artillerie ; comme si ces revers n'avaient pas eu d'autres causes[2].

Douze ans après, bien avant l'invention du canon à tir rapide, nous possédions déjà une artillerie dont les effets étaient de beaucoup supérieurs à ceux de l'artillerie de 1870. Enthousiasmés des résultats obtenus dans des tirs de polygone, les artilleurs proclamèrent l'impossibilité d'entreprendre désormais quoi que ce fût, sur le champ de bataille, avant d'avoir détruit le canon ennemi. Et, sans pouvoir citer un fait de guerre, à l'appui de leurs dires, ils firent introduire dans l'instruction du 1er mai 1887 le principe de la lutte d'artillerie, acte séparé de la

---

1. *Mémorial de Sainte-Hélène*, édition de 1823, t. IV, p. 340.
2. Voir page 265.

bataille, précédant l'engagement de l'infanterie.

La guerre de Mandchourie infligea à cette manière de voir, comme je l'ai dit plus haut, un désaveu que consacra le règlement de 1910. Mais, à l'apparition de l'obus explosif, les partisans de la lutte d'artillerie préalable reprirent leur thèse. Ils la reprirent encore à l'apparition de l'aéroplane, à l'apparition du canon long et de l'obusier allemand. Ils la reprendront à l'apparition de tout nouvel engin. Ils oublient, qu'à la guerre, on ne tirera pas sur un ennemi inerte, comme l'étaient les panneaux qui ont servi aux expériences du polygone ; ils oublient que les progrès dans l'art de tuer ont toujours été dépassés par les progrès dans l'art d'éviter la tuerie.

L'action de l'artillerie est inséparable de celle de l'infanterie. Le général Kessler n'a pas attendu, pour le dire, les événements de Mandchourie. Les lignes qui suivent datent de 1902 ; mais elles sont encore d'actualité aujourd'hui[1].

« Il est exact que le but de la guerre soit la
« destruction des forces de l'adversaire. Mais on
« n'atteindra pas ce résultat, en cherchant à bat-
« tre successivement les différentes parties dont
« l'armée ennemie se compose. Cette solution ne
« serait juste que si l'on était sûr du succès,
« dans chacun de ces engagements partiels.

« L'infanterie a besoin de l'aide de l'artillerie,
« pour franchir la zone battue par le feu. Cette
« aide sera insuffisante, si les batteries se sont

---

[1]. Général Kessler, *Tactique des trois armes*, p. 19 et 20.

« épuisées, d'avance, dans un duel d'artillerie,
« dont l'infanterie restée en arrière n'aura tiré
« aucun avantage.

« Le combat ne se divise pas en tranches suc-
« cessives et échelonnées : combat de cavalerie
« d'abord ; lutte d'artillerie ensuite, et combat
« d'infanterie pour terminer.

« Le combat est un ; et c'est l'infanterie qui le
« mène. Tous les efforts de la cavalerie et de l'ar-
« tillerie doivent tendre vers un but unique :
« favoriser la marche et le succès de l'infanterie,
« par une coopération active, efficace et conti-
« nue. »

* *

Ces principes généraux étant bien établis, pé-
nétrons dans le détail de l'engagement des batteries. On verra mieux encore que la lutte d'artillerie dure autant que le combat lui-même.

Supposons que la première résistance éprouvée
par notre infanterie provienne du feu de l'infanterie adverse. Une de nos batteries d'infanterie a
ouvert le feu, sur l'objectif d'attaque. Mais l'ennemi ne laisse pas cette batterie accomplir tran-
quillement sa mission. Il la prend à partie, avec
une de ses contrebatteries, jusque-là maintenue
en *position de surveillance*.

Notre batterie d'infanterie va-t-elle lâcher son
objectif, pour riposter à l'artillerie ennemie ? Ce
serait faire le jeu de l'adversaire. Ce serait d'ailleurs très difficile ; car si, grâce à la protection
des boucliers, nos servants peuvent, à la rigueur,
continuer un tir réglé, il leur est à peu près im-

possible d'exécuter un changement d'objectif et un nouveau réglage, sous le feu. Nous devons avoir quelque part, nous aussi, des contrebatteries en position de surveillance. Une d'entre elles ouvrira le feu sur la contrebatterie ennemie. Elle ne la détruira probablement pas, mais la neutralisera ; la fera taire momentanément ; la gênera tout au moins dans l'accomplissement de sa mission. Elle viendra ainsi au secours de la batterie-sœur ; la dégagera, plus ou moins, des étreintes de l'artillerie ennemie ; lui permettra ainsi de continuer à remplir sa mission.

A son tour, notre contrebatterie va être prise à partie par une nouvelle contrebatterie ennemie. Et ainsi la lutte d'artillerie s'étendra, de proche en proche, le courant d'allumage ne s'arrêtant que lorsqu'un des deux partis n'aura plus de contrebatteries disponibles, ou lorsque l'autre aura engagé une batterie fortement défilée, à laquelle il sera impossible de répondre.

Cette physionomie de la lutte d'artillerie n'est pas chose absolument nouvelle. Je vais en donner un exemple vécu, que j'emprunterai à l'intéressant et récent ouvrage du général de Maudhuy[1]. J'ai déjà donné cet exemple dans un autre de mes écrits[2].

Le 6 août 1870, à la bataille de Frœschwiller, deux batteries françaises, placées près de la ferme

---

1. *L'infanterie*, p. 221 et 222.
2. *La vie militaire en France et à l'étranger*. La question de l'obusier, p. 46 (Paris, F. Alcan).

LE COMBAT

Albert, ouvrent le feu, vers l'Est, sur le moulin de Brückmühl occupé par les Allemands. Les chasseurs à pied et les zouaves se portent à l'attaque.

Un instant après, quatre batteries allemandes prennent position sur la cote 223, au Nord de Brückmühl, et tirent sur les deux batteries françaises, qu'elles réduisent au silence. L'infanterie allemande, ainsi dégagée de l'étreinte du canon opposé, peut faire usage de son fusil et paralyser la marche de l'assaillant.

Une batterie française vient alors s'établir sur la lisière du Niederwald, au Nord de la ferme Albert. Elle essaie de dégager les deux batteries amies, en tirant sur celles de la cote 223 ; mais elle est bientôt prise à partie elle-même, par des batteries allemandes installées près de Spachbach, au Nord de la cote 223.

L'artillerie allemande ayant le dernier mot, dans ce combat de feux en zig-zag, l'attaque française s'arrête. Terrées dans leurs abris, les deux infanteries échangent des coups de fusil, à 400 mètres l'une de l'autre.

On voit que, dans cet épisode du combat, pas un canon, ni du côté français, ni du côté allemand, n'a tiré sur celui dont il recevait des coups. Et il en sera généralement ainsi, à l'avenir plus encore que par le passé, l'artillerie masquée n'étant visible que par la lueur de ses coups, et dès lors, le canon ne pouvant être pris à partie par un canon adverse que s'il a déjà tiré dans quelque autre direction.

En un mot, l'artillerie procède par *contre-*

RÔLE DE L'ARTILLERIE AU COMBAT

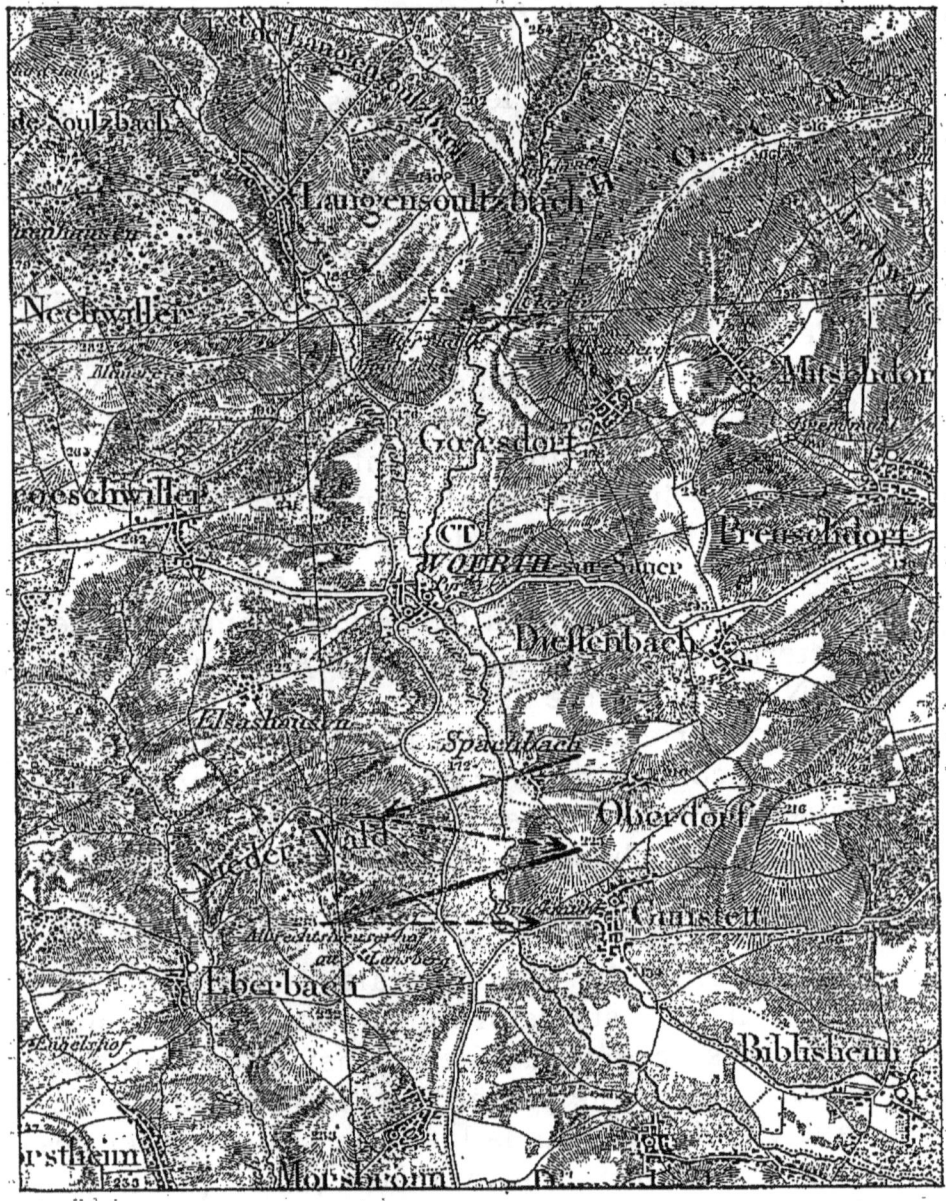

CARTE AU $\frac{1}{80\,000}$ DE FRŒSCHWILLER ET SES ENVIRONS
(Reproduction de la carte de l'État-Major).

⟵ Lignes de tir allemandes.
⤏ Lignes de tir françaises.

LE COMBAT

attaques, chacun de ses éléments tirant sur une portion de la ligne ennemie, pour dégager un autre élément de la ligne amie. C'est la fourmi de la fable, qui pique le talon du croquant et délivre ainsi la colombe [1].

Ce principe a été formulé pour la première fois par le n° 631 du règlement du 8 juin 1903. Il est implicitement contenu dans le n° 28 du titre V du règlement du 8 septembre 1910. Les artilleries russe et japonaise l'ont appliqué instinctivement en Mandchourie.

Si la première résistance éprouvée par l'infanterie amie, dans sa marche en avant, provient, non plus du fusil, mais du canon ennemi, c'est le feu d'une batterie d'infanterie adverse qui appelle notre contre-attaque et déclenche la lutte d'artillerie. Dans l'un et l'autre cas, cette lutte est provoquée par la progression de l'infanterie. Elle ne précède donc pas, elle suit l'engagement de l'infanterie.

Ainsi, que l'artillerie ennemie tire sur notre infanterie, ou qu'elle tire sur notre artillerie, il faut la faire contre-attaquer par une ou par plusieurs de nos contrebatteries en position de surveillance. Pour éviter tout oubli ou tout double emploi, on partage l'horizon à surveiller, en autant de tranches que l'on a de groupes de trois batteries disponibles. Dès qu'une batterie enne-

---

[1]. Cette comparaison est due au commandant Morelle, écrivain militaire très connu pour le talent avec lequel il a vulgarisé, dans un style imagé et plein d'esprit, les notions relatives au tir de l'artillerie et à la reconnaissance du terrain.

mie se révèle par la lueur de ses feux, le chef de groupe, dans la tranche duquel se produit cette apparition, désigne la contrebatterie qui doit entrer en scène. Cette contrebatterie ne se demande pas si elle dégage l'infanterie ou l'artillerie amie. Elle ne voit généralement pas sur quoi tire la batterie qu'elle prend sous son feu.

Et ainsi se trouve résolu, très simplement, le problème qui se posait au début du présent chapitre. Faut-il employer l'artillerie en contrebatteries plutôt qu'en batteries d'infanterie ? Faut-il dégager l'infanterie amie du feu de l'artillerie, plutôt que du feu de l'infanterie adverse ?

Il faut la dégager de l'un et de l'autre. Il faut tirer sur tout ce qui tire, infanterie et artillerie ennemies. On allumera ainsi, sans le vouloir, une lutte de feux en zig-zag.

Il importe d'avoir le dernier mot dans ce jeu des contre-attaques. A cet effet, on engagera l'artillerie économiquement, en tablant sur cette donnée qu'une batterie de 75 bat efficacement un front double du sien. L'économie des feux aura en outre l'avantage de laisser disponibles un plus grand nombre de batteries pour l'appui ultérieur des attaques de l'infanterie, appui qui constitue le rôle principal de l'artillerie au combat.

L'artillerie dans la défensive.

Dans la défensive, pas plus que dans l'offensive, l'artillerie ne peut, à elle seule, obtenir des résultats décisifs. Elle retarde la marche de l'as-

LE COMBAT

saillant ; elle brise ses attaques ; elle appuie les contre-attaques du défenseur. Elle est une auxiliaire de l'infanterie.

Le tir de la batterie d'infanterie a, dans la défensive, un caractère tout différent, suivant que ce tir s'exécute à grande distance ou à distance rapprochée.

Tant que l'infanterie assaillante est hors de portée du fusil du défenseur, elle peut prendre les formations qu'elle veut, et, au premier coup de canon, se jeter dans les rides du terrain ou les couverts qu'elle trouve à portée de son itinéraire. Aux manœuvres d'automne, les artilleurs se sont parfois imaginés qu'ils auraient pu anéantir des compagnies entières ; mais en réalité, celles-ci ne sachant pas qu'elles étaient sous le feu, n'avaient pris aucune des précautions qu'elles auraient prises à la guerre.

Dans toutes les manœuvres où, à titre d'étude, j'ai prévenu l'infanterie assaillante qu'elle allait avoir à progresser sous le feu d'une artillerie en position de surveillance, et où je lui ai prescrit de prendre les précautions imposées par les circonstances, le défenseur a déclaré qu'il avait rarement aperçu un objectif méritant un coup de canon[1].

L'artillerie de la défense ne saurait donc avoir la prétention d'infliger à une infanterie manœuvrière, pendant la marche d'approche, des pertes sérieuses. Tout ce qu'elle peut espérer, c'est de

---

1. *Cinq années d'inspection*, p. 161.

ROLE DE L'ARTILLERIE AU COMBAT

ralentir l'assaillant, de lui interdire les zones larges et profondes dans lesquelles il aurait pu progresser en bon ordre, de l'obliger ainsi à cheminer dans des portions couvertes, où il perdra sa cohésion et sa vitesse, où il fera, en un mot, de médiocre offensive,

Pour éviter l'effroyable consommation d'artillerie à laquelle on serait conduit, si l'on voulait, avec des batteries spéciales, surveiller toutes les directions dans lesquelles on peut s'attendre à voir apparaître l'infanterie éloignée, on confie ce soin à des batteries à *deux fins*.

Dans cette phase du combat, la liaison par le bas n'a plus la même raison d'être. Le point à frapper se désigne lui-même. C'est toute artillerie visible par ses lueurs, c'est tout objectif d'infanterie qui en vaut la peine, apparaissant dans la zone de surveillance de la batterie à deux fins.

Le problème change d'aspect, quand l'infanterie assaillante entre dans la zone du fusil du défenseur. Obligée de se déployer pour tirer, obligée de se faire renforcer, cette infanterie adopte des formations plus denses, plus visibles, sur lesquelles le canon a plus de prise. La liaison par le bas reprend alors toute sa raison d'être, car il importe de frapper les objectifs les plus menaçants pour les défenseurs des points d'appui. Les batteries chargées de cette mission spéciale sont dénommées *batteries de défense rapprochée*. Elles ne sont plus à deux fins. Leurs emplacements sont différents de ceux des premières. Leur défilement est généralement moindre. Quelques-unes peuvent se réduire à une section et même à une seule pièce, enfilant un couloir du terrain ou flanquant les abords de la ligne de défense.

Tendances séparatistes de l'artillerie.

Bien que les nécessités de l'action commune des armes n'aient jamais été, en principe, contestées par personne, sa réalisation a toujours rencontré de grosses résistances chez les exécutants, chaque arme acceptant difficilement une sujétion qui gêne la mise en valeur de ses qualités particulières.

L'infanterie, par exemple, aime les terrains couverts; l'artillerie aime les espaces dénudés. Les directions d'attaque seront donc différentes, suivant qu'elles seront choisies par l'artilleur ou par le fantassin. Si le commandement ne sait pas concilier toutes les exigences raisonnables, s'il n'a pas la fermeté nécessaire pour imposer une solution commune aux deux armes, chacune d'elles agira à sa guise, ainsi que cela se voit si souvent, aux manœuvres et à la guerre.

Le Règlement de 1910, lui-même, après avoir si nettement affirmé le principe de la liaison des armes, édicte une série de prescriptions qui en atténuent les effets. Et, dans le rapport justificatif qui précède ledit règlement, le rédacteur avoue que ces prescriptions visent l'utilisation complète des propriétés du matériel.

Ainsi, au lieu de dire que l'artillerie adoptera le défilement maximum compatible avec sa mis-

ROLE DE L'ARTILLERIE AU COMBAT

sion, au lieu d'affirmer, de la sorte, que *la mission* prime tout, qu'elle est le point de départ du choix de l'emplacement, le Règlement dit que l'artillerie occupera de préférence des positions masquées. Il incite donc l'artilleur à choisir son emplacement, avant de connaître sa mission. Il appuie sur cette idée, en faisant ressortir les avantages de la priorité d'occupation; en montrant que l'artillerie qui sera déployée la première pourra préparer son tir avec plus de soin, qu'elle apportera ultérieurement à l'infanterie une aide plus efficace et, qu'en attendant, elle pourra profiter des occasions que lui procureront les fautes d'un ennemi imprudent.

Or, l'expérience des manœuvres montre que, le plus souvent, lorsque l'emplacement est choisi à priori, l'artillerie est dans l'impossibilité de remplir sa mission[1]. Elle pourra prêter son appui à quelque fraction d'infanterie que le hasard des événements aura amenée dans son voisinage, mais non à celle que le commandement aura désignée, en exécution du n° 38.

Enfin, le Règlement ajoute que l'artillerie doit tirer, non seulement sur l'objectif d'attaque de l'infanterie avec laquelle elle a été accouplée par le commandement, mais encore sur les objectifs des attaques voisines, ce qui lui permet d'utiliser les propriétés, souvent décisives, du tir d'écharpe.

On ne peut pas engager plus ouvertement

---

1. *La liaison des armes*, p. 16, 17 et 18; *Cinq années d'inspection*, p. 45 et suivantes; *L'artillerie aux manœuvres de Picardie*, p. 224 et suivantes.

l'artilleur à choisir, non pas les objectifs dont la destruction présente un intérêt tactique, mais ceux qui lui offrent les plus beaux coups.

Ne voit-on pas combien, lorsqu'un chef d'infanterie donnera une indication à l'artillerie chargée d'appuyer son attaque, l'artilleur sera tenté de répondre :

« Le terrain que vous m'indiquez là ne se prête pas à l'exécution du tir masqué.

« Laissez-moi me placer de manière à prendre « l'ennemi d'écharpe.

« Laissez-moi profiter de l'occasion que m'offre « un ennemi imprudent.

« Je ne puis vous appuyer en ce moment. Je « manquerais une occasion magnifique d'appuyer « l'attaque voisine. »

Le chef d'infanterie cédera d'autant plus volontiers que l'artilleur invoquera les dispositions du règlement. C'est ainsi que, sous prétexte d'utiliser les propriétés du matériel, on risque de compromettre la liaison par le haut.

* *

En ce qui concerne la liaison par le bas, certains ont prétendu que, si l'artilleur a le sens tactique un peu développé, il saura deviner les besoins de l'infanterie ; qu'à l'attitude de celle-ci, il verra bien les résistances éprouvées et les moments où ces résistances se produisent ; qu'en conséquence, il est inutile d'organiser la liaison des deux armes ?

Ceux-là oublient que, désormais, le champ de

bataille paraîtra *vide de troupes*. Déjà, pendant la guerre de 1870, où la distance qui séparait les combattants était moindre, où le fusil et le canon faisaient de la fumée, j'avais beaucoup de peine à voir ce qui se passait.

A Josnes, j'ai pu découvrir, dans ma jumelle, la ferme que m'indiquait le colonel américain [1]; mais je ne voyais pas du tout l'infanterie dont il fallait appuyer l'attaque; j'ai dû la chercher derrière des abris, comme les enfants se cherchent au jeu de cache-cache. A Vendôme, où je remplissais des fonctions d'état-major, bien que j'entendisse les balles siffler autour de nous, je n'ai absolument rien vu.

L'ennemi a dû avoir la même impression que moi; car à Coulmiers il a pris le mouvement en avant de ma section pour un mouvement en arrière [2]. A Loigny, il n'a pas aperçu notre manœuvre en retraite par échelons; sans quoi il nous aurait poursuivis de ses feux [3].

Après la bataille de Champigny, on reprochait au général Favé, de l'artillerie française, de ne pas être intervenu, avec ses batteries, dans la presqu'île de Saint-Maur. « Aucun signal, répond le général (pages 49 et 50 de son ouvrage), n'avait été convenu pour nous indiquer l'extrémité des emplacements occupés par nos soldats, et nous n'apercevions rien, ni mes commandants de batterie ni moi, du combat qui se livrait pour

---

1. Voir page 68.
2. Voir page 58.
3. Voir page 74.

LE COMBAT

la possession du village de Champigny. L'ennemi était-il toujours demeuré dans quelques maisons, ou bien était-il rentré, sans qu'aucun de mes commandants de batterie pût l'apercevoir ? Nous ne le savions pas[1]. »

Pendant la guerre de Mandchourie, écrit le lieutenant de réserve Ulrich, de l'armée allemande, je me trouvais, le 5 mars, à 9 heures du matin, au Sud de Souyakoum, sur une ligne de tirailleurs couchés derrière la tranchée du chemin de fer, et j'observais, avec plusieurs officiers, le village d'Ouentchempon. Tous ces officiers étaient pourvus de jumelles à prismes, et entraînés à l'observation, par une longue expérience acquise pendant la guerre. L'ennemi était éloigné d'environ 2 kilomètres ; et cependant, il nous fallut une heure pour déterminer s'il était dans Ouentchempon ou en avant[2].

A Yantaï, écrit le capitaine Soloview, sous un feu violent de balles et de shrapnels, je ne pus déterminer que par le claquement des balles la direction approximative d'où tirait sur nous un ennemi invisible. Je me portai au sommet d'un mamelon, pour chercher, avec ma jumelle, d'où pouvait provenir cette bourrasque de feu. C'est en vain que je surveillais les tranchées. Je ne voyais absolument personne[3].

Dans toutes les reconnaissances qu'il m'est arrivé de faire, écrit le colonel Novikoff, de l'ar-

---

1. Capitaine S. *Procédés de liaison*. Revue militaire générale, août 1909, p. 139.
2. *Loc. cit.*, p. 135.
3. Commandant Bastien, *Notions de tactique générale*, p. 89.

mée russe, je n'ai pas réussi, une seule fois, à distinguer, dans ma bonne jumelle à prismes, la position de l'ennemi ; et, s'il n'y avait pas eu de renseignements des patrouilles et des détachements d'éclaireurs, on aurait pu croire que le terrain situé en avant de moi était complètement désert[1].

Il est donc impossible, sur le champ de bataille, de deviner les besoins de l'infanterie. Il faut se résoudre à les lui demander. C'est l'affaire de la liaison par le bas.

On a objecté que, sous une pluie de balles, ces renseignements n'arriveraient pas ; comme si l'estafette chargée de relier l'artillerie au chef de l'attaque était plus vulnérable que celle chargée de la relier au commandant des troupes ; comme si le fil téléphonique était plus fragile dans le premier cas que dans le second.

On a objecté enfin que si la liaison fonctionne, les renseignements de l'infanterie seront souvent caducs, quand ils arriveront à l'artillerie[2] ; comme si ce danger était inhérent à la liaison par le bas ; comme si tout ordre militaire ne risquait pas de devenir caduc, avant d'arriver à destination ; comme si la liaison par le bas ne réduisait pas, au contraire, les risques de caducité, en réduisant le trajet à faire parcourir par le renseignement.

Aux manœuvres de Picardie, le 12 septem-

1. *Journal des sciences militaires*, décembre 1906, p. 377.
2. *Revue militaire générale* de mars 1910.

LE COMBAT

bre 1910, à 3 h. 30 du soir, le général commandant la 5ᵉ division avait prescrit au commandant de l'artillerie divisionnaire de faire appuyer l'attaque de la 9ᵉ brigade sur le front La Chaussée, Brombos. Le 3ᵉ groupe a reçu l'ordre d'appuyer l'infanterie dans la zone où se trouvait La Chaussée. En arrivant en position, le chef de groupe s'est mis en relation avec le colonel du 39ᵉ régiment d'infanterie ; il a appris ainsi que La Chaussée venait d'être occupée par les troupes amies. L'ordre du commandant était donc devenu caduc, au moment de l'exécution, et c'est la liaison par le bas qui a conjuré le danger dont l'infanterie était menacée [1].

*
* *

Malgré les résistances qu'il a tout d'abord rencontrées, le principe de la liaison des armes a fini par s'imposer. Mais il ne suffit pas de l'avoir introduit dans les textes ; il faut le faire pénétrer dans les mœurs. Or, les habitudes d'une armée ne se modifient pas en un jour.

A Coulmiers, ma batterie, qui appartenait à la réserve d'artillerie du 16ᵉ corps, a été chargée de coopérer à l'attaque du village ; mais pour l'exécution de cette mission, elle n'a pas été mise sous les ordres du commandant de l'attaque ; elle a continué à dépendre directement du commandant du corps d'armée, dont elle a reçu les instructions, par l'intermédiaire du lieutenant-colonel commandant la réserve d'artillerie. Il ne lui a

---

[1]. *L'artillerie aux manœuvres de Picardie*. p. 32.

heureusement été assigné que des missions de contrebatterie. Mais, si le hasard des événements l'avait placée en un point d'où elle pût apercevoir le village, et qu'elle se fût laisser tenter par les beaux coups que lui offrait un objectif aussi étendu, elle eut certainement tiré sur la carrière des Crottes, sur la ferme de Cléomont, sur le parc du château et sur le gros du village, à un moment inopportun, peut-être après leur enlèvement par l'infanterie amie, qu'elle aurait ainsi massacrée.

Si les batteries divisionnaires n'ont pas commis cette méprise, cela tient à ce qu'elles étaient subordonnées au général de division, dont elles ont pu, malgré l'imprécision des idées qui régnaient alors au sujet de la liaison, recevoir quelques indications sur le point à frapper et le moment de le frapper. Cela tient surtout à ce que le petit canon de 4, dont ces batteries étaient armées, et dont la portée était très faible, a dû se faufiler, en quelque sorte, dans les rangs de l'infanterie amie. Mais, nous n'agirions plus ainsi aujourd'hui, avec un canon portant à 5 kilomètres, devant une artillerie dont le tir est devenu cent fois plus meurtrier que celui de l'artillerie en service pendant la guerre de 1870.

Le principe de la liaison des armes était connu à cette époque, puisque l'armée américaine l'avait appliqué pendant la guerre de Sécession, et qu'un colonel de cette armée me l'exposa en fort bons termes, le 10 décembre 1870[1]. Seulement,

---

1. Voir page 68.

LE COMBAT

l'armée américaine n'avait pas de traditions et la nôtre en avait trop. C'est ainsi que, la guerre étant terminée, lorsque je racontai l'incident à des chefs ou à des camarades plus âgés que moi, je provoquai des éclats de rire. Je finis par ne plus en parler.

Il ne faut pas s'étonner de cette résistance au progrès, dans une armée qui a mis soixante-cinq ans pour inscrire, dans le règlement d'infanterie, le principe du combat en ordre dispersé, que nos volontaires nationaux avaient inauguré sur les champs de bataille de la Révolution.

Dans une circulaire du 1ᵉʳ janvier 1893, précédant une étude sur la tactique générale, le Ministre de la Guerre s'est exprimé comme il suit :

« Une solidarité complète doit régner entre
« les diverses armes. Ces sentiments de soutien
« mutuel sont la conséquence d'une éducation
« militaire bien comprise. »

En vain, cherche-t-on, dans cette circulaire, un mot d'explication sur ce qu'il faut entendre par *une éducation bien comprise*. La circulaire se borne à ajouter :

« C'est la véritable camaraderie de combat,
« qui s'établit à l'avance, dans la vie de garni-
« son. »

Ainsi, vingt-trois ans après la guerre de 1870, on ne comptait encore, pour assurer la liaison des armes, que sur la vie en commun d'officiers réunis dans un cercle militaire où n'allaient guère que des lieutenants, où on voyait rarement un colonel d'artillerie, plus rarement encore un général de division, les deux chefs des différentes armes entre lesquels, sur le champ de bataille, l'entente est la plus indispensable.

Il fallut dix ans de réflexion pour que, sur la question de la liaison des armes, nous fissions un timide pas en avant. On introduisit, en effet, dans le Règlement de 1903 cette indication que l'artillerie devait choisir, de préférence, les objectifs s'opposant directement à la marche de l'infanterie.

Les mots *de préférence* étaient de trop, car l'artillerie ne devrait pas tirer sur d'autres objectifs que ceux-là. Mais, la grande erreur du Règlement de 1903 fut de laisser à l'artilleur le soin de choisir lui-même les objectifs à battre, de lui donner « toute latitude pour prendre les mesures « nécessitées par les divers événements qui se « passent dans sa zone, sans se désintéresser de « ceux dont les zones voisines sont le théâtre », de l'inciter à « venir en aide, sans retard, aux « autres armes, en dirigeant rapidement un tir « efficace contre *tous* les objectifs se présentant « dans son champ d'action. »

C'était lui dire : « Tirez sur tout ce que vous « verrez. Il y a des chances pour que, une fois « sur dix, le projectile tombe au bon moment et « au bon endroit. »

C'était subordonner la tactique de l'arme à la préoccupation d'utiliser la merveilleuse mobilité des feux du canon de 75, c'est-à-dire à une propriété technique du matériel.

C'était commettre une erreur d'optique semblable à celle que commit, sept ans après, le rédacteur du règlement de 1910, en préconisant l'emploi du tir d'écharpe, et la priorité d'occupation des positions; principes d'ailleurs contradictoires, car on ne peut être déployé avant l'ennemi et le prendre d'écharpe, à moins qu'on ne s'installe tout d'abord, et qu'on choisisse ensuite, parmi les objectifs qui se présenteront ultérieurement, non pas ceux qu'il y a intérêt tactique à détruire, non pas ceux qui s'opposent le plus directement à la marche de l'infanterie, mais ceux qui offrent à l'artillerie les plus beaux coups[1].

La guerre de Mandchourie est la première dans laquelle on ait mis pratiquement en essai l'application du principe de la liaison.

En mars 1905, au cours d'une reconnaissance russe, le tir était dirigé par le colonel Gravilov, sur un village situé à 1.700 mètres. A droite du village, occupé par de l'infanterie japonaise et des mitrailleuses, et à la même hauteur que la lisière, se trouvait un petit mur en terre occupé par les Japonais. En avant de ce mur, à une distance de 300 mètres au plus, il y avait un autre mur semblable, occupé par une chaine de tirailleurs des Cosaques de l'Oural. Pendant le tir, un sous-officier cosaque arriva à la batterie, pour prier le colonel Gravilov, de la part du commandant de la sotnia, de tirer sur les Japonais occupant le mur, parce que ceux-ci inquiétaient fortement les tirailleurs russes et empêchaient

---

[1]. *L'artillerie au combat*, p. 6.

d'enlever les cadavres de plusieurs cosaques tombés morts. Malgré le danger d'atteindre les cosaques, et sur la prière répétée du sous-officier, le colonel Gravilov fit exécuter le feu demandé, par dessus la tête des cosaques couchés, à 500 mètres de l'ennemi. Au bout de quelque temps, un autre sous-officier vint remercier de l'aide apportée, qui avait eu le résultat attendu [1].

Dans les batailles autour de la station de Cha-Ho et de Lichinpou, l'observation et la communication des renseignements étaient si bien organisées, que les Japonais ne réussirent pas à faire, sans être remarqués, les choses les plus simples; par exemple : déplacer à bras des batteries dans le Gaolian, ou faire franchir à une compagnie la voie du chemin de fer. Chacun de leurs mouvements a été signalé et a motivé une ouverture du feu [2].

Un article récent du commandant Genevaz [3], sur la liaison de l'infanterie et de l'artillerie à la bataille de Liao-Yang, après avoir analysé, d'après la version russe, treize épisodes de cette bataille, conclut comme il suit :

« A la bataille de Liao-Yang, l'infanterie russe
« était généralement en liaison étroite et cons-
« tante avec son artillerie; liaison établie par
« tous les moyens. Le résultat de cette coopéra-
« tion a été convaincant.

1. *Journal des sciences militaires*, janvier 1908.
2. Capitaine Neznamov, L'expérience de la guerre russo-japonaise. *Journal des sciences militaires*, mars 1906.
3. *Revue militaire générale* d'octobre 1913, p. 544.

LE COMBAT

« Le 2 septembre, l'attaque a échoué, parce que
« la liaison par le bas n'avait pas été établie et
« que la liaison par le haut s'était trouvée, à un
« moment donné, dans l'impossibilité d'orienter
« l'artillerie.

« Du côté des Japonais, le seul succès remporté
« par eux s'est transformé en désastre, parce que
« l'artillerie a anéanti son infanterie victorieuse.
« La liaison des armes n'avait pas été organisée. »

La responsabilité du commandement.

Il serait injuste d'attribuer aux tendances séparatistes des artilleurs seuls la lenteur des progrès accomplis, depuis cinquante ans, dans le domaine de la liaison des armes. A cet égard, le commandement n'a pas toujours fait ce qu'il devait.

J'ai souvent remarqué, aux manœuvres d'automne, les égards qu'ont eus pour moi les chefs d'infanterie auxquels j'ai été attaché. J'en ai été parfois gêné. Ces chefs m'ont donné très peu d'ordres. Ils m'ont plutôt consulté. Ils m'ont paru considérer l'artillerie comme une arche sainte, dont les secrets ne peuvent être pénétrés. J'ai vu des officiers d'artillerie entretenir ce mystère, moyen commode, pour l'artilleur et pour le fantassin, de s'ignorer mutuellement, tout en étant très bons amis[1].

A la critique, j'ai rarement vu le directeur de la manœuvre, généralement un chef appartenant

---

1. *L'artillerie aux manœuvres de Picardie*, p. 229.

à l'arme de l'infanterie, contrôler d'un peu près les opérations de l'artillerie, faire autre chose que rendre hommage, en termes généraux, à l'habileté technique et aux qualités manœuvrières dont ont toujours fait preuve les officiers d'artillerie. C'est plus facile à dire et plus agréable à entendre qu'une critique basée sur un examen sérieux des dispositions prises et des ordres donnés.

Une décision ministérielle du 26 février 1910 a fait, du général de division d'infanterie, l'inspecteur général permanent du régiment d'artillerie qu'il aurait sous ses ordres, en temps de de guerre. Elle lui a donné le droit de surveillance permanente sur ce régiment, pour tout ce qui concerne la préparation à la guerre, et l'instruction des officiers et de la troupe, *en vue de la coopération avec les autres armes*.

Or, cette instruction ne peut être donnée avec fruit, ni dans les manœuvres de garnison, ni aux manœuvres d'automne.

Pour les premières, en effet, les terrains manquent. Au surplus, près de la moitié des généraux de division résident dans des garnisons dépourvues d'artillerie. Il est exécuté, tous les ans, une manœuvre de cadres de division, à laquelle on ne convoque généralement qu'un officier d'artillerie.

Quant aux manœuvres d'automne, lorsqu'on y arrive, il est trop tard. D'autres considérations s'opposent d'ailleurs à ce qu'on y fasse un apprentissage sérieux du rôle de l'artillerie. Il manque enfin, à ces manœuvres, la sanction du coup de canon.

Dans un rapport que j'ai adressé au ministre de la Guerre, le 25 février 1911, j'ai demandé qu'on impose au général de division l'obligation de diriger lui-même les exercices de tir d'artillerie divisionnaire de son régiment, d'y remplir les fonctions de commandant des troupes, de faire remplir par des officiers d'infanterie les fonctions de commandants des principales unités fictives, de donner à l'un d'eux le commandement de l'ennemi, de faire naître ainsi des situations tactiques conformes aux réalités du combat et d'exercer les officiers supérieurs d'artillerie à assigner à leurs batteries des missions découlant de celles de l'infanterie.

Aucune suite n'a été donnée à ma proposition. Les généraux de division d'infanterie continuent donc d'assister aux écoles à feu de leurs régiments, en simples spectateurs. Les exercices de tir d'artillerie divisionnaire sont dirigés par des artilleurs, peu aptes, pour la plupart, à préciser une situation d'infanterie, naturellement disposés, d'autre part, à établir d'abord leur programme technique et à imaginer ensuite la situation tactique dans laquelle on pourrait bien encadrer l'exercice de tir. C'est l'inverse de ce qui se ferait à la guerre.

Par conséquent, si nous entrions demain en campagne, nos divisions d'infanterie et nos artilleries divisionnaires seraient commandées par des chefs insuffisamment exercés à l'emploi combiné des deux armes. Et alors, on verrait se reproduire ce que, depuis plusieurs années, signalent tous les correspondants de guerre, ce que j'ai constaté cent fois dans les manœuvres de garnison et aux manœuvres d'automne, ce que l'on peut constater dans toutes les armées étrangères.

On verrait l'artillerie tirer, comme à Colenso, sur les buts les plus visibles, les murs et les tranchées des hauteurs de la rive opposée, au lieu de tirer sur les tranchées basses dont les défenseurs arrêtent l'infanterie assaillante[1].

On la verrait tirer, comme en Mandchourie, sur l'inconnu, sur des villages abandonnés, des épaulements inoccupés, des murs derrière lesquels il ne se passe rien du tout[1].

On la verrait tirer non sur les objectifs d'attaque, mais sur des objectifs que l'infanterie n'attaque pas; parfois sur les troupes amies, comme elle l'a fait à Tiou-Chang, à Mont-Dajo, à Liao-Yang, à Sidi-Brahim-El-Gadmiri, à Rfaka, à Papas-Tépé, à Kestenlik et à Tchataldja[2].

Il y a là une situation très grave sur laquelle il importe d'appeler l'attention du haut commandement.

A quoi sert-il d'avoir une artillerie formidable, des canons perfectionnés, des règles de tir excellentes et un personnel merveilleusement apte à les appliquer, si, faute de connaître les besoins de l'infanterie, l'artillerie n'envoie pas son projectile là où il faut et quand il faut.

Quand une attaque échoue, du fait de l'artil-

---

1. Voir page 173.
2. Voir page 174.

lerie, cela tient rarement à l'insuffisance du nombre des coups tirés, ou à une erreur de réglage ; cela résulte plutôt d'un malentendu sur l'objectif d'attaque, sur le point à frapper ou le moment de le frapper.

L'augmentation du nombre des bouches à feu d'un corps d'armée, l'introduction, dans nos équipages de campagne, de quelques canons longs ou de quelques obusiers courts, accroîtrait, peut-être d'un dixième, la puissance de notre artillerie. Mais si, par une *éducation bien comprise*, on obtient du personnel que le projectile arrive toujours sur l'objectif d'attaque, au bon moment et au bon endroit, la puissance de l'artillerie sera décuplée.

LE GÉNIE

Le soldat du génie est, à la fois, un ouvrier d'art et un combattant.

Le génie est une arme auxiliaire, dont les services sont appréciables, dans l'offensive aussi bien que dans la défensive.

Dans l'offensive, le génie crée des points de passage pour les autres armes ; il détruit les obstacles matériels qui arrêtent la marche de l'infanterie amie.

Dans la défensive, il organise la défense des points d'appui ; il crée des obstacles qui arrêtent la marche de l'infanterie ennemie.

Le chef de la fraction du génie mise à la disposition d'une troupe reste, pendant le combat, en liaison avec le chef de cette troupe, qui lui indique, non seulement les travaux à exécuter, mais encore les unités d'infanterie appelées à en profiter. L'officier du génie s'entend avec le chef de ces unités sur les détails d'exécution.

En même temps qu'il est ouvrier d'art, le soldat du génie est un combattant. C'est même un combattant de premier ordre. Appelé, en effet, à travailler sous le feu, avec les mêmes risques que les soldats des autres armes, il développe, dans cette épreuve, les qualités morales qu'il tient de son éducation première; sa profession l'ayant habitué à réfléchir, et l'action intellectuelle étant un des plus grands préservatifs de la peur. Aussi, nombreuses sont les circonstances de guerre dans lesquelles, sur le champ de bataille, le soldat du génie a merveilleusement fait œuvre de fantassin.

Il est indispensable que le soldat du génie reçoive l'instruction du fantassin; d'abord, parce qu'à défaut d'occasion d'utiliser ses aptitudes spéciales, on l'emploiera comme combattant; ensuite parce qu'il comprendra mieux son rôle de sapeur, s'il sait en quoi consiste le rôle du fantassin au combat.

VIII

ATTAQUE ET DÉFENSE D'UN POINT D'APPUI

L'attaque de Coulmiers. Le poste de commandement du chef de l'attaque. L'ordre d'attaque. Exécution de l'attaque. Le rétablissement de l'ordre; la poursuite.

L'attaque de Coulmiers.

J'ai dit plus haut[1] que, dans un combat de quelque importance, la lutte finit généralement par se circonscrire autour d'un certain nombre de points d'appui[2], dont les deux adversaires se disputent la possession. Je vais maintenant décrire un épisode de cette lutte. Je prendrai pour exemple le point d'appui de Coulmiers, dont je supposerai l'attaque et la défense exécutées, suivant les règles actuelles, par des effectifs un peu élevés de troupes de toutes armes.

Le point d'appui de Coulmiers comprend la carrière des Crottes, la ferme de Cléomont, le parc du château et le village[3].

Le commandant du corps d'armée a confié l'en-

---

1. Voir page 103.
2. Voir page 113, la définition du mot *point d'appui*.
3. Voir carte, page 305.

ATTAQUE ET DÉFENSE D'UN POINT D'APPUI

lèvement de ce point d'appui à un général de division ayant sous ses ordres : deux brigades de deux régiments d'infanterie à trois bataillons, un régiment de cavalerie à quatre escadrons, quatre groupes de trois batteries de 75, et une compagnie du génie.

La défense est assurée par une brigade d'infanterie, deux groupes d'artillerie et une compagnie du génie.

Cette disproportion des effectifs est très vraisemblable. Une troupe retranchée a souvent résisté à des forces quatre fois plus considérables. Il serait irrationnel, dans un exemple d'attaque devant réussir, de supposer les effectifs égaux de part et d'autre.

*
* *

A 6 heures du matin, le gros de la division est à Saintry, à 3 kilomètres environ Ouest de Coulmiers. Sa cavalerie a refoulé les patrouilles ennemies et reconnu le village. Lorsqu'elle est rejointe par l'infanterie, elle démasque le front et prolonge sur les ailes l'action de l'avant-garde.

L'avant-garde de la division, comprenant un régiment d'infanterie et un groupe d'artillerie, le tout sous les ordres du général commandant la 1re brigade, est arrivée sur le chemin d'Ormeteau au Grand-Lus, à 800 mètres environ de Coulmiers,

Le groupe d'artillerie s'est déployé au sud de Saintry, à 2.500 mètres de Coulmiers, en arrière d'un pli de terrain qui le dérobe aux vues de

LE COMBAT

l'ennemi. Toutefois ses lueurs sont aperçues du village.

Deux batteries ennemies, établies près de L'Hopiteau, au Nord-Est de Coulmiers, ouvrent le feu sur notre infanterie. Le commandant du groupe d'avant-garde, ne sachant pas ce qu'il va trouver devant lui, engage son artillerie très économiquement. Il fait contrebattre l'artillerie ennemie par sa batterie de gauche seulement.

Les événements ne tardent pas à lui montrer qu'il a agi sagement. Deux batteries ennemies établies au Sud de Frévent, prennent en effet à partie la batterie amie qui vient d'ouvrir le feu. En même temps, le commandant du groupe d'avant-garde apprend que son infanterie a éprouvé une forte résistance devant la carrière des Crottes, occupée par l'infanterie ennemie. Il est dès lors obligé d'engager tout ce qui lui reste. Il désigne la batterie du centre comme batterie d'infanterie et la batterie de droite comme contre-batterie.

Cette dernière ouvre donc le feu sur l'artillerie de Frévent, qui contrebat la batterie de gauche de Saintry, laquelle contrebat l'artillerie de l'Hopiteau, qui tire sur notre infanterie. Il s'établit ainsi, entre les artilleries opposées, un courant de feux en zigzags, comprenant quatre lignes de tir, dont trois de contrebatteries et une de batterie d'infanterie. C'est la répétition de ce qui s'est passé à Günstett[1], sauf que, grâce à l'économie

---

1. Voir page 193.

avec laquelle notre artillerie a été engagée, c'est elle qui a le dernier mot dans le jeu des contre-attaques. En outre, notre batterie du centre est libre de ses feux.

Avec l'appui de cette dernière batterie qui tire sur la carrière des Crottes, un bataillon de l'avant-garde enlève cette carrière. L'infanterie ennemie se retire sur le parc du château, pourchassée par un de nos escadrons.

Les batteries de L'Hopiteau continuent à tirer, l'une sur la carrière des Crottes, pour empêcher notre infanterie d'en déboucher, l'autre sur les troupes constituant le gros de la division, aux environs de Saintry.

Notre batterie d'infanterie, prévenue de l'enlèvement de la carrière, dirige son feu sur la lisière Ouest du parc de Coulmiers. Elle empêche ainsi toute contre-attaque de l'infanterie ennemie.

A 7 heures, l'infanterie de l'avant-garde est entièrement engagée. Un bataillon occupe la carrière ; un autre fait face à la lisière Ouest du parc ; le troisième fait face à la ferme de Cléomont, le dos tourné au Grand-Lus. Toute l'artillerie de l'avant-garde est dépensée. Le moment est venu d'engager le gros de la division.

Le poste de comandement du chef de l'attaque.

Le premier acte du commandant de l'attaque est de choisir un poste de commandement.

Ce n'est pas ainsi que les choses se passaient habituellement autrefois. Nos grands chefs se

LE COMBAT

portaient volontiers sur la ligne de feux[1]. Ils eussent craint, en se tenant en arrière, de paraître manquer de bravoure[2].

Ces idées n'ont plus cours aujourd'hui. Les troupes sont devenues très peu visibles sur le champ de bataille. Le chef ne peut se rendre compte de leur état d'usure, et de la nécessité de les renforcer ou de les relever, que par les comptes rendus de ses subordonnés. Il faut donc qu'il adopte un poste de commandement où on sera sûr de le trouver. S'il s'éloigne momentanément de ce poste, il s'y fera représenter par un officier de son état-major. S'il change de poste, il en préviendra tous les intéressés.

Un bon poste de commandement doit permettre au chef de l'attaque de suivre le développement de l'action, d'envoyer facilement ses ordres aux troupes disponibles et de rester en relations avec le chef de la fraction d'artillerie chargée d'appuyer son attaque.

Le groupe de maisons de Champfère, à 1.500 mètres environ Ouest-Sud-Ouest de Coulmiers, remplit parfaitement ces conditions. On y a des vues sur les lisières Ouest et Sud du village. A 800 mètres de cet emplacement, au Sud de Fourneau, se trouvent des bois derrière lesquels pourront s'abriter les troupes disponibles.

---

1. Le 9 novembre 1870, le général Barry, devant Coulmiers, l'amiral Jauréguiberry, devant Champs, et le général Peytavin, devant la Renardière, ont mis l'épée à la main pour entraîner leurs bataillons.

2. En 1872, le général Changarnier a reproché au vaillant colonel Denfert, en pleine séance de l'Assemblée nationale, d'avoir passé le siège de Belfort dans une casemate.

L'artillerie elle-même pourra s'établir à l'Ouest de ces bois, par-dessus lesquels elle tirera sur le village de Coulmiers et sur les batteries de Frévent, à la distance de 2.500 mètres environ. Les commandants de groupe et de batterie auront leur poste d'observation à Champfère même et se relieront à leur troupe par téléphone, par estafettes ou par signaux[1]. Le commandant de l'attaque se trouvera ainsi tout à côté du chef de son artillerie. C'est la meilleure solution de la liaison des deux armes.

On aurait pu placer les trois groupes de l'attaque, dans le voisinage de Champfère, en arrière du chemin qui va du Grand-Lus à Epieds. Mais les batteries se fussent trouvées à découvert, à 2.000 mètres de l'artillerie de Frévent qui, établie à l'avance, aurait exécuté sur elle un tir de démolition immédiatement efficace.

Près de Fourneau, au contraire, notre artillerie se trouve en excellente situation. L'ennemi ne pourra en découvrir l'emplacement qu'au moyen d'un aéroplane. Il lui faudra un autre aéroplane pour observer le tir de la première salve, d'autres encore pour continuer le réglage[2]. Ce sont là des manœuvres de polygone qu'une artillerie active déjouerait sur le champ de bataille, en se déplaçant de quelques centaines de

---

1. Voir à ce sujet : *Le tir masqué de l'artillerie,* Journal des sciences militaires, novembre 1912.
2. D'intéressants essais ont été faits dans ce sens au camp de Mailly. Il en a été rendu compte par l'*Illustration* du 9 septembre 1911 et la *Revue d'artillerie* du 15 mars 1912.

mètres, entre deux randonnées des observateurs aériens.

Le poste de commandement une fois choisi, le commandant de l'attaque appelle à lui ses deux généraux de brigade, avec les commandants de la cavalerie, de l'artillerie et du génie. Il met ceux-ci au courant de la situation, dont il a lui-même connaissance par ses reconnaissances personnelles, et par les comptes rendus que lui ont faits les chefs des troupes déjà engagées. Il fait remarquer aux uns et aux autres que le terrain est plus favorable à l'attaque par le Sud que par l'Ouest de Coulmiers.

En effet, on peut utiliser, au Sud, le couvert des deux bois de forme allongée qui, partant du chemin du Grand-Lus à la Motte aux Taurins, vont à la ferme de Cléomont, dans la direction Sud-Nord. Du côté Ouest, au contraire, aucun couvert ne permet d'amener l'infanterie à une aussi faible distance de l'objectif d'attaque. La direction du tir de l'artillerie sera d'ailleurs presque perpendiculaire à la direction de l'attaque du Sud, ce qui permettra aux batteries d'appuyer cette attaque jusqu'au dernier moment. Enfin, en cas d'échec, les troupes du Sud pourront se replier sur le Grand-Lus, où elles trouveront un point d'appui déjà occupé par des unités de la division voisine.

En conséquence, le commandant de l'attaque prend les décisions suivantes qu'il notifie immédiatement aux chefs intéressés.

ATTAQUE ET DÉFENSE D'UN POINT D'APPUI

L'ordre d'attaque.

L'attaque sera renforcée, au Sud, par cinq bataillons frais; à l'Ouest, par deux bataillons seulement. Les deux derniers bataillons seront placés en réserve, au Sud de Fourneau, à la disposition du commandant de l'attaque.

L'avant-garde est dissoute. Son artillerie cesse d'obéir au général commandant la 1re brigade. Elle repasse sous les ordres du général de division.

Le reste de l'artillerie prendra le trot, et viendra s'établir au Sud de Fourneau. Deux groupes se mettront en batterie pour tirer dans la direction de Coulmiers. Le troisième se tiendra en réserve, prêt à être transporté sur un autre point.

Le commandant de l'artillerie fera immédiatement reconnaître les emplacements à occuper.

Au Sud, les troupes d'infanterie, comprenant six bataillons, dont un déjà engagé, seront placées sous les ordres du général commandant la 2e brigade.

A l'Ouest, les troupes d'infanterie, comprenant quatre bataillons, dont deux déjà engagés, seront placées sous les ordres du général commandant la 1re brigade.

Les bataillons seront désignés de telle sorte que chaque général de brigade conserve, autant que possible, les troupes qu'il avait antérieurement sous ses ordres.

Les bataillons réservés, tirés d'un même régiment de la 2ᵉ brigade, restent sous les ordres de leur colonel.

Les objectifs successifs à enlever au Sud sont : la ferme de Cléomont, le parc du château et le village. Ces attaques seront appuyées par l'artillerie de Fourneau.

Les objectifs successifs à enlever à l'Ouest sont le parc du château et le village. Ces attaques seront appuyées par le groupe de Saintry.

Le génie organisera défensivement le groupe de maisons de Champfère, qu'occupera une compagnie de soutien pour l'artillerie et pour l'état-major de la division. Le génie organisera en outre le Grand-Lus et la ferme de Cléomont.

La cavalerie cherchera à reconnaître la force et les emplacements des réserves ennemies. Elle surveillera, avec deux escadrons au Nord, et deux au Sud, les mouvements de la cavalerie et de l'artillerie adverses. Elle profitera de toutes les occasions d'intervenir dans le combat.

Ce n'est pas tout à fait ainsi que le commandant de l'attaque donnera ses ordres aux chefs qu'il a convoqués. L'entretien qu'il aura avec ces derniers prendra plutôt l'allure d'une conversation, d'un échange d'idées, permettant à chacun d'exprimer son avis, et au commandant de l'attaque de trancher, s'il y a lieu, entre deux avis opposés. Il y a même, dans les indications qui précèdent, des choses qu'il est inutile de dire, parce qu'elles sont sous-entendues entre chefs qui ont déjà collaboré à des opérations analogues. C'est pour le lecteur que je les ai mentionnées.

ATTAQUE ET DÉFENSE D'UN POINT D'APPUI

Ainsi, le commandant de l'attaque n'a pas besoin de dire au chef de l'artillerie de faire avancer les batteries. Dès que la décision est prise de placer celles-ci près de Fourneau, avant même que les généraux de brigade soient arrivés à Champfère, le chef de l'artillerie, qui a pris part à la reconnaissance du commandant de l'attaque, donne lui-même à ses batteries l'ordre de se porter en avant.

De même, le commandant de l'attaque n'a pas besoin de dire que, l'avant-garde étant dissoute, le groupe de Saintry repasse sous ses ordres directs. Mais il est indispensable que le moment de la dissolution de l'avant-garde soit nettement indiqué, afin que chacun sache à qui, désormais, il doit obéir, à qui il doit donner des ordres.

Toutes les fois que, pour l'exécution d'une mission déterminée, on crée un groupement de forces comprenant des éléments tirés de diverses unités, il faut que le commandant du groupement, les commandants des divers éléments, et les commandants des unités dont ces éléments sont tirés, soient exactement informés de la nouvelle organisation du commandement, et du moment où elle prendra fin, la mission du groupement une fois terminée. Sinon, dans la suite du combat, certains éléments ne recevront d'ordres de personne, ou ils en recevront de deux côtés[1].

---

[1]. Le 15 décembre 1870, à l'armée de la Loire, la batterie que j'avais quittée quelques jours avant, ayant été promu capitaine, fut détachée de la réserve d'artillerie du 16ᵉ corps dont elle faisait partie organiquement, et mise à la disposition d'une division d'in-

LE COMBAT

Il est donc des choses que, dans un ordre écrit, il est inutile de dire, mais que le chef fera bien de rappeler, sous forme de recommandations verbales, surtout s'il a affaire à des sous-ordres inexpérimentés ou à des officiers avec lesquels il n'a jamais manœuvré.

Le commandant de l'attaque pourra faire remarquer, par exemple, que l'indication des objectifs successifs à enlever n'est impérative que pour le premier d'entre eux. L'indication des autres sera peut-être modifiée au cours du combat. Elle n'en est pas moins très utile. Elle permettra, en effet, le cas échéant, à l'infanterie d'agir sans ordres. Le chef de l'artillerie en fera état pour préparer ses tirs successifs, mais il attendra, pour exécuter ces tirs, les indications de l'infanterie : l'arme qui mène le combat.

On pourra faire remarquer encore aux deux généraux de brigade que leur devoir est de se tenir mutuellement au courant des progrès de leurs attaques respectives, mais que ces deux attaques ne doivent pas se régler l'une sur l'autre. Toute troupe engagée doit aller au feu, avec la conviction qu'elle contribuera, plus que les autres, à la décision de l'affaire[1].

---

fanterie, pour la bataille de Vendôme seulement. Le lendemain 16, le commandant en chef décida que l'armée se retirerait sur le Mans. La division pensa que le soin de prévenir la batterie revenait à la réserve d'artillerie ; celle-ci pensa que c'était l'affaire de la division. La batterie, oubliée dans son cantonnement, voyant le vide se faire autour d'elle, se décida à partir, mais avec un retard tel que, quelques heures après, elle fut capturée par les Allemands.

Les plus belles combinaisons échouent souvent, aux manœuvres et à la guerre, par suite de malentendus de ce genre.

1. Le 9 novembre 1870, le général d'Aurelle de Paladines eut le

Il est très probable que l'attaque du Sud réussira avant celle de l'Ouest. C'est en vue de ce résultat que le commandement a arrêté la répartition de ses forces. Mais il doit être entendu, et il peut être utile de le rappeler, que les troupes de l'Ouest ne doivent attendre celles du Sud que si elles ne peuvent faire autrement.

Exécution de l'attaque.

Pendant la conférence du commandant de l'attaque, l'artillerie se porte en avant, précédée des éclaireurs de terrain, qui reconnaissent les cheminements à suivre. Les commandants de groupe et de batterie devancent leur troupe, pour faire la reconnaissance des objectifs et celle des emplacements à occuper.

La conférence une fois terminée, le chef de l'artillerie de l'attaque prépare une nouvelle répartition des missions des différentes batteries. Il change le moins possible les missions de celles qui sont déjà engagées. Le groupe de Saintry continuera à contrebattre les deux batteries ennemies établies au Nord du village; mais il cessera de contrebattre celles qui sont établies au Sud. Ce soin sera confié à l'artillerie de Fourneau. Le changement se fera au moment où cette dernière ouvrira le feu, ce dont on s'apercevra à Saintry, par l'observation des points d'éclatement des obus partant de Fourneau.

tort de dire que, si les châteaux de la Renardière et du Grand-Lus opposaient une grande résistance, on attendrait que le 16ᵉ corps attaquât Coulmiers pour agir simultanément.

A partir de ce moment, les contrebatteries de Saintry tireront sur toute artillerie qui apparaîtra au Nord, les contrebatteries de Fourneau sur toute artillerie qui apparaîtra au Sud du clocher de Coulmiers. Ces dispositions constituent ce qu'on appelle *la répartition des zones de surveillance*. Il appartiendra au chef du groupe de Saintry et au chef des groupes de Fourneau d'engager, chacun dans sa zone, le nombre de contrebatteries nécessaires, pour neutraliser l'artillerie ennemie, tout en se ménageant la possibilité d'appuyer efficacement les attaques de l'infanterie.

On remarquera que la zone d'action des batteries d'infanterie ne coïncide pas nécessairement avec celles des contrebatteries. Les premières sont en effet chargées de battre, dans la zone où ils se présenteront, les objectifs que leur indiquera une troupe d'infanterie déterminée; tandis que les secondes doivent prendre sous leur feu, sans se préoccuper de savoir sur quoi elles tirent, toute artillerie apparaissant dans la zone qui lui a été assignée.

En raison de la spécialisation des deux attaques qui vont être exécutées, l'une à l'Ouest, l'autre au Sud du village, le général de division délègue à ses deux généraux de brigade le soin de se mettre en liaison directe avec les groupes correspondants.

Le lieutenant-colonel de l'artillerie divisionnaire reçoit le commandement des groupes en batterie à Fourneau. Considérant comme très dangereuse, pour l'attaque du Sud, l'artillerie ennemie établie au Sud-Est du village, il décide de faire contrebattre cette artillerie par deux batteries de son groupe de droite. La troisième batterie se tiendra prête à ouvrir le feu sur toute autre artillerie qui apparaîtra dans sa zone de surveillance : artillerie dont l'apparition est fort à craindre, car il est probable que la défense n'a pas engagé toutes les batteries dont elle dispose, et que c'est du côté Sud qu'elle fera entrer en ligne ce qui lui reste.

Le groupe de gauche de Fourneau est spécialement chargé d'appuyer l'attaque de l'infanterie. A cet effet, le lieutenant-colonel délègue au chef de ce groupe le soin de se mettre en liaison avec le général commandant la 2ᵉ brigade.

Finalement, nous avons, en marchant de la droite à la gauche : à Fourneau, un groupe de contrebatteries, puis un groupe de batteries d'infanterie; et à Saintry, un groupe *mixte* comprenant l'une et l'autre espèces de batteries. J'ai tenu à donner cet exemple, pour montrer que, contrairement à une croyance assez répandue, un groupe de batteries qui s'engage au feu ne comprend pas nécessairement deux contrebatteries et une batterie d'infanterie.

*
* *

Vers 8 heures, un peu avant l'arrivée de l'artillerie du gros, le bataillon d'avant-garde qui, depuis près d'une heure, combat devant la ferme de Cléomont, le dos tourné au Grand-Lus, fait savoir qu'il se trouve, à la fois, sous le feu des tirailleurs de la ferme et sous le feu de l'artillerie de Frévent. En vain il a envoyé quelques hommes sur la lisière Est du bois qui le sépare de cette artillerie, afin de fusiller les canonniers-servants. Ceux-ci continuent le feu, protégés par leurs boucliers.

Informé de cette situation, le chef des deux escadrons qui opèrent au Sud fait exécuter à l'un d'eux du combat à pied, à côté du bataillon d'avant-garde, en attendant l'arrivée de l'infanterie du gros. L'autre se porte, par la Motte-aux-Taurins, sur le prolongement du front de l'artillerie de Frévent, à laquelle il envoie quelques salves de carabine, puis se retire, après avoir produit son effet de surprise.

Les batteries de Frévent n'avaient pas besoin de cette aventure pour se trouver dans une situation très difficile. Elles n'ont, en effet, d'autre masque, pour les dérober aux vues des observateurs de Champfère, que le petit groupe de maisons situé à 300 mètres Sud de Cléomont, sur le chemin qui va vers la Motte-aux-Taurins.

Enfin, on se rappelle, qu'à 7 heures, ces deux batteries ont, toutes deux à la fois, ouvert le feu sur la batterie de gauche de Saintry. Pourquoi toutes deux? Parce qu'il est dans les traditions de l'artillerie allemande, dont je suppose la tactique suivie par le parti Est, d'engager immédiatement, sur le premier objectif qui se présente, toutes les batteries disponibles, sous prétexte de détruire l'objectif le plus rapidement possible.

Or, pour détruire l'artillerie adverse, il n'est ni nécessaire ni suffisant de lui être supérieur en nombre ; il faut et il suffit que l'on voie son matériel.

Si le matériel est invisible, les servants, que les boucliers abritent d'une pluie de balles, dont la densité est de 1 balle par mètre carré et par seconde, seront aussi bien abrités d'une pluie dont la densité sera de 2, 3 ou 4 balles, sur la même surface et dans le même temps.

Si le matériel est visible, on peut le détruire par le tir à obus explosifs. Le résultat est obtenu d'autant plus vite que le tir est plus rapidement réglé. Or, deux pièces tirant à la fois se gêneraient mutuellement dans le réglage.

Tout ce qu'on gagnerait à engager plus de pièces qu'il n'est nécessaire, pour produire, soit l'effet de neutralisation, soit l'effet de destruction que l'on a en vue d'obtenir, ce serait de rendre l'artillerie, ainsi employée en trop, indisponible pour d'autres besognes ; car, une fois engagée, elle serait prise à partie par une fraction disponible de l'artillerie adverse. Elle pourrait, à la rigueur, continuer un tir réglé, les servants, abrités derrière les boucliers, glissant leurs rafales entre celles de l'adversaire ; mais elle ne pourrait pas entreprendre, sans éprouver de grosses pertes, un changement d'objectif et un nouveau réglage sous le feu. Or, c'est ce qu'a été obligée de faire celle des deux batteries de Frévent qui, tirant tout d'abord sur la batterie de gauche du groupe de Saintry, a changé d'objectif pour tirer sur l'infanterie au Sud de Cléomont, manœuvre très dangereuse pour l'exécution de laquelle le personnel a dû se découvrir, sous le feu de la batterie de droite de Saintry, qui était, elle, libre de ses feux. Et cette manœuvre, l'artillerie de Frévent devra la recommencer tout à l'heure, lorsque l'artillerie du gros aura ouvert le feu.

Bien plus sage est la détermination qu'a prise le chef du groupe de Saintry, en engageant chacune de ses contrebatteries sur deux batteries ennemies[1], chaque batterie pouvant battre un front double du sien. C'est grâce à cette manière de faire qu'il a eu deux batteries entièrement libres de leurs feux, la troisième n'étant contrebattue que par une batterie non libre de ses feux.

Avoir le plus grand nombre possible de batteries libres de leurs feux, en état, non seulement de pouvoir remplir leur mission, mais encore de pouvoir en changer, le cas échéant, sans risquer la destruction ; tel est le but vers lequel doit tendre tout chef de groupement d'artillerie.

Ce but sera atteint, du côté de l'attaque, beaucoup mieux que du côté de la défense, non que l'artillerie soit relativement plus nombreuse, car, des deux côtés, il y a quatre pièces pour mille hommes, mais parce que l'artillerie de l'attaque est engagée plus économiquement.

---

1. Je dis « sur deux » et non « contre deux », ce qui n'est pas la même chose. « Contre deux » voudrait dire que le groupe de Saintry a engagé un duel avec l'artillerie ennemie. Or, il a simplement contre-attaqué cette artillerie.

En outre, l'attaque utilise des positions à grand défilement. Sur de semblables positions, l'artillerie est à peu près introuvable ; elle devient libre de ses feux ; il n'est pas nécessaire de la faire dégager par des contrebatteries ; le courant d'allumage est interrompu. La possession d'une position à grand défilement équivaut à la possession d'une plus nombreuse artillerie.

*
* *

A 8 heures, l'artillerie du gros arrive à Fourneau. Les commandants de groupe et de batterie sont à Champfère depuis quelque temps déjà. Ils ont reconnu le terrain à surveiller, choisi des points de repère pour la désignation des objectifs, déterminé les emplacements de leurs pièces, calculé les éléments du pointage initial, et installé le téléphone ; de telle sorte que l'ouverture du feu puisse suivre presque immédiatement l'arrivée des pièces. C'est d'autant plus possible que la mise en batterie n'exige, derrière ces arbres, aucune des précautions qu'il faut prendre, lorsque la masse couvrante est constituée par un mouvement de terrain.

Peu de temps après, une batterie d'infanterie ouvre le feu sur la ferme de Cléomont, dont veut s'emparer l'infanterie arrêtée au Sud de cette ferme. Les deux autres se préparent à tirer, soit sur la ferme, soit sur les lisières Sud du parc et du village, qu'elles prendront ainsi d'enfilade. A cet effet, elles exécutent quelques tirs de repérage ; elles déterminent ainsi les éléments des tirs d'efficacité qu'on leur demandera d'exécuter ultérieurement.

Elles se trouvent fort à l'aise pour effectuer ce réglage, ne recevant de coup nulle part. Qui, en effet, préviendrait l'artillerie de Frévent de l'existence, en arrière des bois de Fourneau, de batteries tirant sur Cléomont? L'infanterie de Cléomont? Sait-elle seulement d'où lui viennent ces coups? Si elle le sait, n'est-elle pas fondée à croire que l'artillerie amie le sait aussi et qu'elle a pris les mesures nécessaires pour y répondre?

Or, l'artillerie de Frévent a bien assez de se demander d'où viennent les coups qu'elle reçoit elle-même. Tout ce qu'elle peut faire d'ailleurs, c'est de promener ses lignes de tir, en aveugle, en arrière du bois de Fourneau. Elle est ainsi amenée à exécuter des changements d'objectif à très grande amplitude, qui obligent le personnel à se découvrir ; manœuvre très dangereuse, puisque ce personnel est sous le feu.

L'artillerie de Frévent a, naturellement, lâché la batterie de gauche du groupe de Saintry. Celle de droite devient alors disponible pour appuyer l'attaque des bataillons de l'Ouest. Tout le groupe de Saintry est devenu libre de ses mouvements et de ses feux. Il profite de cette circonstance pour se porter en avant, par échelons de batterie. Il s'établit alors à 300 mètres en arrière du bois de forme rectangulaire, voisin du monument de Coulmiers.

*
* *

A 8 heures et demie, arrivent les sept bataillons du gros, après une marche d'approche au cours de laquelle ils n'ont pas tiré un coup de fusil, leur seule préoccupation ayant été de prendre des formations et de choisir des cheminements qui leur permettent d'éviter les effets du feu de l'artillerie. Les deux bataillons de l'Ouest se placent derrière ceux déjà engagés de ce côté. Les cinq bataillons du Sud, qui ont passé à Fourneau, au Sud de la cote 115 et au Nord du Grand-Lus, se placent à 600 mètres environ au Sud de Cléomont, à l'entrée de la coupure du bois de forme allongée qui descend vers le Sud.

Le général commandant la 2ᵉ brigade désigne un de ces bataillons pour enlever la ferme, devant laquelle est arrêté, depuis plus d'une heure, le bataillon de l'ancienne avant-garde.

Le chef de ce dernier bataillon est prévenu que, si sa troupe, dont l'usure est très grande, ne peut être entraînée par le bataillon frais, il la rassemblera, après l'enlèvement de la ferme, pour en faire une réserve à la disposition du commandant de l'attaque du Sud. Ce dernier l'emploiera plus tard, suivant l'occasion, à une besogne moins difficile.

Après avoir pris les renseignements d'usage auprès du chef de bataillon déjà engagé, le chef du bataillon frais porte sa troupe en avant. Les bois l'abritent des vues de l'artillerie de Frévent, qui est déjà très éprouvée, et à laquelle les contrebatteries de Fourneau ne laissent pas tirer un coup de canon, sans lui envoyer une rafale.

De leur poste d'observation, près de Champfère, les commandants de batterie voient très bien les lueurs de cette artillerie. Le commandement à faire, qui se réduit aux mots « Trois mille » est envoyé par téléphone, ou par un signal convenu. La riposte est donc immédiate.

En raison de l'impuissance dans laquelle se trouve ainsi l'artillerie de Frévent, le commandant de la défense fait amener près de Cléomont, par des cheminements défilés, une des deux batteries que, jusqu'alors, il avait tenues en réserve. Cette batterie ouvre le feu à l'improviste sur le bataillon frais, dont l'attaque est ainsi arrêtée.

Devant ce danger imprévu, le commandant du groupe de gauche de Fourneau prend sur lui de transformer en contrebatterie une de ses batteries d'infanterie. Ces dernières sont en effet toutes prêtes à tirer sur la ferme de Cléomont et le terrain environnant, tandis que les contrebatteries du groupe de droite ont préparé leur tir en vue d'atteindre des objectifs qui se présenteront à d'autres distances et dans d'autres directions. Ainsi prise d'enfilade, la batterie de Cléomont est obligée de se retirer, après avoir subi des pertes qui la rendent indisponible pour le reste de la journée. Le bataillon du Sud reprend sa marche en avant.

Exactement informées, par le général commandant la 2ᵉ brigade, du moment où ce bataillon s'ébranle, les batteries d'infanterie de Fourneau reprennent le feu sur la ferme de Cléomont. Elles redoublent ce feu, à chaque ralentissement observé dans le mouvement de l'infanterie amie. Elles le redoublent encore, lorsque la troupe d'attaque arrive à distance d'assaut. Elles le redoublent enfin, au moment où cette troupe est menacée par une contre-attaque, qu'elles réussissent ainsi à arrêter.

Grâce à cette concomitance du feu de l'artillerie et du mouvement de l'infanterie, l'attaque réussit. A 9 heures et demie, la ferme de Cléomont est enlevée. Ses défenseurs se retirent à l'intérieur du parc, d'où ils échangent des coups de fusil avec les assaillants.

Dans cette phase du combat, le tir des mitrailleuses est susceptible de rendre de précieux services. Opérant, en quelque sorte, dans les rangs mêmes de l'infanterie, cet engin se relie aisément au chef responsable de son emploi.

Sous la menace de l'infanterie, les batteries de Frévent sont obligées de se retirer. Elles prennent la grand'route, bordée de peupliers, qui va de Coulmiers vers l'Est, et s'établissent, au Sud de la Franchise, derrière un mouvement de terrain qui les dérobe aux vues de Champfère. Elles sont alors renforcées par la sixième et dernière batterie dont dispose la défense.

Pendant son mouvement de retraite, l'artillerie de Frévent a été poursuivie par les feux des contrebatteries de Fourneau. Les escadrons du Sud ont essayé de participer à cette poursuite; mais, craignant de recevoir des coups de leur propre artillerie, ils ont renoncé à la charge et ont fait usage de leur feu.

LE COMBAT

** *
**

Le général de division fait alors avancer, au Sud de Cléomont, l'infanterie et l'artillerie maintenues en réserve près de Fourneau. Mais il ne les engage pas. Il lui reste, en effet, quatre autres bataillons frais. Quant aux deux groupes de Fourneau, ils sont en mesure de lutter très avantageusement contre le groupe de la Franchise, dont deux batteries ont subi de grosses pertes.

Le général de division ordonne donc au général commandant la 2e brigade d'attaquer le parc et le village, sur le front Cléomont-Frévent.

L'attaque se développe dans la bande de terrain, large de 400 mètres environ, limitée à gauche par les bois de Cléomont, et à droite par le chemin de Coulmiers à la Motte-aux-Taurins. Légèrement en pente vers l'Ouest, ce terrain échappe aux vues des batteries de la Franchise. Il échappe aussi, il est vrai, à cause du bois de Cléomont, aux vues des observateurs de Champfère. En conséquence, ceux-ci se relient au général de brigade par téléphone, par estafettes et par signaux, moyens de communication qui, en cas d'accident, pourront se suppléer l'un l'autre. La communication par estafettes permettra l'envoi de croquis planimétriques simples, indiquant le point à frapper, avec une précision indispensable dans les luttes rapprochées qui s'engageront successivement sur la lisière du parc et sur celle du village.

Le général de brigade engage d'abord un

ATTAQUE ET DÉFENSE D'UN POINT D'APPUI

bataillon, dont deux compagnies se déploient immédiatement, ce qui donne une densité de feux d'un peu plus d'un homme par mètre courant, deux hommes et demi, renforts compris. Une compagnie tirée d'un autre bataillon suit le renfort de droite, prête à se jeter sur le chemin de Coulmiers à la Motte-aux-Taurins et à battre le glacis qui descend vers la Franchise, si l'ennemi organise une contre-attaque de ce côté.

Ainsi couverte sur sa droite, l'attaque progresse jusqu'au petit groupe de maisons situé à 300 mètres de la lisière du village. A 10 h. 30, une contre-attaque de deux bataillons débouche de l'Est de Coulmiers. Les batteries de la Franchise redoublent l'intensité de leur feu; mais elles ne tardent pas à le suspendre, de crainte d'atteindre leur infanterie. Les batteries de Fourneau au contraire, qui enfilent la lisière Sud du village, n'ont qu'à allonger leur tir de 500 mètres, pour frapper les troupes ennemies, sans risquer d'atteindre l'infanterie amie. La compagnie de flanc garde de droite ouvre le feu. Elle est bientôt renforcée par le reste du bataillon qui n'a que 400 mètres à parcourir, à l'abri des vues, pour se déployer entre le groupe de maisons et la cote 118.

La contre-attaque échoue. La troupe d'attaque se porte en avant. Un signal convenu, fait de la ferme de Cléomont, prévient les observateurs de Champfère que l'artillerie doit allonger son tir et le reporter vers la gauche. Notre ligne de tirailleurs arrive à 11 heures sur la lisière Sud de l'objectif d'attaque.

LE COMBAT

Au même moment, le bataillon qui attaque à l'Ouest arrive sur la lisière du parc de ce côté. Le bataillon de renfort s'est également rapproché. Le bataillon qui occupe la carrière des Crottes n'a pas bougé. Son feu a plusieurs fois arrêté les escadrons ennemis qui opèrent au Nord du village.

Le général de brigade engage alors les deux bataillons qui lui restent, soit environ cinq hommes par mètre courant, renforts compris. Ces deux bataillons se portent en avant, en plusieurs lignes de petites colonnes par deux ou par quatre, à intervalles de déploiement, baïonnette au canon. Ils n'ont que 400 mètres à parcourir pour rejoindre la ligne de tirailleurs. Ils dépassent celle-ci à 11 h. 30.

Le commandant de l'attaque fait alors battre et sonner la charge. L'artillerie de Fourneau redouble l'intensité de son feu, sur les batteries de la Franchise et sur le village. Les batteries d'infanterie allongent leur tir, et le reportent encore vers la gauche. Elles cherchent à atteindre les réserves ennemies, pour empêcher le renforcement de la lisière et le remplacement des munitions.

Après avoir dépassé la ligne des tirailleurs, la troupe d'assaut est obligée de s'arrêter. Elle se déploie alors et ouvre le feu. Elle permet ainsi à la seconde ligne de la rejoindre, de la dépasser à son tour, ou de l'entraîner. Enfin, sur l'ordre des officiers, tous se jettent sur l'ennemi aux cris de : « En avant! » et au son de la Marseillaise, jouée par une musique militaire, que les soldats accompagnent de leurs chants. Il est midi lorsque nos troupes pénètrent dans le village.

Le rétablissement de l'ordre. — La poursuite.

Pendant que les troupes d'assaut sont remises en ordre et rassemblées, le général de division dirige les deux bataillons et le groupe d'artillerie qui lui restent, par le chemin de Cléomont à Frévent, sur la lisière Est du village. Le rôle de ces troupes fraîches n'est pas d'achever la défaite de l'ennemi. L'exploitation complète du succès de l'attaque est l'affaire d'unités de deuxième ligne désignées par l'autorité supérieure. Tout ce que peut faire le chef de l'attaque, avec les éléments dont il dispose encore, c'est d'assurer aux troupes victorieuses la possession du terrain conquis, c'est d'entamer la poursuite, dont l'achèvement sera confié à d'autres troupes.

A cet effet, un des bataillons frais garnit la lisière Est du village; l'autre reste rassemblé, prêt à se porter en avant. Les deux batteries s'installent au sud de Frévent. Les troupes se trouvent ainsi en situation de repousser un retour offensif de l'ennemi.

Ce retour ne se produisant pas, le bataillon réservé, renforcé de deux des bataillons de l'attaque qui ont le moins souffert, se porte à l'embranchement de la grand'route et du chemin qui va de Cléomont à Rozières. L'artillerie tire sur les têtes des colonnes en retraite, pour les désorganiser et ralentir leur marche. Deux escadrons se glissent sur les flancs de l'ennemi; ils chargent

LE COMBAT

les troupes qu'ils atteignent ou les inquiètent par leurs feux. Ils les obligent ainsi à s'arrêter.

L'infanterie attaque les éléments qui ont fait tête, avec l'appui de l'artillerie de Frévent, bientôt rejointe par celle de Fourneau, puis par les unités de deuxième ligne, dont le rôle est de continuer la poursuite ainsi commencée.

IX

FORCES MATÉRIELLES. FORCES INTELLECTUELLES. FORCES MORALES.

Les leçons de l'histoire.
Forces matérielles : le nombre des canons; obusiers et artillerie lourde; tendances allemandes.
Forces intellectuelles : les règles de tir, l'instruction.
Forces morales. Le soldat français et le soldat allemand. L'éducation morale. La cohésion. Armée française et armée allemande. Recrutement régional. Manœuvres à rangs serrés. Unités de première ou de deuxième ligne. L'entraînement. Les réservistes. Périodes d'instruction. L'action personnelle du chef. Subordination volontaire. Ce qu'il faut dire au soldat.

Les leçons de l'histoire.

Lorsqu'un conflit éclate entre deux nations, le public fait généralement entrer en ligne de compte, dans l'estimation des chances des belligérants, les effectifs et la valeur technique des combattants, le nombre et la perfection des engins, en un mot, les forces *matérielles*, plutôt que les forces *intellectuelles* ou *morales*, qui passent alors au second plan.

En 1870, le fusil Chassepot et la mitrailleuse de Reffye devaient nous procurer une victoire facile. On sait ce qu'il advint.

LE COMBAT

La guerre terminée, la grande majorité de l'opinion attribua les succès de nos adversaires à la supériorité de leur artillerie, et on admit qu'il en serait toujours ainsi. Ce fut une autre erreur; car la supériorité de l'artillerie russe n'empêcha pas, en Mandchourie, les Japonais d'être victorieux.

On a reproché au maréchal Le Bœuf d'avoir dit qu'il ne nous manquait pas un bouton de guêtre. Si l'on se rappelle l'enthousiasme avec lequel cette déclaration avait été accueillie, au Parlement et dans le pays, on se demande ce qui fut le plus regrettable, de l'inexactitude du renseignement donné, ou de l'état d'esprit d'un peuple à qui il a suffi de dire, pour lui donner confiance, que les approvisionnements de guerre étaient au complet.

En 1898, lorsqu'on eût inventé le canon de 75 avec lequel, dans des tirs effectués au camp de Châlons sur des cibles en bois représentant différentes formations d'infanterie, on obtint, en quelques minutes, des efficacités voisines de 80 p. 100, ce fut un cri d'allégresse dans toute l'armée française. L'infanterie ennemie, déclarat-on, ne tiendra pas devant un pareil engin. Survint la guerre de Mandchourie; on constata que, même en terrain découvert, une infanterie manœuvrière pouvait progresser sous le feu d'une artillerie, sinon à tir rapide, du moins à tir accéléré.

Lorsque la guerre éclata dans les Balkans, l'attention de l'Europe se porta presque exclusivement sur les effectifs des armées qui allaient se trouver en présence. La population des Turcs était quadruple de celle des Alliés ; l'effectif de l'armée active plus que double ; celui des réservistes supérieur d'un tiers. Le soldat turc passait d'ailleurs pour profondément discipliné, et particulièrement résistant. Dans l'esprit du public, il n'était pas douteux que la Turquie serait victorieuse.

Un grand journal français prophétisa cette victoire en publiant un dessin où le colosse turc, tel Gulliver chez les Lilliputiens, était entouré d'un Grec, d'un Bulgare, d'un Serbe et d'un Monténégrin, dont les tailles minuscules étaient à celle du Turc, comme les effectifs des armées correspondantes.

On ne se demanda pas de quel côté se trouvait la supériorité des forces morales. On ne fit pas entrer en ligne de compte la haine des peuples balkaniques pour l'ennemi héréditaire, dont ils subissaient le joug depuis cinq cents ans ; l'union de chacun de ces peuples avec son armée et avec son gouvernement ; l'union des quatre peuples entre eux, soutenus par un idéal politique commun.

Les prévisions des augures ne s'étant pas réalisées, on invoqua, pour expliquer les victoires balkaniques, la supériorité du canon français sur le canon allemand. Non pas la supériorité des méthodes de tir françaises sur les méthodes de tir allemandes — ç'eut été faire aux forces intellectuelles la part à laquelle elles ont droit — mais la supériorité des produits du Creusot sur ceux de l'usine Krupp.

LE COMBAT

Dans des articles où je cherchais à détruire cette légende, j'attribuai les succès de l'armée bulgare aux qualités offensives de son infanterie. Ces articles me furent reprochés par quelques-uns. Il ne faut pas, me dit-on, discréditer notre canon. Comme si la thèse que je soutenais n'était pas plus rassurante encore, les qualités du soldat bulgare étant celles du soldat français.

Six mois après, les Bulgares étaient battus par les Serbes. Leur canon était cependant resté le même ; mais la balance des forces morales ne penchait plus de leur côté.

Autant, en effet, les Bulgares avaient mis d'enthousiasme à combattre pour la Bulgarie, autant ils étaient peu disposés à combattre pour le parti militaire dont les intrigues avaient déchaîné la seconde guerre.

Le Bulgare n'avait d'ailleurs pas la haine du Serbe ni celle du Grec, au même degré que celle du Turc. Les Serbes, au contraire, en voulaient beaucoup aux Bulgares, qui les avaient traîtreusement attaqués.

Dans la lutte contre les Grecs, près de Lahna, une brigade, qui s'était merveilleusement conduite pendant la première partie de la guerre, se débanda complètement. N'est-ce pas la preuve que les Bulgares en avaient assez ?

En vain, l'autorité militaire traîna-t-elle, devant le Conseil de guerre de Sofia, le 8 octobre 1913, le colonel qui commandait cette brigade.

Les gouvernements doivent en prendre leur parti. Ils ne lanceront plus les peuples, les uns contre les autres, que si ces derniers le veulent bien.

Forces matérielles. Le nombre des canons. Obusiers et artillerie lourde. Tendances allemandes.

Dans les discussions auxquelles a donné lieu l'explication des victoires remportées par les Bulgares sur les Turcs, ceux qui ont attribué ces victoires à la supériorité du canon français sur le canon allemand, ont négligé de faire remarquer que la batterie turque comprenait six pièces et que la batterie bulgare en comprenait quatre ; qu'en outre les Turcs avaient relativement plus de batteries que les Bulgares ; si bien que le nombre total des pièces était, chez les Turcs, de quatre pour mille hommes et, chez les Bulgares, de deux pour mille seulement.

Cette question a de l'importance, au moment où certains voudraient que l'artillerie française, dont le nombre de pièces est de quatre pour mille hommes, imitât l'artillerie allemande, où la proportion est de six pour mille, obusiers légers compris, sept pour mille avec l'artillerie lourde.

Des expériences nombreuses et méthodiques ont montré, qu'entre les mains d'un même capitaine, une batterie de quatre pièces à tir rapide donne plus de coups au but qu'une batterie de six. Non pas qu'elle en tire plus, mais elle les tire mieux. Les difficultés de commandement de la batterie de six pièces sont telles que la conduite du feu s'en ressent. Il sort plus de projectiles de la bouche des pièces, mais il en arrive moins au but dans le même temps.

Il n'y a rien là qui puisse choquer le sens commun. Le fantassin serait-il plus fort avec deux fusils qu'avec un ? Ne serait-il pas trop lourdement chargé, si on voulait lui faire porter un nombre double de cartouches ? N'arriverait-il pas, sur l'emplacement de tir, plus fatigué ? Ne se fatiguerait-il pas davantage encore, en tirant deux fois plus vite, et y aurait-il quelque chose d'étonnant à ce que, mal ajusté, son tir devînt moins efficace ?

De même, avec six pièces au lieu de quatre, le commandant d'une batterie de canons à tir rapide est alourdi et embarrassé. Il fait de moins bonne besogne ; tous les artilleurs le reconnaissent ; l'expérience l'a péremptoirement démontré.

C'est pour cette raison, et non pour d'autres, qu'à la suite d'essais comparatifs qui ont duré sept années, essais qui ont été recommencés plusieurs fois, et dont les premiers résultats ont toujours été confirmés, l'artillerie française a adopté la batterie de quatre pièces.

Le tort de nos artilleurs, dans la légitime campagne qu'ils firent à ce sujet, fut de croire que le public ne comprendrait jamais le raisonnement qui précède ; qu'il valait mieux lui dire, tout simplement, que le canon français était supérieur au canon allemand ; car, au début, nous possédions un canon à tir rapide, et nos voisins un canon à tir accéléré seulement ; qu'en un mot, deux canons français valaient trois canons allemands. Argument ridicule, car la batterie française de quatre pièces à tir rapide est préférable à celle de six, du même modèle, même si elle n'a pas en face d'elle une batterie allemande.

Aussi, une vive émotion s'empara-t-elle du public, quand on vit les Allemands adopter un canon comparable au nôtre. On ne se demanda pas si nos voisins n'auraient pas mieux fait de réduire, de six à quatre comme nous, le nombre des pièces de leur batterie. Pour beaucoup de Français, les Allemands ont toujours raison. On proposa donc, ou le retour à la batterie de six pièces, ou l'augmentation du nombre des batteries, de manière à retomber sur le chiffre des canons du corps d'armée allemand.

En vain des artilleurs qualifiés firent-ils observer que, depuis l'adoption du tir collectif, on comptait par batteries et non par canons ; qu'aux termes de l'Instruction ministérielle du 17 janvier 1906, « la batterie est un *instrument collectif* entre les mains du capitaine ; que, de la façon dont cet instrument est manié, dépendent les résultats obtenus » ; que si une batterie de quatre pièces vaut mieux qu'une de six, vingt-quatre batteries de quatre pièces valent mieux que vingt-quatre batteries de six.

Le public ne voulut rien entendre. Nous avons, répondit-il, 92 canons par corps d'armée, et les Allemands en ont 144. Nous ne pouvons pas rester dans une pareille situation d'infériorité.

Sous l'empire de cette émotion, la Commission

de l'armée de la Chambre des députés ouvrit une enquête, au cours de laquelle elle entendit un grand nombre d'officiers. Je fus appelé devant elle, en novembre 1908.

Aux arguments dont l'exposé précède, accompagnés de beaucoup d'autres, déjà développés dans un rapport que j'avais adressé au Ministre de la Guerre, le 24 septembre 1908, j'ajoutai que, sur le front normal de combat d'un corps d'armée, on trouverait rarement la place de plus de vingt-quatre batteries de quatre pièces; que cette constatation avait été faite, il y a quelques années déjà, par le général Hagron, à la suite d'une étude détaillée de la frontière de l'Est; que je l'avais faite moi-même dans une manœuvre organisée près de Lorlanges, dans le Cantal, le 12 septembre 1908, lorsque je commandais le 13ᵉ corps[1]; que s'il plaisait aux Allemands d'augmenter encore le nombre des canons de leur corps d'armée, il faudrait s'en réjouir, et non les imiter; que ce serait folie d'encombrer les colonnes et le champ de bataille d'une quantité d'artillerie telle qu'il n'y resterait plus de place pour l'infanterie; que ces idées commençaient à se faire jour en Allemagne, que c'étaient celles des généraux von Blume, Rohne et von Bernhardi[2].

La Commission de l'armée ne contredit aucun de mes arguments. Elle m'objecta seulement que, jamais, l'opinion publique n'admettrait que l'armée française entrât en campagne contre nos

---

1. *La manœuvre de Lorlanges*, p. 40.
2. Voir *Journal des sciences militaires* du 15 janvier 1913, p. 235.

voisins, avec une aussi forte disproportion d'artillerie.

Finalement, le Parlement vota la loi du 24 juillet 1909. La batterie de quatre pièces fut maintenue ; mais le nombre des batteries du corps d'armée fut porté de 23 à 30. Il aurait fallu le porter à 36, pour obtenir le nombre de pièces des Allemands ; mais la loi spécifia que, dès que ce serait possible, on adopterait le chiffre de nos voisins.

Ainsi, on avait reconnu la supériorité de la batterie de quatre pièces sur celle de six. On reconnaissait implicitement que, sous forme de batteries de quatre pièces, nos quatre pièces par mille hommes valaient mieux que les six pièces pour mille des Allemands ; puis, par une inconséquence étrange, ne sachant plus si l'on comptait par batteries ou par canons, on faisait un détour qui nous conduisait à la proportion de cinq pièces pour mille.

Chose plus étrange encore, montrant bien l'absence de tout principe directeur dans la discussion relative à cette réorganisation, la loi était à peine votée, qu'une décision ministérielle, vraisemblablement inspirée par un autre bureau du ministère de la guerre, portait, de quatre à cinq aussi, par l'adjonction d'une brigade de réserve, le nombre des brigades d'infanterie du corps d'armée mobilisé. La proportion de quatre pièces pour mille hommes se trouvait donc rétablie, avant que celle de cinq pour mille eût été appliquée.

LE COMBAT

C'est ainsi que, l'année suivante, aux manœuvres de Picardie où, pour la première fois, chaque corps d'armée avait été pourvu de trente batteries et où, comme chef des arbitres, j'avais été chargé de voir ce que donnerait la proportion de cinq pour mille, je me trouvai en présence de la proportion de quatre pour mille que la loi avait condamnée.

On voit combien a été irréfléchie l'augmentation prescrite par la loi du 24 juillet 1909.

Le législateur ne s'est pas demandé quelle devait être dans une armée bien organisée, la meilleure proportion à observer entre l'artillerie et l'infanterie. Il ne s'est pas dit :

« De même que la batterie de quatre pièces à
« tir rapide est supérieure à celle de deux et à
« celle de six, quels que soient d'ailleurs le but
« sur lequel elle tire et l'effectif de la troupe d'in-
« fanterie à laquelle elle est attachée ; de même,
« toutes choses égales d'ailleurs, entre le chiffre
« de deux canons pour mille homme, et celui de
« six pour mille, il doit y avoir un juste milieu
« au delà duquel et en deçà duquel les résultats
« obtenus seraient moins bons. »

Ce juste milieu correspondant, non pas à toutes les circonstances du champ de bataille, mais à la moyenne des situations qui se présenteront en campagne, on aurait pu le déterminer, en analysant les observations recueillies au cours des dernières guerres et des manœuvres d'automne. Nos dirigeants ne s'en sont pas souciés. Ils se sont dit, tout simplement :

« Plus on a de canons, plus on est fort. Augmentons donc le nombre des canons. »

Puis, presque immédiatement après :

« Plus on a de bataillons, plus on est fort. Augmentons donc le nombre des bataillons. »

Finalement, ils sont revenus au point de départ. Je m'en féliciterais, s'il ne fallait pas regretter le temps perdu dans des discussions dont le seul résultat a été d'égarer l'opinion.

Le public ignore, en effet, que le nombre des bataillons ait été modifié. Il ne connaît que l'augmentation du nombre des pièces. On lui a fait espérer une nouvelle augmentation. On l'a ainsi laissé croire que la valeur d'une armée réside dans le nombre de ses canons. Il est donc fort inquiet, en face des 160 bouches à feu, obusiers légers et canons lourds compris, du corps d'armée allemand.

*
* *

On a vu plus haut[1] le cas qu'il faut faire de ces *canons longs*, portant à sept ou huit kilomètres, et dont il suffira de se rapprocher la nuit, comme on l'a fait à Viatressa, ou de se rapprocher le jour, par des cheminements défilés, pour se trouver, vis-à-vis d'eux, à deux de jeu.

Quel effet peut-on d'ailleurs attendre de bouches à feu tirant à des distances telles que ce tir n'est pas observable ? Ce serait, plus encore qu'en Mandchourie, le tir « sur l'inconnu, sur des vil-

---

1. Voir page 187.

lages abandonnés, des épaulements inoccupés, des murs derrière lesquels il ne se passe rien du tout[1] ».

Il n'est pas de liaison possible pour l'infanterie, avec une artillerie qui se tiendrait à six kilomètres en arrière. Une semblable artillerie ne pourrait prendre pour objectif que le canon opposé. Mais alors, ce serait un pas vers la spécialisation des contrebatteries et des batteries d'infanterie, spécialisation contre laquelle s'élève très justement le règlement du 8 septembre 1910[2].

Il est à remarquer que ce règlement est à peu près muet sur les services à attendre de l'artillerie lourde, dans la guerre de campagne. Au n° 18, il se borne à dire que cette artillerie peut agir contre des constructions très résistantes ou des ouvrages de fortification ; que, grâce à son tir courbe, elle est susceptible d'utiliser les masques, d'une façon plus complète que l'artillerie de campagne, et d'atteindre des espaces qui seraient en angle mort pour celle-ci.

Mais, ajoute le règlement, pour la destruction des buts vivants, non en angle mort, ou celle des obstacles habituels, l'artillerie lourde a un rendement inférieur à celui de l'artillerie de campagne, laquelle emploie des projectiles plus petits, mais plus nombreux et mis en œuvre bien plus rapidement.

Le n° 6 dit encore que, hors des routes, l'artil-

---

1. Voir page 173.
2. Voir dernier alinéa du rapport justificatif du titre V.

lerie lourde se déplace moins facilement que l'artillerie de campagne. Il dit enfin que la préparation de son tir est plus lente et les changements d'objectifs moins rapides.

En somme, le règlement de 1910 fait ressortir les inconvénients, plus que les avantages de l'artillerie lourde. Dans quels cas, en effet, aura-t-on à agir, sur le champ de bataille, contre des *constructions très résistantes* ou des *ouvrages de fortification* ?

Aux manœuvres de 1912, le commandant de l'armée de l'Ouest, ne sachant que faire du groupe d'artillerie lourde qui avait été mis à sa disposition, groupe qui, aux termes des instructions en vigueur, aurait dû rester un organe d'armée, l'a passé, avant tout engagement, à un de ses commandants de corps d'armée, qui l'a passé lui-même à un de ses généraux de division. Finalement, ce groupe a été employé à appuyer l'attaque du village de Craon, sur lequel tiraient déjà quatre groupes de 75, alors qu'il en aurait suffi d'un ou de deux.

Il ne reste à l'artillerie lourde, des qualités que lui attribue le règlement de 1910, que l'aptitude à exécuter du tir courbe.

A ce sujet, le capitaine d'artillerie Bellenger, envoyé en mission d'étude sur le théâtre de la guerre des Balkans, a écrit ce qui suit[1] :

« En France, dans le tir de l'obusier, on envi-
« sage, avant tout, la courbure de la trajectoire.
« Bulgares et Serbes, au contraire, paraissent

---

1. *Revue d'artillerie*, novembre 1913.

« n'y voir que la grande portée et la puissance
« du projectile. Etonné de n'entendre parler des
« pièces lourdes que sous ces deux rapports, j'ai
« posé la question de la courbure des trajectoires.
« Il m'a été répondu *qu'on n'en avait jamais
« senti le besoin*.

« Il faut remarquer d'ailleurs que les Bulgares
« et les Serbes traînaient derrière eux des bat-
« teries de 120 long, tout aussi bien que des
« batteries d'obusiers. J'ai demandé si les uns et
« les autres avaient beaucoup servi.

« Du côté bulgare, on ne m'a signalé l'emploi
« d'obusiers, hors les cas d'Andrinople et de
« Tchataldja, qu'au combat de Bunar-Hissar.
« Cet emploi ne fut motivé, ni par le besoin de
« *trajectoires courbes*, ni par celui de *pièces
« puissantes*, mais par une situation critique
« qui exigeait l'utilisation complète de toutes les
« ressources disponibles.

« Du côté serbe, l'artillerie lourde n'a servi
« qu'à Monastir, et elle y a servi, par sa portée,
« pour soutenir l'infanterie au delà d'une large
« inondation qu'il fallait traverser pour attaquer
« l'ennemi. »

Quel mobile a donc poussé les peuples balkaniques à encombrer leurs équipages de campagne d'une pareille artillerie ? Ces peuples ont voulu faire comme les Allemands, sans se demander si cela était utile ou non.

Ferions-nous comme les peuples balkaniques. Il ne faut pas que l'imitation de l'Allemagne soit la règle de nos gouvernants.

Les considérations qui ont conduit les Allemands à adopter un *obusier léger* de campagne sont très clairement exposées dans un article publié par la *France Militaire* du 27 juillet 1912.

« Le premier objectif des obusiers allemands,
« dit ce journal, sera notre artillerie. C'est en
« détruisant cette artillerie, et non en se conten-
« tant de la neutraliser, que les Allemands
« entendent appuyer leur infanterie. Leur règle-
« ment les conduit à considérer la lutte d'artille-
« rie comme un des actes essentiels de la bataille.
« Toute l'artillerie en ligne, le plus tôt possible,
« et agissant en masse. Tel est le principe qui
« paraît être adopté par les Allemands. Ce prin-
« cipe est logique, conforme à leur esprit de mé-
« thode. C'est lui qui, chez eux, se manifeste
« dans tous les règlements : la recherche, dès le
« premier choc, du *coup de massue*. »

Les Allemands ont adopté l'obusier de 105, à cause de l'insuffisante efficacité de leur obus brisant de campagne, comparativement à celle de notre obus explosif de 75. Ils ont simplement voulu une forte charge d'explosif.

La voiture obusier ne devant pas peser plus que la voiture canon, ils ont été obligés de réduire la longueur d'âme, les épaisseurs de métal, la charge de poudre et, par suite, la vitesse initiale du projectile. Le tir courbe est donc, en Allemagne, la conséquence de l'augmentation du calibre.

D'autre part, le projectile de l'obusier pesant

plus que celui du canon, le même nombre de voitures ne permet pas d'en transporter autant. Or, il faut pouvoir disposer d'un grand nombre de coups, pour les besoins ordinaires du tir de campagne. Les Allemands sont donc obligés d'avoir deux calibres. C'est une source de complications, non seulement au point de vue des approvisionnements, mais encore au point de vue tactique.

Chacun sait en effet qu'aux manœuvres, quand on veut monter une attaque, on a souvent de la peine à trouver sous la main les batteries dont on a besoin. C'est pour esquiver cette difficulté que tant de chefs répartissent *a priori* leur artillerie entre les différentes unités d'infanterie, ou la déploient *a priori* sur le terrain. De la sorte, il y a de l'artillerie un peu partout, et, quand vient le moment d'appuyer une attaque, on fait appel aux batteries qui se trouvent là, fussent-elles très mal placées pour exécuter la besogne qu'on leur impose.

Aux manœuvres, on s'aperçoit rarement de l'impossibilité dans laquelle se trouve ainsi l'artillerie de remplir sa mission, parce qu'il n'y a pas de projectiles dans les canons et que bien peu de chefs s'inquiètent de savoir sur quoi tirent les batteries, ne voulant pas s'astreindre à leur demander communication de leurs bulletins de tir. Mais à la guerre, si l'artillerie n'est pas placée où elle doit l'être pour appuyer les attaques de l'infanterie, c'est de son sang que l'infanterie paiera la faute commise.

FORCES MATÉRIELLES

Avoir constamment sous la main, sans être trop avare, les batteries dont on peut avoir besoin, à un moment donné, c'est un des devoirs les plus difficiles du chef qui commande. Il n'est pas douteux que cette difficulté serait accrue par la coexistence de deux calibres dans nos équipages de campagne. On trouverait du canon, quand on voudrait de l'obusier, ou de l'obusier quand on voudrait du canon.

Les Allemands, dont l'intention est de déployer d'emblée toute leur artillerie, sous prétexte de prendre sur nous la supériorité du feu, sous prétexte de nous assener ce *coup de massue* sur lequel ils comptent tant, seront fatalement amenés, par la brusquerie de leur entrée en ligne, à employer, ainsi qu'on l'a fait dans les Balkans, le canon comme l'obusier et l'obusier comme le canon.

Ils ne prendront pas le temps de choisir, pour chaque espèce de bouche à feu, des emplacements convenables. Ils n'auront d'ailleurs pas les éléments de ce choix, leur artillerie devant être déployée avant que l'on sache sur quoi elle tirera. Et alors, sur les pentes raides, où il aurait fallu de l'obusier, ils auront du canon qu'ils seront obligés d'établir à découvert ; et sur les pentes douces, où du canon aurait suffi, ils auront de l'obusier dont ils n'utiliseront pas les propriétés. Nos batteries masquées démoliront les pièces ennemies qui se laisseront apercevoir. Ce sera, pour notre adversaire, la supériorité des pertes et non la supériorité du feu.

LE COMBAT

Bref, les Allemands ont adopté leur obusier de campagne, parce qu'ils ont voulu une forte charge d'explosif, en vue de la lutte préalable d'artillerie à laquelle ils tiennent par-dessus tout. Mais nous qui ne considérons pas cette lutte comme un acte séparé de la bataille, nous qui ne rêvons pas l'anéantissement de l'artillerie adverse, nous aurions bien tort d'adopter un pareil engin.

*
* *

Je ne crois, ni aux effets destructeurs des gros calibres, ni à l'utilité que présenteraient ces effets, si on pouvait les réaliser sur le champ de bataille. Le règlement de 1910 ne paraît pas y croire plus que moi.

Je ne crois que très modérément à la nécessité du tir courbe. Pour justifier cette nécessité, certains font remarquer que notre canon de 75, avec sa trajectoire tendue, sera incapable de répondre à l'obusier allemand, fortement défilé. Or, je l'ai déjà dit, m'appuyant sur le raisonnement, sur le règlement et sur les leçons de la guerre[1], jamais une bouche à feu, même en situation de répondre, n'aura à tirer sur celle dont elle recevra des coups ; à moins d'abandonner sa mission, de faire ainsi le jeu de l'adversaire, et d'engager avec ce dernier un duel dans lequel elle aurait forcément le dessous ; car s'il est relativement facile aux servants, abrités derrière leurs boucliers, de continuer un tir commencé, il

---

1. Voir pages 192 et 193.

leur est à peu près impossible de changer d'objectif et d'entreprendre un nouveau réglage sous le feu.

Si l'un de nos canons de 75 est pris à partie par un obusier allemand fortement défilé, le soin de répondre à ce dernier appartiendra à une autre bouche à feu convenablement placée. Ce sera forcément un tir difficile, tellement difficile que le n° 416 du règlement de manœuvre de l'artillerie allemande s'exprime comme il suit :

« Avant de contrebattre des objectifs de ce
« genre, on se demandera si le résultat cherché
« est en rapport avec les moyens à employer. »

Il faudra, en effet, par des observations terrestres ou aériennes, déterminer d'abord le point d'où partent les coups, puis le repérer sur la carte, et en mesurer les coordonnées topographiques, par rapport à des repères convenablement choisis ; opérations très longues, au cours desquelles on trouvera toujours un emplacement d'où un canon de 75 pourrait atteindre l'obusier allemand.

L'erreur de la plupart des partisans de l'obusier léger de campagne est de croire que la possession d'une bouche à feu de ce genre nous permettrait de répondre, du tac au tac, à l'obusier allemand. Mais, lors même que les difficultés d'observation n'existeraient pas, il faudrait, qu'à côté de chaque canon de campagne, se trouvât un obusier léger.

Le tir courbe a pour seul avantage la simplification qu'il apporte à la résolution du problème de la masse couvrante, et la possibilité qu'il procure ainsi d'appuyer de plus près les attaques de l'infanterie. Si l'on estime que cet avantage est appréciable, il faut le procurer à toutes nos bouches à feu, et non à une partie seulement d'entre elles, comme l'ont fait les Allemands.

Un dispositif, récemment imaginé par le commandant Malandrin, permet d'obtenir à volonté, avec le canon de 75, le tir tendu ou le tir courbe. On peut s'en tenir là, jusqu'au jour où on jugera que le canon de 75 français, déjà un peu distancé par le canon italien, doit être remplacé par un autre. On adoptera alors une bouche à feu aussi légère, dont le projectile sera un peu plus lourd, et la trajectoire un peu moins tendue. Il y aurait de graves inconvénients, au point de vue de la facilité du service, à introduire deux calibres dans nos équipages de campagne.

Cette introduction présenterait un autre inconvénient plus grave encore. Elle inciterait nos artilleurs, épris, à juste titre, de leur canon de 75, à demander que l'obusier léger vint en surnombre. On réaliserait ainsi le desideratum formulé par la loi du 24 juillet 1909; on atteindrait le chiffre des Allemands. On finirait par avoir, comme eux, du canon léger, de l'obusier léger, du canon lourd, de l'obusier lourd et du mortier[1]. Or, nous avons assez d'artillerie; nous en avons plutôt trop.

1. Art. 356 du Règlement de manœuvre de l'artillerie allemande.

Ni aux manœuvres de Picardie en 1910, ni aux manœuvres de l'Est en 1911, les seules, depuis la manœuvre de Lorlanges, où on ait expérimenté la proportion de quatre pièces pour mille hommes, on n'a pu employer utilement toutes les batteries des corps d'armée. Et quand on a tenté de le faire, la place a tellement manqué, que les groupes se sont enchevêtrés; le commandement s'est disloqué; une brigade a dû, pour se porter à l'attaque, traverser la ligne des batteries, en passant, non pas seulement dans les intervalles qui existaient entre les groupes, mais dans les intervalles des pièces elles-mêmes. L'artillerie fut obligée de cesser son feu, pour laisser passer la troupe d'infanterie dont elle était chargée d'appuyer l'attaque[1].

Forces intellectuelles. Les règles du tir. L'instruction.

Nous sommes toujours, en ce qui concerne l'artillerie, sous l'impression angoissante des souvenirs de la guerre de 1870, où nos ennemis nous ont été si supérieurs. Mais ils ne nous ont pas été supérieurs au point de vue du nombre seulement.

J'ai conservé l'Aide-mémoire d'artillerie de campagne que je portais dans ma sacoche, pendant la guerre de 1870, et que je lisais souvent. On trouve, dans ce petit volume, des indications

---

[1]. Assez de canons. *Grande Revue* du 25 janvier 1913, p. 332.

très précises sur le chargement des voitures et sur la manière de toucher des munitions, mais pas un mot sur l'emploi tactique de l'artillerie au combat.

On n'y trouve même pas de règles de tir. C'est sur le champ de bataille que j'ai appris ce que c'était que la *fourchette*. Ce fut une véritable révélation pour moi, et pour mes camarades, de voir toujours les Allemands, quand leur premier coup était court, augmenter carrément la hausse, de manière à obtenir un coup long, puis adopter la hausse moyenne, et continuer ainsi, jusqu'à ce que leurs coups tombent au but, ou dans son voisinage.

Les Allemands avaient, avant la guerre de 1870, des écoles de tir d'artillerie, où leurs officiers s'exerçaient à observer les coups et à régler le tir. Chez nous, il n'existait rien de semblable. Les écoles à feu s'exécutaient sur des polygones profonds de 5 à 600 mètres au plus. Les objectifs étaient placés à distance connue, et les écarts du tir, relevés au point de chute par des observateurs étrangers à la batterie, étaient communiqués au capitaine, par des plantons à cheval qui faisaient la navette entre la batterie et le but.

Pendant l'armistice de 1871, j'ai été envoyé à Toulouse pour y former une batterie et l'amener à l'armée de la Loire. Avant de quitter la garnison, j'ai fait exécuter à cette batterie un exercice de tir, dans les conditions que je viens d'indiquer. Je venais de faire la guerre ; j'avais tiré sur des objectifs éloignés et peu visibles, que je m'étais exercé à découvrir, dans ma jumelle de campagne. J'aurais voulu me passer des indications des plantons à cheval, et observer moi-même les écarts du tir.

L'emploi de la jumelle, qui n'était pas encore réglementaire, offusqua tellement le directeur de l'école, officier supérieur étranger aux régiments, mais néanmoins chargé de la surveillance des exercices de tir, que, mon école à feu terminée, cet officier s'approcha de moi et me dit : « Capitaine, pour commander le feu, vous auriez dû mettre le sabre à la main. »

Instruite de cette façon, l'artillerie française aurait été inférieure à l'artillerie allemande, même si elle avait été pourvue d'un nombre égal de canons du même modèle.

Nous avons racheté nos fautes. Au point de vue de l'instruction du tir, l'artillerie française tient aujourd'hui le premier rang parmi les artilleries européennes. Au point de vue tactique, elle ne leur est pas inférieure. Il ne tient qu'à elle de leur être nettement supérieure. Elle fait fausse route, en cherchant sa force dans le nombre des bouches à feu.

Quelque nombreux que soient les canons, ce sera toujours le fantassin qui, en cheminant péniblement, lentement mais sûrement, abordera l'ennemi, le chassera de ses positions et assurera la possession du terrain conquis.

L'enlèvement d'un certain nombre de points d'appui entraînera généralement la chute de tous les autres. Et pour qu'une attaque réussisse, il suffira souvent qu'un petit nombre de projectiles de l'artillerie arrivent au bon moment et au bon endroit.

Dix batteries dont le tir sera conduit de telle sorte que le coup tombe toujours, là où il faut et quand il faut, feront de meilleure besogne que trente batteries qui tireront *dans le tas*.

Dix batteries convenablement défilées vaudront mieux que trente qui ne le seront pas.

La force de l'armée française réside dans la valeur de son infanterie. Nos voisins le savent bien. En vain cherchent-ils à compenser leur infériorité, à ce point de vue, par la supériorité du nombre et par la supériorité du calibre des bouches à feu.

Donnons à notre infanterie les moyens d'instruction qui lui manquent : des cadres, des stands, des champs de tir, un terrain de manœuvre convenable auprès de chaque garnison et, dans chaque corps d'armée, un camp d'instruction. C'est le meilleur emploi à faire, pour le moment du moins, des ressources disponibles du budget et du recrutement.

*
* *

L'apparition d'un nouvel engin impressionne toujours fortement l'opinion publique. La nation qui a la bonne fortune d'en bénéficier la première est généralement considérée comme possédant sur les autres une écrasante supériorité. Ce fut, en 1870, notre cas avec la mitrailleuse de Reffye. Ce fut, il y a quelques années, le cas du canon à tir rapide. Combien ai-je entendu d'officiers exprimer le regret que nous n'ayons pas fait la guerre à ce moment-là !

On se rappelle le bruit que fit, à la fin de 1912, l'adoption, par l'Italie, d'un canon de 75, système Deport, fabriqué par un établissement industriel français ; canon incontestablement supérieur à celui qui arme actuellement nos batteries de campagne, puisqu'il a été inventé depuis. On s'étonna que le gouvernement permît à l'industrie française de livrer à une puissance de la Triple-Alliance un canon supérieur au nôtre. Des explications furent même demandées, à ce sujet, par un membre du Parlement, au Ministre de la Guerre.

Je ne discuterai pas ce point de droit. Je me bornerai à dire que l'émotion du public ne se justifiait nullement.

La valeur intrinsèque d'un canon a, sur les résultats du tir, infiniment moins d'influence que la qualité des méthodes et l'habileté du personnel appelé à les appliquer. A ces deux points de vue, l'artillerie française est de beaucoup supérieure à toutes les artilleries européennes. Et cette supériorité, elle la gardera longtemps encore ; car, s'il suffit de quelques années pour renouveler le matériel d'une armée, il faut de longs efforts pour modifier ses habitudes et transformer ses procédés de combat.

C'est ainsi que les Italiens ont découvert, cinq ans après les Allemands, et dix ans après nous, la supériorité du pointage collectif sur le pointage individuel. Cette découverte est naïvement racontée par le journal l'*Esercito Italiano* du 8 novembre 1912.

Dans le *Corriere della Sera* du 3 juillet 1912, un correspondant de la guerre de Tripolitaine s'extasie sur la précision et la rapidité avec lesquelles il a vu le canon obéir aux commandements du capitaine.

« L'acier des pièces, s'écrie-t-il dans un lan-
« gage dithyrambique, les muscles des poin-
« teurs et la volonté du capitaine formaient
« une puissance prodigieuse. Ce fut une scène
« absolument nouvelle, dans les annales de la
« guerre ! »

Or, les propriétés du tir collectif, l'aptitude du matériel à exécuter immédiatement les ordres du commandant de batterie : « *Telle distance, à gauche, tant* », sont connues, en France, du dernier de nos sous-officiers. Si donc nous avions demain une guerre avec l'Italie, il y aurait encore de beaux jours pour l'artillerie française.

Forces morales. Le soldat français et le soldat allemand. L'éducation morale.

En Mandchourie, la victoire s'est trouvée du côté de la meilleure infanterie et du moins bon canon. Dans les Balkans, elle s'est trouvée du côté du plus ardent patriotisme et de la moins nombreuse artillerie.

L'amour de la liberté, la défense d'une cause juste, donnent plus de force à une armée que le meilleur fusil et le meilleur canon.

FORCES MORALES

Le nombre et la perfection des engins dont un pays dispose représentent les décimales, en quelque sorte, dans un décompte où les forces morales sont les unités.

La force morale a une importance telle, à la guerre, que, souvent, il suffit de la mettre en évidence, pour remporter la victoire. C'est ainsi que la marche résolue d'un assaillant que rien n'arrête peut faire faire demi-tour à un défenseur n'ayant subi aucune perte.

Tous les règlements, tous les auteurs militaires s'accordent pour dire que la force morale constitue le *facteur* le plus puissant du succès ; mais dans aucun texte, je ne trouve, de ce terme, une définition satisfaisante.

Pour moi, la force morale d'une troupe se mesure au pour cent des pertes que cette troupe peut subir, sans s'en émouvoir : sans s'arrêter, si elle fait de l'offensive ; sans reculer, si elle fait de la défensive ; sans se débander, dans aucun cas. Chacun sait que ce chiffre est extrêmement variable, d'une troupe à l'autre.

Le 6 août 1870, à Frœschviller, le 2e régiment de tirailleurs algériens a perdu 85 p. 100 de son effectif ; le 3e régiment de zouaves, 65 p. 100.

Le 4 août, à Forbach, le 1er régiment de tirailleurs a perdu environ le tiers de son effectif.

Le 18 août, à Saint-Privat, le 2e régiment de la garde allemande a perdu 36 p. 100.

Pendant la seconde partie de la guerre, je ne connais pas de régiment dont les pertes aient atteint, dans une seule journée, le chiffre de

LE COMBAT

15 p. 100. Ce n'est pas que le tir des Allemands ait été moins précis ; mais les troupes improvisées de la défense nationale se débandaient avant que le pour cent des pertes atteignît celui que les troupes régulières, dans les premières batailles, avaient pu supporter.

Comment peut-on arriver à rendre une troupe capable de subir, sans trop s'en émouvoir, des pertes relativement considérables ? En d'autres termes, quels sont les procédés d'éducation susceptibles d'augmenter la force morale d'une troupe ?

Celui qui écrit, a dit von der Goltz, sur la stratégie et sur la tactique, devrait s'astreindre à n'enseigner qu'une stratégie et une tactique nationales, seules susceptibles d'être profitables à la nation pour laquelle il écrit.

De même, l'éducation morale d'une troupe n'est pas la même, suivant que cette troupe est composée de Français ou d'Allemands.

Je suis ainsi amené à dire quelques mots de l'état d'âme du soldat français. Voici comment, dans son ouvrage sur l'*Infanterie*, le général de Maud'huy s'exprime à ce sujet :

« Le soldat français, descendant du Gaulois,
« lui ressemble toujours ; il est le même dans
« tout le cours de son histoire. Intelligent, mais
« raisonneur ; plein d'amour-propre, demandant
« à être vu pour bien faire ; brave et enthou-
« siaste ; prompt à se décourager, mais prompt
« aussi à reprendre confiance.

« Les conséquences de ce caractère pour la va-

« leur de la troupe sont les suivantes. La troupe
« française, terrible au premier choc, manque
« souvent de tenacité, quand elle a perdu con-
« fiance. Plus qu'aucune autre, elle a une ten-
« dance à échapper à ses chefs et à redevenir
« foule.

« Le combat en ordre dispersé, en tirailleurs,
« en grandes bandes, paraît être son ordre natio-
« nal. Le soldat, intelligent, veut se servir de
« son intelligence ; il tend à combattre et à se
« distinguer pour son compte, en échappant au
« rang matériel.

« La caractéristique essentielle de la troupe
« française, c'est sa variabilité de valeur. Aucune
« troupe n'a des exploits aussi glorieux dans son
« histoire ; aucune n'a subi d'aussi grandes dé-
« faites.

« La troupe française, bien conduite, est supé-
« rieure à toute autre, parce qu'elle a les qualités
« de la troupe, sans avoir perdu celles de la
« foule : l'enthousiasme et le dévouement. Mal
« conduite, elle n'est plus qu'une foule inapte à
« la manœuvre, à une action de longue durée.

« La troupe française est plus difficile à com-
« mander qu'aucune autre. Le soldat, plus intel-
« ligent, juge ses chefs ; il ne leur donne pas sa
« confiance, parce qu'il ont des titres et des
« galons, mais parce qu'ils les juge véritable-
« ment supérieurs. Dans d'autres armées, il suffit
« que l'officier soit l'officier ; en France, il faut
« qu'il soit le chef[1]. »

1. Général DE MAUD'HUY, *L'Infanterie*, p. 44.

LE COMBAT

Donnons maintenant la parole au général Kessler :

« Le soldat allemand, discipliné et docile, a
« besoin d'être conduit. Pénétré de respect pour
« son supérieur, il suit, sans dévier, la direction
« qui lui est indiquée, sans perdre de vue le chef
« qui le commande, sans quitter le contact de
« ses voisins, et sans se croire autorisé à faire un
« détour, pour utiliser un couvert qui l'éloigne-
« rait de sa place dans le rang.

« Dans l'armée française, l'officier est aussi le
« véritable guide de sa troupe ; mais il n'impose
» pas le respect de l'obéissance jusqu'à entraver
« l'initiative de ses subordonnés, que leur
« audace et leur nervosité poussent souvent à
« rechercher le contact de l'ennemi, avant
« d'avoir reçu des ordres précis à cet égard.

« Qu'importe, d'ailleurs, si c'est un soldat de
« deuxième classe qui, par son habileté, est par-
« venu, dans son cheminement, à servir de point
« de ralliement à sa compagnie. La discipline
« française n'a pas à en souffrir. La tactique
« nouvelle, en se pliant aux couverts du terrain,
« donne les moyens de canaliser cette fière indé-
« pendance du caractère français, et cette ardeur
« au combat, qui se sont souvent traduites par
« des mouvements spontanés de masses, se
« ruant sur l'ennemi, sans avoir reçu d'ordres,
« ainsi que les épisodes des guerres de Crimée
« et d'Italie en offrent de nombreux exemples[1]. »

Écoutons enfin les officiers étrangers.

---

1. Général Kessler, *La Guerre*, p. 60.

Voici comment, le 21 septembre 1905, dans un banquet offert par la mission américaine envoyée en France pour suivre les manœuvres d'automne, le général Bell, chef de la mission, s'exprimait sur le compte du soldat français :

« Dans ce beau pays, nous avons admiré tant
« de choses qu'il est difficile de dire ce qu'il
« faut admirer davantage. Pour ma part, le sen-
« timent respectueux, mais cordial et amical,
« que professe envers son supérieur le soldat
« français, m'a profondément impressionné.
« C'est en termes affectueux, nuancés d'admira-
« tion et de respect, qu'il s'adresse à ses géné-
« raux et à ses autres chefs. Jamais je n'ai
« remarqué chez lui le moindre signe de mécon-
« tentement; partout, au contraire, il manifes-
« tait le désir de plaire à ses officiers. Les plus
« grands efforts s'obtiennent du soldat français,
« sans qu'il soit utile de recourir à la sévérité.
« Son infatigable énergie et son endurance
« m'ont rempli d'une telle admiration que je le
« juge digne d'un hommage spécial, pour tant
« de belles qualités.

« C'est donc pour moi un très grand honneur
« de boire à la santé d'un homme qui porte,
« sans se plaindre, la charge d'un cheval ; d'un
« homme qui chante quand il a faim, toujours
« de belle humeur, toujours content. Je lève
« mon verre en l'honneur du simple soldat de
« France. »

En décembre 1911, le *Daily Mail* a publié le jugement porté sur le soldat français par un officier anglais, M. W. L. George, après un stage effectué à Reims, au 132ᵉ régiment d'infanterie.

De cet article, j'extrais ce qui suit :

« Dans les discussions qui ont dernièrement
« occupé l'Europe, on a beaucoup négligé un
« facteur qui est l'élément dont le gouvernement
« français dispose pour appuyer ses volontés.
« Cet élément, c'est le soldat français.

« Individuellement, le soldat français est pro-
« bablement le meilleur combattant de l'Europe.
« Peut-être est-il moins discipliné que le soldat
« allemand ; peut-être a-t-il plus d'appréhension
« de la mort que le Turc ou le Russe. Mais il y a
« en lui un mélange étonnant d'enthousiasme et
« de prudence, de fureur et d'énergie, de tem-
« pérance et de gaieté.

« Il est impossible de dire tout ce que vaut la
« gaieté, pour un guerrier. J'ai entendu le soldat
« français chanter et plaisanter pendant les lon-
« gues marches, sur des routes surchauffées, ou
« sous la pluie qui le pénétrait jusqu'aux os.
« Aussi je le crois encore fait de l'étoffe des
« enfants affamés de la première République,
« qui couraient, chantaient, attaquaient et
« détruisaient l'armée monarchiste à Valmy. »

Les 28 septembre et 2 octobre 1912, le général de division baron de Heusch, de l'armée belge, a publié, dans la *France militaire*, des articles dont voici quelques extraits :

« Le 14 septembre, j'ai parcouru les canton-
« nements. Les fantassins venaient de terminer
« des marches rudes et prolongées, suivies
« d'engagements tactiques. Je les voyais alertes

« et gais, procédant aux soins à donner à leurs
« armes et à leur équipement. Pas un traînard,
« pas un maraudeur.

« Le soir du même jour, j'ai vu des détache-
« ments de réservistes venus du camp du
« Ruchard. J'ai revu ces troupes le lendemain,
« au cantonnement, en marche et au combat.
« Ces soldats peuvent rivaliser avec n'importe
« quelle unité de l'armée active.

« Un autre fait m'a frappé, c'est l'intérêt que
« porte la masse aux opérations exécutées. J'ai
« vu de nombreux soldats porteurs de cartes
« achetées aux vendeurs de journaux.

« Je n'ai jamais posé une question, demandé
« un renseignement, fût-ce à un simple trou-
« pier, sans recevoir une réponse prouvant que
« chacun avait le sentiment de la situation. »

Les citations qui précèdent jettent un jour tout
particulier sur la question que je me suis posée,
avant d'ouvrir cette longue parenthèse.

Comment peut-on arriver à rendre une troupe capable de subir, sans trop s'en émouvoir, des pertes relativement considérables ? En d'autres termes, quels sont les procédés d'éducation susceptibles d'augmenter la force morale d'une troupe ?

Certains militaires ont reproché au colonel Ardant du Picq d'avoir fait, dans ses *Etudes sur le combat*, une part trop grande à l'influence de la peur; d'avoir écrit, entre autres choses :

« Il est des chefs, il est des soldats qui igno-

« rent la peur; ce sont des gens d'une trempe
« rare. La masse frémit, car on ne peut sup-
« primer la chair[1]. »

Ce n'est pas le moyen, a-t-on objecté, d'encourager le soldat à affronter le danger, sur le champ de bataille. Ces militaires se trompent.

Si on laisse croire à l'homme qu'il peut aller au combat, sans plus d'appréhension qu'à une première leçon d'équitation; si on lui laisse croire que, la première fois, sans doute, il ressentira quelque émotion, mais qu'il ne tardera pas à se reprendre: qu'il sera grisé par le bruit du canon et par l'odeur de la poudre, etc.; cet homme éprouvera, en face de la réalité, une terrible désillusion. Or, l'étonnement est chose dangereuse sur le champ de bataille; car la surprise, c'est la peur.

Le colonel Ardant du Picq répond d'ailleurs lui-même à l'objection, en faisant remarquer que les peuples qui ont obtenu les plus beaux succès à la guerre sont ceux qui ont tenu le plus grand compte de la faiblesse humaine et qui ont pris contre elle les meilleures garanties.

Il faut donc ne cacher à l'homme aucun des dangers auxquels il sera exposé, sur le champ de bataille; mais il faut lui dire en même temps que, ces dangers, d'autres Français que lui les ont affrontés et les affrontent tous les jours. On exploitera ainsi le désir de se distinguer, qui est au fond du cœur de tout Français.

On choisira, de préférence, des exemples

---

[1]. *Études sur le combat*, 1903, p. 12.

empruntés aux guerres les plus récentes. Il est d'usage, dans certains corps, de faire aux soldats des conférences sur les batailles dont les noms figurent sur le drapeau du régiment. Que peut bien dire le nom de *Solférino* à des hommes dont la plupart ignorent l'histoire et la géographie? Tous, au contraire, savent, qu'au Maroc, se battent actuellement des camarades, dont quelques-uns sortent de leur régiment. C'est de ces contemporains et non des Français d'un autre âge qu'il faut leur raconter les exploits[1].

Malheureusement, le récit de ces exploits s'enfouit, au jour le jour, dans les cartons du ministère de la Guerre où il est envoyé à l'appui de quelque proposition pour une récompense, et il n'en sortira que dans un demi-siècle, quand on écrira l'histoire de la conquête du Maroc; conquête qui sera, pour les soldats d'alors, ce qu'est la campagne d'Italie pour les soldats d'aujourd'hui.

Il est de bon ton, depuis quelques années, de critiquer l'éducation morale du soldat, telle qu'elle se donne dans la plupart des régiments; mais notre état-major ne fait rien pour la diriger. Nos jeunes officiers n'ont d'autre guide que la phraséologie contenue dans le n° 242 du règlement du 3 décembre 1904, ainsi conçu :

« Les forces morales constituent les facteurs

---

[1]. Cette idée est développée dans un article du capitaine CARRÉ sur l'éducation guerrière par l'exemple, paru dans l'*Opinion militaire* du 25 décembre 1913.

« les plus puissants du succès. Elles vivifient
« l'emploi des moyens matériels, dominent
« toutes les décisions du chef et président à tous
« les actes de la troupe. L'honneur et le patrio-
« tisme inspirent les plus nobles dévouements.
« L'esprit de sacrifice et la volonté de vaincre
« assurent le succès. La discipline et la solida-
« rité garantissent l'action du commandement et
« la convergence des efforts. »

On conviendra que, si éloquentes qu'elles soient, les lignes qui précèdent constituent, pour nos instructeurs, un guide tout à fait insuffisant.

Le haut commandement ne se préoccupe pas assez de l'éducation morale du soldat, en vue de la guerre. Le service régimentaire ne vise guère que le temps de paix. Il développe l'esprit militaire, et non l'esprit guerrier. Toutes les récompenses vont aux « bons élèves », aux soldats qui n'ont « pas d'histoires ». Or, à la guerre, ce seront ceux qui ne craignent pas les responsabilités qui nous procureront le succès.

Sans les manœuvres d'automne, les routes et les séjours dans les camps d'instruction, le service militaire ferait perdre au soldat la plupart des qualités guerrières qui sont innées chez le Français.

La manœuvre en terrain varié, elle-même, ne développe que très imparfaitement le goût des responsabilités. Quand le soldat choisit le cheminement susceptible de le conduire au but qu'on lui a assigné, quand il choisit l'abri derrière lequel il doit se poster, le point à viser, la hausse à employer, le moment de faire feu et celui de se lever pour bondir vers un autre abri, il fait le geste de l'initiative plus que l'apprentissage de l'initiative elle-même. Si son mouvement est maladroit, personne ne l'en avertit, ni l'adversaire qui tire à blanc, ni l'instructeur qui n'en sait rien.

Est-ce là un procédé d'éducation morale susceptible de développer, chez le soldat, l'audace, la nervosité même, indispensables sur le champ de bataille; susceptible de déterminer le soldat à rechercher le contact de l'ennemi, et à l'aborder le plus tôt possible, dès qu'on lui a indiqué le but à atteindre? Il faut avoir bien peu réfléchi à la question pour croire que « la répé-
« tition prolongée des mêmes actes favorisera,
« en temps de paix, la création de réflexes dont
« le simple jeu permettra au soldat de vaincre
« les épouvantables émotions du champ de
« bataille[1] ».

Par contre, le moindre des actes de la vie de caserne, la moindre infraction aux dispositions du règlement sur le service intérieur, engagent la responsabilité de l'exécutant : la responsabilité du soldat qui s'écarte de la règle prescrite, la responsabilité du gradé qui, ayant cru bien faire, a autorisé cet écart. Le soldat, le gradé, l'officier ne font l'apprentissage de l'initiative que dans des circonstances où toute tentative malheureuse est impitoyablement réprimée.

1. Voir pages 54 et 71.

LE COMBAT

Un règlement paru en 1910 avait introduit, dans la vie intérieure des corps de troupe, des dispositions dont le but était de favoriser le développement de l'initiative. Ces dispositions libérales viennent d'être abrogées par un règlement de 1913, qui va tout à fait à l'encontre de l'éducation morale du soldat.

La cohésion. Armée française et armée allemande. Recrutement régional. Manœuvres à rangs serrés. Unités de première ou de deuxième ligne.

Le lecteur remarquera que, dans les pages qui précèdent, je n'ai parlé que du soldat. Je n'ai encore rien dit de la troupe. Or, la bravoure est une qualité individuelle, la force morale d'une troupe est autre chose.

Supposons, qu'au lendemain d'une guerre heureuse, nous choisissions, dans chacun des deux cents régiments d'infanterie qui y ont pris part, le soldat qui a montré le plus de bravoure sur le champ de bataille. La compagnie formée de ces deux cents soldats ne serait pas nécessairement la meilleure compagnie de l'armée française.

Sans doute, la force morale dépend de la valeur des individus qui entrent dans la composition de la troupe ; mais elle dépend aussi, pour une grande part, de deux éléments qui sont : la *cohésion de la troupe* et l'*action personnelle du chef*.

L'homme qui expose journellement sa vie, a

dit le général Thoumas, a besoin de compter sur ceux qui combattent à côté de lui[1].

Une troupe qui se sent dans des mains habiles, a dit le même auteur, marche sans arrière-pensée, là où on veut la conduire. Si, au contraire, elle se défie, elle ne regarde plus devant elle ; elle cherche à droite et à gauche, et quelquefois en arrière, le moyen de s'échapper[1].

* * *

Une troupe a de la *cohésion* quand les hommes se connaissent entre eux, qu'ils connaissent leurs chefs et qu'ils sont connus d'eux, qu'ils ont éprouvé les mêmes privations, les mêmes fatigues, les mêmes dangers.

Il y a plus de cohésion dans la troupe française que dans la troupe allemande, parce qu'il y a moins de différence, en France, entre les diverses classes de la société ; parce qu'il y a moins de distance entre le soldat et l'officier.

« Il n'est pas de soldat au monde, dit la *France militaire* du 24 février 1912, qui, dans l'épreuve, se serre autour de ses chefs, avec un plus grand désir de lui prouver son attachement. C'est ce sentiment qu'ont deviné tous les officiers étrangers qui ont observé nos troupes aux manœuvres. Dans tous leurs comptes rendus, on retrouve la même constatation de cette confiance familière et réciproque qui existe, sans que la discipline en souffre, entre l'officier et ses hommes. Et cela, les Allemands ne l'ont pas. »

---

[1]. Général Thoumas, *Les vertus militaires*, p. 121.

LE COMBAT

A tout instant, on lit dans les journaux qu'un sous-officier allemand est traduit en conseil de guerre, pour avoir maltraité ses soldats. Ces abus de pouvoir ne se produisent pour ainsi dire jamais dans l'armée française.

Les déserteurs allemands qui s'engagent dans notre Légion étrangère sont unanimes à dire que, chez eux, on ignore les soins, les prévenances et surtout l'égalité de traitement qui sont de règle chez nous.

En France, l'ordinaire de la troupe est suffisamment copieux et suffisamment soigné pour satisfaire les jeunes gens appartenant à toutes les classes de la société. En Allemagne, le soldat ne reçoit qu'un repas par jour. Le soir, il se nourrit comme il peut ; il est censé avoir conservé une portion du repas du matin ; il y ajoute ce qu'il parvient à se procurer, avec les quelques pfennigs dont il dispose. S'il jouit de quelque aisance, il vit à la cantine. S'il est plus riche encore, il mange à la brasserie ou au restaurant.

Certains effets de fantaisie sont autorisés dans la tenue de ville. Le volontaire d'un an est vêtu de drap d'officier.

On conçoit la rancœur que font naître, chez les déshérités de la fortune, d'aussi choquantes inégalités. La cohésion de la troupe allemande ne peut être égale à la cohésion de la troupe française.

Un séjour de quelques semaines dans un camp d'instruction, où les hommes ont moins leurs aises qu'en garnison, mais où ils mènent tous la même

FORCES MORALES

existence, fait plus, pour la cohésion de la troupe, qu'une année entière passée à la caserne où, au point de vue des occupations, il existe de grandes inégalités entre les soldats ; certains étant employés dans les bureaux ou dans les ateliers, et échappant ainsi aux fatigues auxquelles leurs camarades sont exposés.

La batterie dans laquelle je servais, comme lieutenant, à l'armée de la Loire, avait quatre mois de campagne, le jour où deux canonniers ont donné une preuve si touchante de leur esprit de solidarité, en allant chercher, au risque de leur vie, un camarade blessé que, dans notre mouvement de retraite, nous avions dû laisser sur le terrain [1].

Cette batterie, bien qu'elle n'eût encore vu le feu qu'un petit nombre de fois, était apte à subir, sans s'en émouvoir, des pertes relativement considérables ; beaucoup plus apte qu'elle ne l'était le premier jour de la campagne, malgré les longues années que les soldats avaient passées ensemble à la caserne, la loi militaire comportant alors le service de cinq ans.

Le recrutement régional favorise la cohésion. Il le comprenait bien, cet officier de mobiles qui, s'adressant à sa troupe, prête à se débander à Coulmiers, l'appelait : *Mobiles de la Dordogne !* et non *Soldats du 22ᵉ mobiles !* dénomination officielle de son régiment [2].

1. Voir page 75.
2. Voir pages 110 et 111.

On a dit qu'il était dangereux de réunir, dans une même unité, des militaires dont la situation réciproque pouvait être différente, au point de vue hiérarchique, de ce qu'elle est dans la vie civile. Les Suisses ont résolu la difficulté, en faisant passer dans les mœurs l'obligation morale, pour tout citoyen, d'accepter dans l'armée le grade correspondant à son degré d'instruction et à la place qu'il occupe dans la société ; obligation qu'esquivent très fâcheusement, en France, nombre de jeunes gens appartenant aux classes aisées.

Le recrutement régional a eu de très fâcheuses conséquences à Béziers, en 1907. Les soldats s'entendirent pour désobéir ; ils prirent fait et cause pour les vignerons révoltés. Ce fût une cohésion regrettable ; mais ce fut de la cohésion.

Le gouvernement modifia alors les règles précédemment admises pour le recrutement. La mobilisation s'en ressentit. On le reconnut en 1913, lors de la discussion de la loi de trois ans ; ce qui fit dire, très justement, à un membre de la Chambre des députés : « Mieux vaut une petite émeute, de temps à autre, que la frontière constamment menacée. »

*
* *

Le désir de faire triompher une cause juste, la défense d'institutions chères, la haine de l'oppresseur, le ressentiment causé par une injure, feront plus, pour la cohésion d'une armée, que tous les moyens artificiels auxquels on a recours dans le dressage de la troupe.

Certains comptent, par exemple, sur la manœuvre à rangs serrés ; ils s'abusent. Les troupes se débandaient, autrefois, aussi fréquemment qu'aujourd'hui. Elles se mutinaient plus encore.

La manœuvre à rangs serrés d'autrefois avait pour but, beaucoup moins d'apprendre à la troupe des mouvements qu'elle aurait à exécuter, sur le champ de bataille, que de briser sa volonté, que de créer une discipline spéciale qui avait sa raison d'être dans le combat ancien, avec les armées de métier. Aussi, cette manœuvre comprenait-elle un grand nombre de mouvements qui n'avaient aucune application à la guerre.

La manœuvre à rangs serrés d'aujourd'hui a simplement pour but d'apprendre à la troupe à passer rapidement, sur l'ordre de ses chefs, de la formation en ligne à la formation en colonnes par quatre, par deux, par un, ou inversement, suivant les formes du terrain, suivant le cheminement que l'on veut suivre.

Ces mouvements, dont tout formalisme est banni, ont leur application dans les marches d'approche qui précèdent l'ouverture du feu. Il en résulte une *cohésion matérielle*, déjà très différente de celle d'autrefois, mais différente surtout de la *cohésion intellectuelle et morale* qui, à partir du moment où le soldat doit faire usage de son feu, réside dans la volonté, commune à tous, d'aborder l'objectif assigné.

Dans cette seconde partie du combat, le lien ne résulte plus du contact des coudes ; il résulte de la connaissance de l'objectif commun, fécondée par le jeu des forces intellectuelles et morales, au développement desquelles nuiraient, non seulement la manœuvre à rangs serrés d'autrefois, mais encore celle d'aujourd'hui, si on en abusait dans les exercices du temps de paix.

Ceux qui voient dans la manœuvre à rangs serrés un moyen d'assurer la cohésion, visent un genre de cohésion autre que celui que j'étudie dans le présent chapitre, autre que celui que j'envisage comme constituant un élément de la force morale de la troupe.

*
* *

Ce qui différencie les unités du temps de paix, portées à l'effectif de guerre par l'incorporation d'un certain nombre de réservistes âgés de 23 à 26 ans, des unités ne comprenant que des réservistes âgés de 27 à 33 ans ; ce qui différencie, en d'autres termes, les unités de *première ligne* des unités de *deuxième ligne*, communément appelées « *les réserves* », c'est que les premières ont plus de cohésion que les deuxièmes.

Cette différence tient à ce que les premières ont un noyau de soldats déjà unis, par un séjour d'une ou deux années au régiment, bien au courant des habitudes de leur unité, en situation d'orienter les réservistes de complément, dont la proportion peut, sans inconvénient, être des quatre cinquièmes de l'effectif, comme elle l'a été dans les Balkans.

Tout autre est le cas des unités de deuxième ligne, dont la cohésion est entièrement à créer. Toutefois, cette cohésion se créera plus vite, pendant la mobilisation, que dans les circonstances ordinaires du temps de paix, la vie militaire étant plus active dans le premier cas que dans le second. Il est généralement admis que de semblables unités ne peuvent pas être utilisées, sur le champ de bataille, avant une quinzaine de jours.

L'entraînement. Les réservistes. Périodes d'instruction.

Il serait désirable que l'on pût compter sur les unités de deuxième ligne, aussitôt que sur les premières. Le problème a jusqu'à présent paru insoluble, parce qu'on a confondu deux choses très différentes : l'*entraînement* et la *cohésion*.

L'entraînement manquera aux unités de première ligne, comme aux unités de deuxième ligne, tant que les hommes ne seront pas astreints à entretenir leurs aptitudes physiques dans leurs foyers.

Le but des appels de réservistes n'est nullement de développer ces aptitudes ; le résultat obtenu serait éphémère. Ce but n'est pas non plus de refaire l'instruction ; l'homme qui a consciencieusement accompli sa première année de service n'oubliera jamais ce qu'il a appris ; du moins il s'y remettra rapidement.

Le but des convocations est de refaire la cohésion, que le temps détruit forcément ; les hommes disparaissant par suite d'avancement, réformes, décès, changements de domicile ou autres causes.

LE COMBAT

Le rétablissement de la cohésion est l'affaire de quelques jours, pour une unité qui ne l'a pas perdue complètement. Mieux vaudrait donc convoquer les réservistes, quatre jours par an, pendant dix ans, que vingt-trois jours et dix-sept jours, en deux fois seulement.

Ces appels, plus fréquents, mais de moindre durée, dérangeraient moins l'ouvrier et le paysan que les appels auxquels ces derniers sont astreints actuellement. En faisant tomber un dimanche celle des quatre journées qui serait employée à la route, aller ou retour, on n'enlèverait le réserviste à son travail ou à ses affaires que pendant trois jours. Or, deux jours pleins suffisent pour exécuter une marche, une manœuvre et un tir. C'est tout ce qu'il faut pour rétablir la cohésion.

Si ces exercices étaient exécutés à l'effectif de guerre, sous les ordres des chefs qui commanderaient la troupe en campagne, la cohésion s'établirait rapidement. Sachant qu'on se retrouvera l'année suivante, chacun y mettrait du sien.

Si, en outre, la loi permettait d'infliger quelque pénalité, une convocation supplémentaire, par exemple, à quiconque se serait montré insuffisant, dans la marche ou dans le tir, on obligerait le réserviste à entretenir, dans ses foyers, ces deux formes de l'instruction militaire, entretien qui constitue l'*entraînement*. La valeur guerrière de nos unités mobilisées deviendrait alors à peu près indépendante de la proportion des réservistes ; il n'y aurait plus de différence sensible entre les unités de première et les unités de deuxième ligne.

FORCES MORALES

La cohésion de la troupe est un élément de force morale, dont on a beaucoup parlé, en 1913, lors de la discussion de la loi militaire, mais qu'on ne se préoccupe pas assez de réaliser pratiquement.

Parmi les preuves de cette indifférence, je citerai la facilité avec laquelle le commandement autorise, ou tout au moins autorisait autrefois, les réservistes à accomplir leur période d'instruction, dans une unité autre que celle où ils seront incorporés en temps de guerre.

En remontant dans l'histoire des dernières années, je rappellerai le temps où les réservistes étaient employés, en dehors de leurs unités, à des besognes non militaires : réparations d'effets ou travaux de propreté.

Ce mépris de la cohésion est la conséquence du mépris de la valeur militaire du réserviste lui-même. Pour bien des officiers encore, le réserviste constitue, dans le drame qu'est le combat, un acteur de qualité médiocre, tout juste bon à boucher un trou, mais incapable de jouer les premiers rôles. Cette opinion est offensante pour le soldat français.

La valeur de notre fantassin réside, en effet, dans les qualités d'initiative qu'il tient de sa race, tandis que la valeur du fantassin allemand est le résultat de son éducation militaire [1]. Or, les effets

---

1. Voir pages 53 et 274.

de la discipline du rang se perdent dans la réserve ; les qualités d'initiative vont au contraire en se développant. Le réserviste français est donc supérieur au réserviste allemand, et il existe entre eux plus de différence encore qu'entre le soldat français de l'armée active et le soldat allemand Dès lors, on comprend que, dans ses unités mobilisées, dont la cohésion résulte de la discipline du rang, l'Allemagne ait quelque intérêt à forcer la proportion des hommes de l'armée active, tandis que la France, où la cohésion des unités est d'ordre intellectuel et moral, a un intérêt exactement opposé.

Ceux-là commettent donc une erreur grave qui, prenant leurs inspirations en Allemagne, nient les qualités guerrières du réserviste français. Les conséquences de cette erreur peuvent être funestes pour notre armée, dont la force réside dans la valeur de son infanterie.

L'action personnelle du chef. Subordination volontaire. Ce qu'il faut dire au soldat.

La cohésion d'une troupe ne se crée pas toute seule ; elle est l'œuvre du chef qui a formé la troupe. C'est dans ce sens que l'on peut dire que tant vaut le chef, tant vaut la troupe. Mais pour être conséquent avec soi-même, il faut reconnaître que, si une troupe perd sa cohésion, en d'autres termes, si elle se débande, c'est généralement la faute du chef qui commande ; c'est que ce chef n'a pas su se servir de l'instrument qu'il avait entre les mains ; c'est que, peut-être, il l'a brisé, en exigeant de lui un effort excessif.

On a reproché à la troupe française d'être sujette aux paniques. Ce reproche a lieu de surprendre, s'adressant à une troupe qui a la réputation d'être brave.

Le soldat français, a écrit le général de Maud'huy, est « prompt à l'enthousiasme, mais
« prompt aussi au découragement. Plus qu'au-
« cune autre, la troupe française a des tendances
« à échapper à ses chefs et à redevenir foule. »

On lit, au contraire, dans l'article 122 du Règlement du 2 décembre 1913 :

« Nulle part, le soldat n'est plus obéissant
« et plus dévoué qu'au combat. Il a les yeux
« constamment fixés sur ses chefs. Leur bravoure
« et leur sang-froid passent dans son âme ; ils le
« rendront capable de toutes les énergies et de
« tous les sacrifices. »

Enfin, M. Paul Lacombe a écrit ce qui suit [1] :

« Quiconque a vu les foules, dans un péril qui
« les menace ou les émeut, a observé que, d'ins-
« tinct, elles cherchent un individu qui les
« guide et qui les commande. Elles aspirent à la
« subordination ; et c'est un instinct fort raison-
« nable ; car, sans cette subordination, il n'y
« aurait pas d'action concertée. »

Ainsi, d'une part, d'après M. Paul Lacombe, l'homme des foules, qui se croit en danger, cherche un chef ; il veut que la foule dont il fait partie devienne troupe. D'autre part, d'après le général

---

[1]. *La guerre et l'homme*, 1903, Nota de la page 141.

de Maud'huy, il n'est pas de soldat, qui, plus que le soldat français, cherche en cas de danger, à échapper à ses chefs ; pas de troupe qui, plus que la troupe française, ait des tendances à redevenir foule.

Comment concilier ces deux appréciations contradictoires, celle du général de Maud'huy et celle de M. Paul Lacombe, qui se trouve d'accord avec le Règlement du 2 décembre 1913 ?

Le général de Maud'huy me fournit lui-même les éléments de sa réponse.

Notre soldat, dit-il « *veut se servir de son in-*
« *telligence.* Il est difficile à commander, parce
« qu'il juge son chef. Il ne lui suffit pas que ce
« dernier ait des galons ; il faut qu'il soit vérita-
« blement supérieur. »

Or, le chef qui hésite ou qui tremble ne mérite plus que le soldat ait « les yeux constamment fixés sur lui ». C'est sa faute si le soldat regarde « à droite ou à gauche, et quelquefois en arrière ».

Si donc une troupe de soldats français se débande, ce n'est pas que le soldat ait perdu courage, c'est que, pour un motif ou pour un autre, il a retiré sa confiance au chef auquel il l'avait tout d'abord accordée. S'il jugeait que ce chef en est digne encore, il ne chercherait pas à lui échapper ; il chercherait en lui, au contraire, le guide que recherche toute foule en danger qui aspire à devenir troupe.

Certains se demanderont s'il ne vaudrait pas mieux qu'il en fût autrement ; s'il ne vaudrait pas mieux que le soldat eût toujours confiance dans ses chefs, même si ces derniers ne le méritent pas. Ce n'est pas mon avis. Ce n'est surtout pas la question. Nous sommes en présence d'un fait que nous ne pouvons pas changer. Il faut prendre le Français tel qu'il est, avec son amour-propre, sa vanité même, sa tendance à rechercher l'estime de ses semblables, et particulièrement l'estime de ses chefs, auxquels il n'accordera sa confiance qu'à charge de réciprocité.

C'est l'idée exprimée dans ce beau passage du Règlement du 3 décembre 1904, que j'ai déjà cité, et que je veux citer encore une fois :

« L'officier n'est pas seulement l'instructeur
« de ses hommes ; il en est surtout l'éducateur.
« C'est dans ce dernier rôle qu'il affirmera sa
« supériorité et créera cette *confiance* et cette
« *subordination volontaire*, qui feront que le
« *suivez-moi* du chef ne sera jamais un vain
« mot, et que, là où il ira, il trouvera toujours
« derrière lui le soldat français. »

« *Surtout l'éducateur* » veut dire que le chef doit, avant tout, donner à son subordonné une éducation telle que ce dernier fasse, de lui-même, ce que le chef veut. Et ainsi, le subordonné aura l'impression qu'il fait ce qu'il veut.

Cette façon de commander est incontestablement difficile ; elle exige, de la part du chef, une suite impeccable dans les idées ; elle exclut toute velléité d'ordres fantaisistes, du genre de ceux que pouvaient se permettre les chefs d'autrefois, à l'égard de soldats dont on avait brisé la volonté. L'action personnelle du chef n'a donc plus le caractère d'autoritarisme qu'elle avait dans l'ancienne armée.

* * *

L'idée de *subordination volontaire*, exprimée par le passage du Règlement de 1904 dont la citation précède, est acceptée aujourd'hui par la grande majorité de nos officiers. Elle rencontre encore de la résistance chez quelques officiers généraux, qui n'ont pu se défaire des traditions de l'ancienne armée. Dans les inspections qu'ils passent, à la caserne ou à l'extérieur, certains semblent se désintéresser de la *confiance* qui règne entre le soldat et l'officier.

A la caserne, ils se bornent à faire exécuter du maniement d'armes et des mouvements de manœuvre à rangs serrés. S'ils interrogent les hommes, c'est sur le nombre des cartouches que ceux-ci portent dans le sac, ou sur le poids des vivres de réserve. Ils interrogent rarement les officiers.

Sans doute, la manière dont le soldat exécute les mouvements qui lui sont ordonnés, et répond aux questions qui lui sont posées, prouve que l'officier s'est occupé de l'instruction; mais cela ne prouve pas que la troupe ait une *âme collective*, vibrant à l'unisson de celle de son chef; cela ne prouve pas que ce dernier ait fait quoi que ce soit pour créer cette cohésion, sans laquelle la force morale n'existe pas.

A l'extérieur, ces officiers généraux portent principalement leur attention sur le sens tactique des commandants d'unité. Ils ne se préoccupent pas de l'existence de liens intellectuels et moraux, entre les officiers et la troupe. Cet examen exigerait d'eux une analyse psychologique, peu en rapport avec leur mentalité.

A la caserne, comme à l'extérieur, une fois leur inspection terminée, ils ne savent pas trouver la parole d'encouragement attendue, ou tout au moins la forme à donner à leurs recommandations, pour que la confiance de la troupe en elle-même et dans ses chefs, pour que la force morale, en un mot, ne soit pas diminuée.

Napoléon connaissait mieux le cœur humain, quand il écrivait au maréchal Soult, le 12 octobre 1805 :

« Dites à vos hommes que, s'ils veulent se
« battre, il faut qu'ils soient à Memmingen, de-
« main avant neuf heures ; sans quoi, ils ne
« seront pas à la bataille. »

*
* *

Le soldat français ne reculera devant aucun effort, devant aucun sacrifice, s'il comprend la nécessité de ce qu'on lui demande.

En 1870, j'ai entendu le troupier maugréer, quand on lui faisait exécuter des marches et des contre-marches dont il ne voyait pas l'utilité. Il n'a pas proféré une plainte, le soir de la bataille de Coulmiers, quand on est venu dire à ma batterie que le général en chef s'attendait à être attaqué d'un moment à l'autre, qu'en conséquence la troupe ne dormirait pas et qu'elle n'allumerait pas de feux. Si dure que pût paraître cette exigence, la troupe s'y soumit de bonne grâce. Nous passâmes la nuit sous une pluie fine, froide et pénétrante. Jamais, je n'ai entendu d'aussi joyeuses plaisanteries.

Notre soldat, a dit le général de Maud'huy, « *veut se servir de son intelligence* ». Il est des chefs que cette tendance effarouche. Ce sont ceux-là qui disent que le Français est *raisonneur*.

Des chefs qui ne veulent pas que le soldat raisonne sont condamnés à le tromper ; car ce n'est pas par les moyens coercitifs qu'ils le décideront à exposer sa vie sur le champ de bataille.

Ne trompons jamais le soldat. Ne risquons pas de perdre sa confiance, en essayant de lui faire croire, comme les raccoleurs d'autrefois, que le combat est une partie de plaisir.

Disons-lui, au contraire, que le combat est une épreuve terrible, mais une épreuve que d'autres, qui ne valent pas mieux que lui, ont victorieusement affrontée. Et citons lui l'exemple de ses compatriotes qui l'affrontent tous les jours, dans nos expéditions coloniales.

Disons-lui que la peur est un instinct très avouable, et, jusqu'à un certain point, nécessaire; un instinct sans lequel tous se feraient tuer, en sorte que personne n'arriverait au but assigné.

Mais disons-lui aussi qu'une peur trop grande aboutirait au même résultat, personne ne se découvrant plus, pour avancer ni pour tirer ;

que, pour vaincre l'ennemi, il faut précisément lui inspirer une peur trop grande;

que le meilleur moyen est d'avancer, en prenant toutes les précautions nécessaires, en observant une juste mesure entre l'excès de prudence et la témérité;

que, dans ce conflit de forces morales, les chances de supériorité se trouvent, *a priori*, du côté de l'assaillant, celui-ci laissant ses morts et ses blessés en arrière, tandis que le défenseur entend les plaintes et voit couler le sang des hommes qui tombent près de lui;

que le défenseur fera demi-tour avant l'abordage, s'il voit que l'assaillant est décidé à l'aborder; qu'il fera demi-tour plus tôt encore, s'il se sent menacé par derrière ou sur les côtés;

que tous les moyens sont bons pour chasser l'ennemi de la position qu'il occupe, ce qui est le but du combat;

qu'au fond, sous leurs formes diverses, tous ces moyens consistent à inspirer à l'adversaire une peur suffisante pour le décider à lâcher pied;

que, si le fantassin ennemi recule, il faudra bien que son canon recule aussi;

que les progrès de l'infanterie feront ainsi, pour l'issue de la lutte d'artillerie, plus que les meilleurs tirs de contrebatteries;

qu'en conséquence, tous les efforts de l'artillerie doivent tendre à appuyer le mouvement en avant de l'infanterie, en tirant sur les objectifs que cette infanterie attaque, en répandant la terreur parmi les défenseurs des points d'appui.

LE COMBAT

Disons encore à notre soldat qu'un revers n'est pas la défaite ;

que tout se répare, à la guerre, avec de la persévérance et de la ténacité ;

qu'en cas de guerre avec une nation voisine, il y a une chance sur deux que l'ennemi entre le premier chez nous ;

que, contrairement à une croyance malheureusement trop répandue en France, l'envahissement du territoire national ne serait pas une calamité ;

que c'est l'avis de nos grands chefs les plus autorisés.

Disons-lui enfin que notre armement est excellent ;

que, sans doute, il pourrait être meilleur encore, mais qu'on ne saurait demander à aucune nation d'avoir toujours le meilleur fusil et le meilleur canon ;

que, si elle les avait aujourd'hui, elle ne les aurait peut-être plus demain ;

que, d'ailleurs, la force d'une armée ne réside pas dans le nombre et dans la perfection de ses engins ;

que la force d'une armée réside dans la valeur des procédés de combat, dans l'instruction de l'officier et dans le bon esprit du soldat.

TABLE DES MATIÈRES

Avant-propos I

I. — **But du combat** 1
    Le combat est un conflit de forces morales. 1

II. — **Les moyens d'action.** 6
    Le feu et le mouvement; l'abordage; la surprise; la poursuite. 6

III. — **Les pertes.** 17
    Les pertes dans le combat antique. 17
    Les pertes dans le combat moderne. 19

IV. — **La peur** 34
    En quoi consiste la peur. 34
    Les causes de la peur : l'inconnu; la surprise; l'isolement 38
    Les effets de la peur. Les paniques. 51
    Les moyens de dominer la peur. Action physique, intellectuelle ou morale 61

V. — **Offensive et défensive.** 86
    Les belles positions. 86
    La supériorité du feu 88
    L'économie des forces. 93
    La contre-attaque. 102

VI. — **Physionomie générale du combat.** 104
    Bataille de Coulmiers 104

VII. — **Rôle des différentes armes au combat.** . 115
    L'infanterie.
    La Reine des batailles. 115
    L'utilisation du terrain. 118
    Historique des règlements de manœuvre 123
    Le tir de l'infanterie. 135
    Echelonnement en profondeur. Renforts. Troupes réservées. 145
    L'assaut 150
    Les moyens d'instruction de l'infanterie. 154

TABLE DES MATIÈRES

La cavalerie.

Exploration. Sûreté 156
Combat à pied 160

L'artillerie.

La mission de l'artillerie est d'aider l'infanterie. 165
Le choix des objectifs 172
La lutte d'artillerie 179
L'artillerie dans la défensive 197
Tendances séparatistes de l'artillerie 200
La responsabilité du commandement 212

Le génie.

Le soldat du génie est, à la fois, un ouvrier d'art et un combattant 216

VIII. — **Attaque et défense d'un point d'appui.** 218
L'attaque de Coulmiers 218
Le poste de commandement du chef de l'attaque. 221
L'ordre d'attaque 225
Exécution de l'attaque 229
Le rétablissement de l'ordre. La poursuite . . 243

IX. — **Forces matérielles. Forces intellectuelles. Forces morales** 245
Les leçons de l'histoire 245
Forces matérielles. Le nombre des canons. Obusiers et artillerie lourde. Tendances allemandes. 249
Forces intellectuelles. Les règles de tir; l'instruction 265
Forces morales. Le soldat français et le soldat allemand. L'éducation morale 270
La cohésion. Armée française et armée allemande. Recrutement régional. Manœuvres à rangs serrés. Unités de première ou de deuxième ligne 282
L'entraînement. Les réservistes. Périodes d'instruction 289
L'action personnelle du chef. Subordination volontaire. Ce qu'il faut dire au soldat 292

Cartes.

FRŒSCHWILLER (carte de l'état-major) 195
COULMIERS (id.) 305

ÉVREUX — IMPRIMERIE HÉRISSEY

LIBRAIRIE FÉLIX ALCAN, 108, boul. Saint-Germain, Paris (6ᵉ)

NOUVELLE COLLECTION SCIENTIFIQUE
Directeur: ÉMILE BOREL
Sous-directeur de l'École normale supérieure, professeur à la Sorbonne.

VOLUMES IN-16 A 3 FR. 50.

La Vie des plantes, par NOEL BERNARD. Avec figures.
Le Radium, par SODDY. Trad. par *A. Lepape*. Avec figures.
Le Concept mécanique de la vie, par J. LŒB. Trad. par *H. Mouton*. Avec figures.
Le Combat, par le Général PERCIN, ancien membre du conseil supérieur de la Guerre. Avec cartes.
Henri Poincaré, *L'Œuvre scientifique, L'Œuvre philosophique,* par V. VOLTERRA, J. HADAMARD, P. LANGEVIN, P. BOUTROUX.
Le Hasard, par E. BOREL.
Le Froid industriel, par L. MARCHIS, professeur à la Sorbonne. Avec 104 figures.
L'Aviation, par P. PAINLEVÉ, de l'Institut, E. BOREL, et Ch. MAURAIN, directeur de l'Institut aérotechnique de l'Université de Paris. 6ᵉ édit., revue et augm. Avec 48 figures.
Le Système du Monde *des Chaldéens à Newton,* par JULES SAGERET. Avec 20 figures.
La Question de la Population, par P. LEROY-BEAULIEU, de l'Institut, 3ᵉ édit. (*Couronné par l'Institut.*)
Les Atomes, par JEAN PERRIN, professeur de chimie physique à la Sorbonne. Avec 16 figures. 5ᵉ édit. (*Couronné par l'Académie des Sciences.*)
Le Maroc physique, par LOUIS GENTIL, professeur adjoint à la Sorbonne, directeur de l'Institut des recherches scientifiques de Rabat. Avec cartes.
Science et Philosophie, par J. TANNERY, de l'Institut. Avec une notice par E. BOREL.
L'évolution de l'électrochimie, par W. OSTWALD, professeur à l'Université de Leipzig. Traduit de l'allemand par *E. Philippi*, licencié ès sciences.
Le Transformisme et l'Expérience, par E. RABAUD, maître de conférences à la Sorbonne. Avec figures.
L'Artillerie de campagne. *Son histoire, son évolution, son état actuel,* par E. BUAT, lieutenant-colonel d'artillerie. Avec 75 fig.
L'Évolution des théories géologiques, par Stanislas MEUNIER, professeur de géologie au Muséum d'histoire naturelle. Avec fig.
La Race slave. *Statistique, démographie, anthropologie,* par Lubor NIEDERLE, professeur à l'Université de Prague. Traduit du tchèque et précédé d'une préface par *L. Leger*, de l'Institut. Avec carte en couleurs hors texte.
La Chimie de la matière vivante, par J. DUCLAUX, préparateur à l'Institut Pasteur. 2ᵉ édit.
Les États physiques de la matière, par CH. MAURAIN, professeur à la Faculté des sciences de Caen. 3ᵉ édition.

LIBRAIRIE FÉLIX ALCAN, 108, boul. Saint-Germain, Paris (6e)

L'Énergie, par W. Ostwald, professeur à l'Université de Leipzig, traduit par E. Philippi. 4° édition.

La Crise du transformisme, par F. Le Dantec. 3° édition.

De la Méthode dans les sciences :

(1re série), par MM. P.-F. Thomas, docteur ès lettres, professeur au lycée Hoche ; E. Picard, de l'Institut ; J. Tannery, de l'Institut ; Painlevé, de l'Institut ; Bouasse, professeur à la Faculté des Sciences de Toulouse ; Job, professeur au Conservatoire des Arts et Métiers ; A. Giard, de l'Institut ; Le Dantec, chargé de cours à la Sorbonne ; Pierre Delbet, professeur à la Faculté de médecine de Paris ; Th. Ribot, de l'Institut ; Durkheim, professeur à la Sorbonne ; L. Lévy-Bruhl, professeur à la Sorbonne ; G. Monod, de l'Institut 3° édition.

(2e série), par MM. E. Borel ; B. Baillaud, de l'Institut, directeur de l'Observatoire de Paris ; J. Perrin, professeur à la Sorbonne ; L. Bertrand, professeur adjoint à la Sorbonne ; R. Zeiller, de l'Institut, professeur à l'Ecole des Mines ; L. Blaringhem, professeur au Conservatoire des Arts et Métiers ; S. Reinach, de l'Institut ; G. Lanson, professeur à la Sorbonne ; L. March, directeur de la Statistique générale de la France ; A. Meillet, professeur au Collège de France. 3° édition.

L'Éducation dans la famille. Les péchés des parents, par P.-F. Thomas, professeur au lycée Hoche. 4° édition, revue. (Couronné par l'Institut.)

La Voix. Sa culture physiologique. Théorie nouvelle de la phonation, par Dr P. Bonnier, laryngologiste de la clinique médicale de l'Hôtel-Dieu. 4° édition. Illustré.

Éléments de Philosophie biologique, par F. Le Dantec, chargé du cours de biologie générale à la Sorbonne. 3° édition.

LA REVUE DU MOIS

Directeur : **ÉMILE BOREL**, sous-directeur à l'Ecole normale, professeur à la Sorbonne.

Secrétaire de la rédaction : A. BIANCONI, agrégé de l'Université.

(9e année, 1914).

Un an : Paris, 20 fr. — Départements, 22 fr. — Étranger, 25 fr.
Six mois : — 10 fr. —   — 11 fr. —   — 12 fr. 25
La livraison, 2 fr. 50

La **Revue du Mois**, qui est entrée en janvier 1914 dans sa neuvième année, suit avec attention, dans toutes les parties du savoir, le mouvement des idées. Rédigé par des spécialistes éminents, elle a pour objet de tenir sérieusement au courant tous les esprits cultivés. Dans des articles de fond aussi nombreux que variés, elle dégage les résultats les plus généraux et les plus intéressants de chaque ordre de recherches, ceux qu'on ne peut ni ne doit ignorer. Dans des chroniques, elle fait place aux discussions, elle signale et critique les articles de Revues, les livres qui méritent intérêt.

Général Percin. — LE COMBAT.   Page 305.

Carte au $\frac{1}{80.000}$ des environs de Coulmiers.
(Reproduction de la carte d'État-Major).

LIBRAIRIE FÉLIX ALCAN, 108, Boulevard Saint-Germain, Paris.

NOUVELLE COLLECTION SCIENTIFIQUE

PERCIN (Général), ancien membre du Conseil supérieur de la guerre. Le Combat. 1 vol. in-16 . . . . 3 fr. 50
BUAT (E.), lieutenant-colonel d'artillerie. L'artillerie de campagne. *Son histoire, son évolution, son état actuel.* 1 vol. in-16, avec 75 fig. . . . . 3 fr. 50

A LA MÊME LIBRAIRIE

La Nation armée, par le Général BAZAINE-HAYTER, C. BOUGLÉ, E. BOURGEOIS, le Capitaine BOURGET, E. BOUTROUX, A. CROISET, G. DEMENY, G. LANSON, L. PINEAU, le Capitaine POTEZ, F. RAUH. 1 vol. in-8, cartonné à l'anglaise. . . . . 6 fr.
CONSTANTIN (Capitaine). Le rôle sociologique de la guerre. Suivi de la traduction de *la guerre, moyen de sélection collective*, par le Dr STEINMETZ. 1 vol. in-8, cartonné à l'anglaise. . . . . 6 fr.
DEMENY (G.), professeur du cours d'éducation physique de la Ville de Paris. L'éducation de l'effort. *Psychologie. Physiologie.* 1 vol. in-16. . . . . 3 fr. 50
— Les bases scientifiques de l'éducation physique. 5e édit., revue et augmentée. 1 vol. in-8, ill., cartonné à l'anglaise. . . . . 6 fr.
— Mécanisme et éducation des mouvements. 4e édit., revue et augmentée. 1 vol. in-8, ill., cartonné à l'anglaise. . . . . 9 fr.
—, PHILIPPE et RACINE. — Cours théorique et pratique d'éducation physique. 3e édit., revue et augmentée. 1 vol. in-8, ill. . . . . 4 fr.
JOURDY (Général). L'instruction de l'armée française de 1815 à 1902. 1 vol. in-8 . . . . 3 fr. 50
LAGRANGE (F.), lauréat de l'Académie des sciences et de l'Académie de médecine. Physiologie des exercices du corps. 10e éd. 1 vol. in-8, cart. à l'angl. 6 fr.
— L'hygiène de l'exercice chez les enfants et les jeunes gens. 9e éd. 1 vol. in-18, cartonné à l'anglaise. . . . . 4 fr.
— De l'exercice chez les adultes. 7e éd. 1 vol. in-18, cart. à l'angl. . . . . 4 fr.
Vie militaire (la), *en France et à l'étranger*. Première année (1911-1912). CH. GIDE. *La Grande Illusion.* — GÉNÉRAL PERCIN. *La Question de l'Obusier de campagne.* — GÉNÉRAL COUPILLAUD. *La nouvelle Loi militaire allemande.* — COLONEL CORDONNIER. *Stratégie d'hier et d'aujourd'hui.* — LIEUTENANT-COLONEL MONTAIGNE. *La Bataille : son visage, son âme.* — L^t DE VAISSEAU HACHE. *De l'Utilisation de nos Forces navales.* — JEAN DANY. *Les Armées du Monde en 1913.* 1 fort vol. in-16. . . . . 3 fr. 50
— Deuxième année (1912-1913). LIEUTENANT-COLONEL MORDACQ. *L'officier au XXe siècle.* — LIEUTENANT-COLONEL COLIN. *Notes sur la couverture.* — LIEUTENANT-COLONEL SAVATIER. *Le commandement d'une armée.* — COMMANDANT CHALLÉAT. *Préoccupations publiques au sujet de l'artillerie.* — JEAN DANY. *Les armées du monde en 1913.* 1 fort volume in-16. . . . . 3 fr. 50

www.ingramcontent.com/pod-product-compliance
Lightning Source LLC
Chambersburg PA
CBHW071340150426
43191CB00007B/802